獨裁崛起

From war to war

邱吉爾

揭露二戰前的致命錯誤

從凡爾賽條約到慕尼黑協定
戰勝國在妥協與遲疑中
再次步向全面戰爭

溫斯頓・邱吉爾 著 (Winston Churchill)
伊莉莎 編譯

從勝利走向戰爭！戰勝國步步埋下災難種子
邱吉爾親述民主國家如何錯失和平契機

納粹崛起、國際動盪，從慕尼黑協定到波蘭淪陷，
世界逐步走向無可挽回的戰爭深淵⋯⋯

目錄

致謝	……………………………………………	007
序言	……………………………………………	009
第一章	戰勝者做的蠢事…………………………	011
第二章	短暫的和平時期…………………………	023
第三章	危機暗潮湧動……………………………	039
第四章	希特勒的崛起……………………………	051
第五章	衰敗的年代………………………………	063
第六章	戰爭陰影迫近……………………………	081
第七章	制空權的喪失……………………………	097
第八章	挑戰與回應………………………………	113
第九章	空中和海上的問題………………………	127
第十章	制裁義大利………………………………	143
第十一章	希特勒發動攻勢………………………	163
第十二章	西班牙內戰……………………………	179
第十三章	德國武裝起來了………………………	193
第十四章	外交大臣艾登的辭職…………………	205

目錄

第十五章　強奪奧地利…………………………221

第十六章　捷克斯洛伐克…………………………239

第十七章　慕尼黑悲劇…………………………257

第十八章　慕尼黑之冬…………………………275

第十九章　布拉格、阿爾巴尼亞與英波協約…………291

第二十章　蘇聯之謎…………………………307

第二十一章　逼近戰爭邊緣…………………………325

附錄………………………………………………343

—— 本書的銘言 ——

戰爭時：堅決剛毅

失敗時：頑強不屈

勝利時：寬容敦厚

和平時：友好親善

致謝

在撰寫此書的過程中,我在軍事相關事宜上受到了亨利·波納爾爵士中將的極大協助;在海軍事務上得到了艾倫准將的指導;在歐洲及一般問題上,牛津大學瓦德漢學院的迪金上校給予了支持,他在我撰寫《馬爾巴羅傳》時也曾協助過我。愛德華·馬胥爵士在措辭方面為我提供了重要的幫助。我也在此向其他審閱過手稿並提出建議的諸多人士表示感謝。

伊斯梅勛爵曾給予我極為珍貴的協助,他與其他一些朋友將在未來繼續支持我。

承蒙英王陛下政府批准複製部分官方文件,本文中特此致謝。此類文件的皇家版權依法歸屬於英王陛下政府文書局。

溫斯頓·邱吉爾

致謝

序言

如同前幾部著作（記錄了第一次世界大戰的事件），我竭盡全力模仿了笛福在《一個騎士的回憶錄》中的寫作方式，在那本書中，作者透過一個人的個人經歷為線索，記錄並評論了重要的軍事和政治事件。我或許是唯一一位身居政府高位並親身經歷過歷史上兩次重大災難的人。不過在第一次世界大戰中，我的職位較不重要，而在第二次對德戰爭中，我有超過五年擔任英王陛下政府的首腦。因此，這本書是我以前所未有的權威立場所撰寫的。

我的所有公務工作幾乎都是透過口述由祕書處理的。在我擔任首相期間，我所提出的備忘錄、訓令、私人電報和摘要，總數幾乎達到一百萬字。當時，每天都要處理許多重要事務，依據的是當下所能夠獲取的相關資料，因此，逐日撰寫的這些文件自然難免存在一些缺漏之處。然而，綜合來看，這些文件是一個在大英帝國和戰爭過程及政府政策中負有主要責任的人對那些重大事件的真實紀錄。我不確定曾經或現在是否存在過這種關於戰爭和政府工作的日常紀錄。我不將其稱為歷史，因為撰寫歷史是後人的任務，但我有信心地宣稱，它是對歷史的一個貢獻，將對後世有所助益。

在過去三十年的行動和主張中，凝聚了我畢生的努力，我希望人們能以此為基礎來評判我。我始終堅持一個原則：對於戰爭或政策上的任何措施，除非我事前曾公開或正式表達過意見、或提出過警告，否則我絕不進行事後的批評。事實上，在回顧時，我已將許多當時爭論中的嚴厲言辭變得溫和一些。記錄我與眾多我敬愛的人之間的分歧讓我感到十分難過，但如果不將過去的教訓呈現給未來，那更是不對。本書記錄了那些誠實而善

序言

良之人的行為,希望沒有人因此輕視他們,我們更應去反思和檢討本身的公職履行,是否從過去的教訓中汲取經驗以指導自己的未來行為。

我並不期待所有人都贊同我所表達的觀點,也不認為我僅僅只寫迎合大眾的內容。我的論述基於我所堅持的立場。我已經盡可能謹慎地對相關資料進行了查核。然而,隨著取得敵方的文件或其他新發現,歷史真相不斷被揭示,這可能為我的論述提供新的視角。在所有情況尚未完全明朗之前,應以當時可靠的紀錄和書面意見為依據。這種做法的重要性正源於此。

某日,羅斯福總統告訴我,他正在向公眾徵詢意見,為這場戰爭命名。我立刻答道:「不必要的戰爭。」從未有任何戰爭像這次那樣應該被阻止。上次大戰給世界帶來嚴重破壞,而殘存的東西在這次戰爭中又被摧毀。如今,經過億萬人的艱苦努力和犧牲,終於取得了正義的勝利,但我們依然未能獲得全面的和平與安全,如今的危險比我們曾克服的更為嚴重,這堪稱人類的最大悲劇。前事不忘,後事之師。我衷心希望,新一代能夠糾正過去的錯誤,以人類的需求和榮耀為基礎,控制住正在展開的可怕未來。

溫斯頓・邱吉爾

於肯特郡,韋斯特漢姆,查特維爾莊園

1948 年 3 月

英國民眾由於缺乏智慧、麻痺大意以及出於善良,容許惡人再度武裝起來。

第一章
戰勝者做的蠢事

■ 西元 1919～1929 年

　　第一次世界大戰結束後，人們堅信不移，幾乎普遍期盼著世界將迎來和平。若大家能堅守公正信念，以理性和謹慎處理事務，各國人民的這種熱切期望本來易於實現。「為消滅戰爭而戰」這句話已廣為流傳，人們也同時採取行動，試圖將其轉化為現實。當時被認為掌握美國權力的威爾遜總統，曾將國際聯盟的構想深入人心。在凡爾賽會議的英國代表團，將他的構想具體化，塑造成一個機構，並成為人類歷史艱難前行道路上的一個里程碑。勝利的協約國，此時至少對敵對方而言，顯得強大無比。但他們仍必須面對國內的嚴重困難以及許多棘手難題。然而，位於中歐大部分地區的禍根，條頓各國（即日耳曼民族），已經在他們面前屈服；受到德國重創的俄國，早已陷入內戰動盪，並逐漸落入布爾什維克，即共產黨的掌控之中。

　　1919 年夏季，協約國的軍隊駐紮在萊茵河地區，他們的橋頭堡深入到被擊敗、解除武裝和飢餓的德國境內。巴黎的戰勝國領袖正在商討未來的策略。歐洲的地圖攤在他們面前，幾乎可以隨意修改。經過艱辛和痛苦的 52 個月後，條頓同盟終於屈服於他們的意志之下，4 個成員國無一能夠抵抗協約國的力量。德國被公認為這場浩劫的罪魁禍首，現在完全受制於征服者，而征服者也顯得疲憊不堪。這場戰爭不是政府之間的衝突，而是民

第一章　戰勝者做的蠢事

族之間的對抗。聚集在巴黎的各國戰時領袖感受到人類歷史上前所未有的，強大潮流的衝擊。烏得勒支和約與維也納和約的時代已經過去，那時的貴族政治家和外交家在會談中謙恭有禮，沒有民主政治的紛擾爭吵，他們可以基於共同原則重塑制度。如今，受盡苦難的各國人民，在大量偏激煽情宣傳的推動下，要求徹底報復的呼聲響徹雲霄。站在凱旋巔峰的所有領袖，若在會議上放棄戰士們於戰場上浴血奮戰贏得的成果，必將遭遇民意的吞噬。

　　法國因其在戰爭過程中不懈的努力和承受了巨大的犧牲，理當居於領導地位。為捍衛國土，法國人在抵抗侵略者的戰鬥中，幾乎損失了 150 萬條生命。巴黎聖母院的鐘樓在過去一個世紀內五次（1814 年、1815 年、1870 年、1914 年和 1918 年）目睹了普魯士軍隊的刀光劍影，聽到了震耳欲聾的炮火聲。而在這次衝突中，法國的 13 個省分在普魯士的嚴酷軍事統治下度過了 4 個悲慘的年頭。大面積的地區接連遭受敵軍的破壞，或在激烈的交戰中化為焦土。從凡爾登到土倫的每一處農舍、每一個家庭幾乎都在悼念逝去的親人，或照顧傷殘的倖存者。許多曾參與 1870 年戰爭並受其影響的法國人，如今已成為社會名流，從他們的視角看來，在這次剛結束，極其慘烈的戰爭中法國竟能獲勝，幾乎是個奇蹟。終其一生，他們對德意志帝國一向心存恐懼。他們未曾忘記俾斯麥於 1875 年的預防性戰爭企圖，也未曾忘記 1905 年迫使德爾卡塞辭職的無情威脅；1906 年的摩洛哥事件、1908 年的波斯尼亞糾紛和 1911 年的阿加迪爾危機，都曾令他們心驚膽顫。德皇關於「鐵甲拳頭」和「閃亮的盔甲」的演講，或許在英、美人聽來是笑料，但對法國人而言，卻是災禍的真實預兆。幾乎 50 年來，他們一直生活在德國軍事威脅的陰影下。而今，他們以鮮血付出代價，終於解除了這長期的壓迫。和平與安全終於實現，法國人民滿懷激情高呼：「絕不能再有下一次！」

然而，前路充滿了不祥的預兆。法國人口不及德國的三分之二。法國人口停滯不前，而德國人口不斷成長。10年內或更短時間，每年將有大量德國青年達到服役年齡，其人數將是法國軍隊的2倍。德國曾幾乎僅憑一己之力與全世界抗衡，並差點征服了世界。熟知內情的人非常清楚：多次大戰的勝負在危急關頭僅因一些偶然事件和機會才得以扭轉。假如將來再有風波，強大的協約國是否還會派遣數百萬大軍赴法國或東線呢？俄國正處於瓦解和動亂中，已面目全非。義大利可能倒戈相向。英國和美國隔洋相望。大英帝國似乎靠著一種除了帝國公民以外的人均難以理解的連繫團結在一起。

究竟在何種情況下，才能讓參加維米山戰役的加拿大軍、參加維萊-布雷頓諾戰役的澳洲軍、參加帕森達勒戰役的紐西蘭軍，以及曾在1914年嚴冬堅守阿爾芒蒂耶爾的印度軍團，再度出現在法國和法蘭德斯？愛好和平、麻木不仁和反軍國主義的英國，何時會再派遣百萬大軍馳騁於阿圖瓦和皮卡迪？何時美國的兩百萬優秀子弟會再度遠渡重洋，抵達香巴尼和阿爾貢？當時的法國雖無可非議地是主人，但已疲憊不堪，人口損失嚴重；在展望未來時，既感慶幸，又心懷恐懼。安全在哪裡？如果沒有安全，所有一切似乎毫無意義，生活本身，即使在勝利的歡呼聲中也是難以忍受的。國家最迫切的需求是安全，所以要不惜代價，採用一切方法來獲取它，哪怕是嚴厲甚至殘酷的方法。

在停戰的那一天，德軍整齊有序地返回祖國。此時，榮獲桂冠的協約國總司令福煦元帥，以軍人的風度說道：「他們戰鬥得不錯，讓他們保留武器吧。」然而，他提出法國的邊界必須推進至萊茵河邊。德國將被解除武裝，其軍事力量會被瓦解，要塞要被摧毀，德國即將變得貧窮，並背負難以估計的賠償，甚至陷入內亂；但這一切在10年或20年內將成為過去。「整個日耳曼民族」不可摧毀的力量將捲土重來，未熄滅的普魯士武士精

第一章　戰勝者做的蠢事

神將再度燃起，但只要法國軍隊守衛和設防在寬廣湍急的萊茵河岸，便可形成法國的天然屏障，在河此岸的法國人便可世代享受和平。然而，英語世界的感受和觀點與法國截然不同，沒有他們的援助，法國早已被征服。凡爾賽條約中關於領土的條款，實際上讓德國的領土保持不變。它依然是歐洲最大的單一民族國家。當福煦元帥得知凡爾賽條約簽署的消息時，他精準地評論道：「這不是和平，而是20年的休戰。」

和約中關於經濟的條款，其苛刻與不智，竟達到顯然無法實現的地步。德國被判定需支付天文數字的賠款。此規定既反映了勝利者的憤怒，也顯示出戰勝國的人民對任何戰敗國無力支付現代戰爭費用的賠款數額這個現實毫無認知。

大眾始終未能理解這個最基本的經濟事實，而那些渴望獲得選票的領導者，也不敢向他們明確解釋。報紙與領導者相同，只反映並強調民意主流的觀點。幾乎無人站出來說明：賠款的支付，只能透過提供勞務或用車輛、船隻將物資運往海外來實現；而當這些物資抵達索賠國後，除非該國是極為原始或受嚴格控制的社會，其國內工業勢必遭受影響。實際上，若要掠奪一個戰敗國，唯一的方式便是將可攜帶的物資運走，並迫使戰敗國部分人口從事永久或臨時的勞動。這一點甚至連俄國如今也已學會，但透過此法獲得的利益遠不足以抵消戰爭的花費。然而，當時各國的掌權者竟無一人意識到這一點，並能超越或反駁公眾的無知觀點，向選民宣告這個基本且無情的事實；但即便他們這樣做，恐怕也無人會相信。勝利的協約國依然堅持壓榨德國，「直到這些小個子哀鳴為止」。所有這些都對全球的繁榮及德意志民族的情緒產生了深遠的影響。

然而，這些規定實際上從未被實施。相反，儘管戰勝國沒收了約10億英鎊的德國資產，但幾年後，主要由英國和美國提供的貸款卻超過了10億5千萬英鎊，這使得德國能夠迅速從戰爭的廢墟中復興。這無疑是一種

慷慨的舉動。然而，與此同時，各戰勝國的民眾仍在不斷抱怨，而他們的政治家則承諾要讓德國支付「最後一分錢」，這顯然無法贏得德國的感激或好感。

德國最終僅支付了後來規定的賠償金，因為美國正慷慨地向歐洲，尤其是德國，提供大量貸款。事實上，自1926年至1929年這三年間，美國透過分期償還方式收回的戰爭賠款，僅相當於無望收回的對德貸款的五分之一。然而，每個人似乎都很滿意，並且天真的認為這種情況可以無限期地持續下去。

歷史已經裁定這些行為為瘋狂之舉。它們助長了戰爭發生的根源以及「經濟風暴」（對此問題將在後續提出討論）。德國現今四處舉債，貪婪地吸納每一個慷慨提供的信貸。對援助戰敗國的錯誤觀念，結合這些貸款的優惠利率，使得英國投資者也參與其中，儘管規模遠小於美國。因此，德國獲得了15億英鎊的貸款，相比之下，賠款僅為10億英鎊，且支付方式多樣化；或是讓出海外資產和外匯，或是利用美國的鉅額貸款進行轉換。所有這些構成了一篇篇充滿各種愚蠢行為的悲劇故事，編寫這些故事耗費了無數心血，損毀了無數美德！

第二個重大悲劇是聖日耳曼條約和特里亞農條約徹底瓦解了奧匈帝國。數個世紀以來，這個神聖羅馬帝國的遺跡為多種民族提供了共同生活的機會，享受貿易和安全的利益。然而，在我們這個時代，這些民族無一具備足夠的力量和活力，能夠獨自抵禦重新崛起的德國或俄國的勢力。所有這些民族都渴望脫離聯邦或帝國的結構，激勵他們這種願望的，是被視為自由主義的政策。東南歐迅速分裂成若干小國，結果是普魯士和德意志帝國在相對上得以擴張，儘管因為戰敗而疲憊不堪、滿目瘡痍，但其領土依然完整，並且在當地占有壓倒性的優勢。哈布斯堡帝國所屬的各民族和地區，凡獲得獨立者，無不陷入古代詩人和神學家所描繪的地獄幽靈般悲

第一章　戰勝者做的蠢事

慘境地。曾經輝煌的首都維也納，這個被長期保護之下的文化和傳統中心，以及多條公路、鐵路和河流的交通樞紐，如今卻變得冷清淒涼，飢餓遍地，宛如一個在地居民多已離散的貧民區當中的大商場。勝利者將西方自由國家長期追求的理想想像強加於德國。德國從此解除強制兵役的負擔，無需再維持龐大的軍備。儘管信譽全無，但美國提供的貸款卻源源不斷。在威瑪，根據最終修改意見制定了一部民主憲法。皇帝被廢黜，非顯貴者被選舉出來。在這個脆弱的結構之下，強大而未實質受損的德國民族熱情卻在暗湧。美國人早對帝制存有偏見，而勞合·喬治對此並未加以阻止，這無異於明示被擊潰的帝國，建立共和制度比維持帝制更能從協約國手中獲得優待。其實，明智的政策應是將威瑪共和國轉變為立憲君主制，由德皇的年幼孫子擔任君主，另設攝政院執政，進而得以加強和鞏固政府。但遺憾的是，這未能實現，導致德國人民的政治生活中出現了一個真空。所有的實力派，包括封建勢力和軍人，原本可以在立憲君主制下團結，並尊重和支持新的民主議會制；但現在卻暫時分崩離析。威瑪共和國及其所有自由主義的樣貌和祝福，被德國民眾視為是敵人強加的，無法贏得德國人民的忠誠和接受。有段時間，德國人民只能將希望寄託在年邁的興登堡元帥身上。不久後，德國各種力量陷入無所適從的狀態，顯現出類似真空的狀態。過了一段時間，一個具有暴虐天性的人物，以前所未有地方式代表極端仇恨，堂而皇之地步入這個真空——他就是下士希特勒。

法國因戰爭而國力衰竭。從1870年以來，一直渴望復仇的那一代人終於贏得了勝利，但國家的實力卻嚴重受損。迎接勝利曙光的是一個疲憊不堪的法國。自取得輝煌勝利之日起，法國還是對德國懷有深深的恐懼。正因這種恐懼，福煦元帥為了法國的安全及面對這個依然強大的鄰邦，遂提出要求將法國的邊界延伸至萊茵河邊。然而，英、美政治家們則認為，若將德國人居住的地區納入法國領土，將違背威爾遜總統提出的十四點原

則以及凡爾賽條約所依據的民族主義和民族自決原則。因此，他們拒絕了福煦和法國的要求。為了爭取克里蒙梭的同意，他們承諾：一、英、美共同保障法國的安全；二、設立非軍事區；三、德國全面且永久解除武裝。克里蒙梭接受了這個安排，儘管他內心非常不情願，而福煦也表示反對。於是，威爾遜、勞合·喬治和克里蒙梭簽署了保證條約，但後來美國參議院拒絕批准該條約，否決了威爾遜的簽署。在整個和約締結過程中，我們極其尊重威爾遜總統的意見和願望，然而最終我們卻收到不太友好的通知，還告訴我們應該要對美國憲法有更深入的了解才行。

在法國人民的恐慌、憤怒與混亂中，世界聞名且與英、美兩國關係密切的法國領導人克里蒙梭，這位嚴厲而卓越的人物，突然被法國人拋棄。普魯塔克曾言：「對政治領袖無情是偉大民族的象徵。」在法國經歷戰爭的摧殘而國力嚴重削弱之際，採取這種態度顯得非常輕率。在第三共和時期，政治集團的陰謀活動再度活躍，內閣之中部長頻繁更替，參與者或為利益驅動，或樂在其中。這已成為第三共和國的特徵，在此背景下，尋找一個能與克里蒙梭匹敵的強力繼任者，實屬困難。

繼克里蒙梭之後，龐加萊成為最具影響力的人物，他試圖在法國的庇護與控制下建立一個獨立的萊茵蘭。然而，這個計畫注定失敗。為了逼迫德國支付賠款，他毫不猶豫地派兵進入魯爾地區，此舉目的在迫使德國遵守和約，卻引發了英、美輿論的強烈譴責。由於1919年至1923年間德國的財政與政治陷入混亂，加上多次賠款支付，導致馬克迅速貶值。法國對魯爾的佔領在德國引起了極大憤怒，促使德國大量印製發行紙幣，策略性地摧毀了貨幣體系。在通貨膨脹的末期，43兆馬克僅值1英鎊。這次通貨膨脹在社會和經濟層面產生了極為不利且深遠的影響。中產階級的儲蓄蕩然無存，為國家社會主義的崛起提供了天然的支持者。各產業托拉斯如雨後春筍般發展，破壞了德國工業的整體結構，流動資金徹底消失。內債

第一章　戰勝者做的蠢事

及以固定資本為擔保的工業債務也需清算或列為呆帳，但這不足以彌補流動資金的損失。所有這些情況直接導致了一個破產國家在國際上大規模借貸，成為此後幾年當中的顯著特徵。

英國人對德國的態度，起初極為苛刻，但不久之後便已轉變，並且過猶不及。勞合‧喬治與龐加萊之間存在歧見，龐加萊那易於激動的性格已成為貫徹其堅定遠見政策的阻礙。兩國在思想和行動上都難以協調；而英國人對德國的同情甚至欽佩，已顯露無遺。

國際聯盟剛成立時便遭遇了幾乎致命的挫折。美國國會拒絕了威爾遜總統提出的原則。儘管總統本人準備繼續為他的理想而努力，但在他著手準備競選連任時，他突發中風，並在接下來的近兩年中，因為疾病纏身而無法工作，成為一個失去工作能力的人，直至 1920 年，共和黨在總統選舉中獲勝，取代了他的政黨及其政策。共和黨勝利後，孤立主義立即在大西洋彼岸興起。「讓歐洲自顧自吧，但法律規定的債務必須償還」。同時，提高了關稅，阻礙貨物進口，而歐洲債務的償還卻必須依靠這些貨物運抵港口。在 1921 年的華盛頓會議上，美國提出了影響深遠的海軍裁減建議，英、美兩國政府積極拆除本國的艦隻和軍事設備。依據奇妙的邏輯，英語國家認為除非戰勝國也解除武裝，否則在道德上便沒有理由解除戰敗國的武裝。法國不僅在對萊茵河邊界的要求和保證條約上完全落空，還因為法國仍維持一支已經大幅削減的，並以義務服役為基礎的軍隊，竟成為英、美指責的對象。

美國明確告知英國，若英國繼續維持與日本的同盟，將會成為英、美關係的阻礙，因此，英、日同盟最終解散。英國這個決定及行動在日本引發強烈反彈，認為西方世界蓄意將一個亞洲國家排斥在外。許多可能對未來和平至關重要的連繫被切斷。然而，日本也有值得安慰之處：德國和俄國的戰敗使日本在全球海軍強國中暫時升至第三位。根據《華盛頓海軍條

約》規定的主力艦5、5、3比例，不僅日本的主力艦實力遠低於英、美，而且其建艦和財政能力還需要數年才能達到規定的比例規模。另一方面，日本密切關注英、美兩大海軍國家正在削減本身實力，發現其刪減速度除了將造成未來資源能再度供應的程度，也無法滿足其戰略義務要求。因此，無論在歐洲或亞洲，協約國在以和平名義下迅速建立的條件，其實是為下一次戰爭鋪平了道路。

當所有這些不幸的事件接踵而至之時，大西洋兩岸的人們卻在無休止地空談那些善意的陳詞濫調；與此同時，歐洲出現了一個新的禍源，其威力遠比沙皇和德皇的帝國主義更為可怕。俄國內戰以布爾什維克革命的徹底勝利而告終。儘管蘇維埃軍隊在華沙之戰中被擊退，但德國和義大利幾乎被共產黨的宣傳和陰謀所征服，而匈牙利一度確實落在共產黨獨裁者貝拉·庫恩的統治下。雖然福煦元帥曾英明地說過「布爾什維克主義始終沒有跨進勝利的邊界」，但在戰後最初的幾年中，歐洲文明的基礎顯得岌岌可危。希特勒下士在慕尼黑極力煽動士兵和工人對猶太人和共產黨人的瘋狂仇恨，聲稱他們應為德國戰敗負責，並以此為德國軍官階層效勞；而另一個冒險家貝尼托·墨索里尼則為義大利提供了一套新的治理方案，宣稱它能將義大利人民從共產主義中拯救出來，並趁機為自己奪取獨裁權力。納粹主義從法西斯主義發展而來。這些同源的運動開始活躍，並迅速將世界推向更為可怕的爭鬥；如今，誰也無法斷言，這種爭鬥已因這些運動的毀滅而終結。

儘管如此，歐洲仍然存在一個穩固的和平保證。德國已經解除武裝，其所有火炮和武器已被摧毀，德國艦艇在英國的斯卡帕灣沉沒，其龐大的軍隊已經解散。根據《凡爾賽條約》規定，德國僅被允許維持一支不超過10萬人的常備軍隊以維護國內秩序，並且無法在此基礎上擴充備份力量。每年在規定限額內補充的新兵不再接受軍事訓練，訓練軍隊的軍官已被遣

第一章　戰勝者做的蠢事

散，軍官人數被大幅削減至十分之一。所有軍事飛機均被禁止生產製造，潛艇也被禁止，德國海軍僅限於少數幾艘1萬噸以下的艦船。幾個強烈反對布爾什維克的國家形成了一道防線，將蘇俄與西歐隔離開來，這些國家剛剛擺脫了以更可怕的新形式出現的沙皇帝國。波蘭和捷克斯洛伐克自豪地獨立，似乎在中歐屹立不倒。匈牙利曾因貝拉・庫恩的影響陷入混亂，但現已恢復正常。滿足於榮譽的法國陸軍，是歐洲無可匹敵的最強大軍事力量；在隨後的若干年中，人們相信法國的空軍也是首屈一指的。

直到1934年，戰勝國的力量在歐洲乃至全球依舊不可挑戰。在這16年間，前協約國的三個國家，甚至僅憑英、法兩國及其在歐洲的盟友，只需下定決心，便可在國際聯盟的名義下，依靠其道義與國際力量來制約德國的軍事實力。然而，他們未曾採取此舉。相反，直至1931年，戰勝國，尤其是美國，竭力透過煩擾的國際控制手段，向德國索取年度賠款。而德國支付這些賠款，全賴美國所提供數額更為龐大的貸款，使得整個過程顯得極為荒謬，除了積怨，別無所得。另一方面，至1934年，若嚴格執行關於解除德國武裝的條款，本可在不動用武力、不流血的情況下，持久維護人類的和平與安全。然而，當違約情況尚屬輕微時，無人理會；而當違約狀況變得嚴重時，又未能正視。如此，持久和平的最後保障化為泡影。戰敗者的罪行在勝利者愚蠢的行為中找到了滋長的溫床和理由，儘管絕非是值得寬恕的原因。若無這些愚行，犯罪既不會受到誘惑，也無從得逞。

在這個章節中，我描繪了一些事件和印象，其目的是揭示在人類動盪的歷史中，一場空前悲劇是如何發生的。這場悲劇展現了在戰爭過程中必然帶來生命和財產的重大損失。在第一次世界大戰中，雙方士兵們進行了可怕的屠殺，各國累積的財富化為烏有，然而，除了俄國革命的極端過火行為外，直到戰爭結束，歐洲文明的基本結構仍然穩固。當炮火的硝煙和

塵土突然消散時，交戰各國雖然敵意仍存，但彼此仍承認對方悠久的種族人格。戰爭的規則大體上仍被尊重。交戰雙方的軍人之間仍然存在著專業性的共同基礎。無論是戰勝國還是戰敗國，都保持著文明國家的風範。莊嚴的和平被建立起來，除了不切實際的經濟賠償條款外，它符合19世紀以來不斷調整的各文明國家之間關係的原則。法治得到承認，國際性機構得以成立，期待能夠保障我們所有人，尤其是保障歐洲，防止動亂的再度發生。

然而，在第二次世界大戰期間，人際關係蕩然無存。德國人在希特勒的統治下自願實施了令人髮指的罪行，其規模和惡劣程度在歷史上前所未有。德國的集中營以系統化和大規模的方式屠殺了六、七百萬的男女老少，其恐怖程度甚至超過了成吉思汗的屠戮，而在屠殺的規模上，成吉思汗顯得相形見絀。在東線戰場，德國與俄國都曾策劃並執行過對整個人種的滅絕行動。德國率先對不設防城市進行空襲，之後盟國以更大規模的報復行動回應，最終以投擲原子彈摧毀廣島和長崎達到頂點。

我們如今總算擺脫了物質崩潰與道德衰敗的浩劫，這種情形在過去的諸多世紀裡是難以想像的。然而，儘管我們歷經磨難並取得了成功，仍然面臨著各種問題和威脅，這些問題和威脅的可怕程度遠超我們先前艱難克服的那些。

我的目標，是以一個親身經歷並在那些年代中工作者的視角，向讀者揭示：第二次世界大戰的悲劇本來是多麼容易避免；善良者的軟弱如何助長了邪惡者的猖狂；若各民主國家不聯合成為更大的組織，它們的制度和習慣又如何缺乏唯一能給予民眾安全的那種毅力和信心？在10年或15年的時間裡，我們在自衛問題上又是如何沒有明確政策。在這本書中，我們將看到，審慎和克制的觀點如何可能成為導致嚴重危險的主要因素；出於安全和渴望平靜生活的願望所採取妥協折中的方法，如何直接成為災難的

第一章　戰勝者做的蠢事

根源。我們也將會看到，在這些年裡，無論各國政治如何變動，各國共同採取廣泛的國際行動又是多麼必要。

最簡明的策略是：在 30 年內使德國解除軍備，而戰勝國則需維持充足的軍事力量；並且在此期間，即便無法與德國達成協定，也必須建立一個更強大且真正有效的國際聯盟，此聯盟需能夠確保條約的執行，或在經過討論和各方同意後進行修改。既然，三、四個大國的政府曾共同要求其國民做出最大犧牲，而人民為了共同的事業義無反顧地全力以赴，最終實現了長久以來的期盼；那麼，各國理應保持協調行動，以確保不丟失最基本的成就，這應是合理的要求。然而，對於這個並不苛刻的要求，勝利者的力量、文明、學識、知識和科學都未能滿足。他們仍是得過且過，從這一次選舉到下一次選舉，結果 20 年過去，第二次世界大戰的陰影便已顯現。對於那些曾經在戰場上英勇犧牲者的後代，我們只能如此描述：

他們並著發痛的肩膀前進，邁著沉重的步伐，

走出生命的明亮草原。

第二章
短暫的和平時期

■ 西元 1922 ～ 1931 年

　　1922 年，英國政壇迎來一位新領袖：鮑德溫。起初，他在國際舞臺上默默無聞，國內政壇亦僅扮演次要角色。戰時，他曾任財政部財務大臣，後來擔任貿易大臣。從 1922 年 10 月取代勞合・喬治當任首相，到 1937 年 5 月榮退，在這段期間，鮑德溫成為英國政治的主導力量，最後載譽而歸，隱退於伍斯特郡故里。我與這位政治家的關係，構成了我接下來講述故事的一部分。儘管我們之間的歧見有時相當嚴重，但在這段時光中，我們私人之間從未有過不愉快的交往，我也從未覺得無法與他真誠地交流和互相理解。

　　勞合・喬治的聯合政府因為愛爾蘭法案而面臨黨內極大壓力，隨著大選逼近，這種壓力不斷增加。首相所面臨的問題在於：大選前應繼續維持聯合政府還是解散它。聯合政府中的政黨和內閣大臣多年共事，共同承擔責任，因此在全國人民面前保持團結似乎符合公共利益和英國政治傳統。為了使實力較為強大的保守黨接受，首相和我曾在年初以書面提出辭職，並以個人身分支持保守黨的奧斯汀・張伯倫籌組新政府。經過深思熟慮之後，保守黨的領袖回覆告知無法接受我們的犧牲，認為我們必須共同進退。這種俠義精神未能獲得內閣中其他黨員的支持，此時保守黨感到本身足夠強大，可以獨立掌握國家權力。

第二章　短暫的和平時期

保守黨以壓倒性的票數決定與勞合·喬治決裂，於是終結了聯合政府。同日下午，首相辭職。早上，這些人還是我們的友人和同事，到了晚上，他們便成為我們的政敵，竭力想將我們逐出政治舞臺。曾與我們並肩作戰能力傑出的保守黨人士以及大多數內閣大臣，除了出人意料的例外寇松勳爵，都隨勞合·喬治辭職。其中包括保守黨四位最能幹的人物：亞瑟·鮑爾福、奧斯汀·張伯倫、羅伯特·霍恩和伯肯黑德勳爵。在這個關鍵時刻，我因為闌尾炎正在醫院接受手術，直到第二天早上恢復知覺時才得知勞合·喬治政府已經辭職，我不僅失去了闌尾，也失去了自治領及殖民地事務大臣的職位。我自認為，在擔任該職務時，在議會和行政方面都有相當的成就。而一年前因健康因素離開內閣的博納·勞先生，勉強同意出任首相之職。他所組成的內閣，可以稱為「第二屆 11 人內閣」。傑出人物鮑德溫先生出任財政大臣。首相請求國王下令解散議會，而人民也期待改變。在鮑德溫先生的協助下，加上比弗布魯克勳爵作為主要支持者和顧問，博納·勞先生以 73 票的多數獲勝，有望執政五年。1923 年初，博納·勞先生辭去首相職位而退休，隨後因病去世。鮑德溫先生繼任首相，寇松勳爵在新政府中擔任外交大臣。

從 1923 年起的十四年間，英國進入了可以被稱為「鮑德溫 - 麥克唐納統治時期」的階段。這兩位政治家輪流上臺，隨後在政治上形成了如兄弟般的聯盟，共同掌控英國政壇。表面上，他們代表著相互對立的兩個政黨，象徵著不同的政治立場和對立的利益，然而實際上，他們在性情、觀點和手段上都相當契合。這種情況在英國憲政史上自首相職位設立以來，從未出現過。令人驚訝的是，他們之間的默契如此深厚。拉姆齊·麥克唐納持有許多古老托利黨的觀點，而斯坦利·鮑德溫，除了在工業保護關稅方面的堅定立場外，其性格在工黨內部許多人看來更像是一個溫和且真誠的社會主義代表。

鮑德溫先生並未因驟然獲得政治高位而自我陶醉。當他人向他表示祝賀時，他回應道：「請為我祈禱。」不久，他心生不安，擔心勞合‧喬治可能以保護關稅為旗號，與那些在戰時內閣後辭職且持不同意見的保守黨領袖聯合，進而分裂政府多數，甚至挑戰黨的領導者。於是，在1923年秋，他決定先發制人，自己提出保護關稅議題。10月25日，他在普利茅斯發表演講，結果導致新選議會未到任期便夭折。他極力聲稱自己無此意圖；但若完全相信此說，未免低估了他對英國政黨政治的深刻理解。根據他的建議，議會於1923年10月解散，不到12個月後便再次舉行大選。

　　自由黨在自由貿易的旗幟下集結，我也加入其中。在選舉中，我們取得了一個關鍵的平衡地位；儘管是少數黨，但如果阿斯奎斯先生願意，仍有可能組閣。由拉姆齊‧麥克唐納先生領導的工黨在下議院中占有略多於五分之二的席位，鑑於阿斯奎斯無意組閣，麥克唐納先生得以成為大不列顛首位工黨首相，並在歷史悠久的兩個政黨默許和彼此爭鬥的情況下，勉強執政1年。英國在工黨的少數派統治下極不穩定，政治局勢對自由黨和保守黨這兩個反對黨極為有利，導致它們抓住時機，在一個重大問題上擊敗了工黨政府。隨即又舉行了一次大選——這是不到兩年內的第三次選舉。選舉結果顯示，保守黨席位比其他各黨總和多出222席。選舉初期，鮑德溫先生的政治地位相當微弱，對選舉結果並無特別貢獻。然而，作為保守黨長期領袖，選舉結果公布後，他自然再次成為首相。

　　此時，我在保守黨中頗受歡迎。在大選後的六個月裡，於威斯敏斯特的補選中，我確實展示了對保守黨勢力的掌控。儘管我以獨立憲政主義者的身分參選，但許多保守黨成員為我助選，並投票支持我。在我的34個競選辦公室中，每個都由一名保守黨議員負責，這個舉動違背了政黨領袖鮑德溫先生和保守黨的意願，這在當時是史無前例的。首次改選時，在超過2萬張選票中，我僅以43票之差落敗。其後，在補選中，我以「憲政主

第二章　短暫的和平時期

義者」的身分,以 1 萬票的優勢再次當選為埃平選區的代表。那時,我並未以「保守黨」的名義參選。在兩次選舉之間,我與鮑德溫先生有過幾次友好的接觸,但我不認為他能繼續擔任首相。所以,在他勝利時,我完全不知他對我的看法。當他邀請我擔任我父親曾經擔任過的財政大臣時,不僅讓我感到意外,也令保守黨大為震驚。一年後,在沒有個人壓力的情況下,僅憑選民的支持,我重新正式加入了已離開 20 年的保守黨和卡爾頓俱樂部。

我在財政部面臨的首個國際性問題是我們對美國的債務。戰後,歐洲協約國總共欠下美國約 100 億美元,其中英國占 40 億美元。另一方面,其他協約國,主要是俄國,欠我們 70 億美元。1920 年,英國曾建議全面取消戰債。這樣一來,英國至少在帳面上損失 7 億 5 千萬英鎊。由於自那時起,幣值下降了一半,實際損失可能翻倍,但始終未能找到解決方案。1922 年 8 月 1 日,勞合·喬治政府時期,鮑爾福宣稱,如果美國不向英國索債,英國也不會向其債務國索取債務,無論是盟國還是前敵國。這是一項有意義的宣告。1922 年 12 月,博納·勞政府派出以財政大臣鮑德溫為首的英國代表團訪問華盛頓,最終英國同意:無論從債務國收回多少款項,英國都將償還對美國的全部戰債,利息從 5% 降至 3.5%。

此協定引發了對情勢了解的各界人士強烈關注,尤其是對首相而言。英國在戰爭期間,包括當前的衝突中,自始至終都在奮力抗爭,已經耗盡了國力,而這份協定則要求英國在未來 62 年內,每年支付 3,500 萬英鎊給美國。不僅在英國,甚至在沒有直接利益關係的美國金融專家中,也有人認為這份協定無論對債務人還是債權人而言,都是過於嚴苛且缺乏遠見的。柯立芝總統曾表示:「他們借了我們的錢,不是嗎?」此言雖簡潔且真實,卻並不全面。各國之間的償付,如以貨物或勞務進行,特別是透過互利的交易,不僅公平,而且對雙方都有益。但如果償付的方式是單方面

地、武斷地要求償還戰時財政引發的鉅額款項，必然會擾亂全球經濟的整體秩序。這種償付方式，無論是向一個同樣經歷戰爭創傷的盟國索取，還是向一個戰敗的敵國索取，都會產生相同的影響。鮑德溫-柯立芝債務協定的執行，是隨後導致全球經濟崩潰、阻礙全球金融復甦並激化仇恨情緒的顯著因素之一。

美國最近提高了關稅，並幾乎將其所有開採的黃金存入地下金庫，這使得償還美國債務的利息變得更加困難。它對歐洲其他協約國施加的決定也是相似的，只是稍微寬鬆些。此舉的首要結果是各國對德國的勒索更加緊迫。我完全支持1922年鮑爾福照會的政策，並曾在當時為之辯護；在我擔任財政大臣時再次重申並採取相應行動。我認為，如果英國因此而不僅成為美國的債務國，還成為替美國索債的國家，那麼華盛頓方面應能看出這種索債行為並不明智。然而，美國對此並未產生這樣的反應，實際上還對這些討論極為不滿。美國仍然堅持英國每年必須償還債務，只是降低了利率。

因此，除了要求德國支付已減少的賠款外，我們還需與其他協約國商討解決方案，以確保我們能每年向美國財政部繳納3,500萬英鎊。為此，德國面臨巨大壓力，並被迫接受一個干涉其內政且令人厭惡的國際監督機構。美國如期收到英國的三次付款，而這筆款項則是英國依據修訂後的道威斯計畫比例從德國獲取的。

當時，我居住在唐寧街11號，與鮑德溫先生為鄰，幾乎已達五年之久。每日清晨，我前往財政部工作，途經他的住所時，幾乎都會拜訪，並在內閣會議室內簡短交談幾分鐘。我是他的重要助手之一，凡事均肩負一份責任。在這五年間，國內的復興取得了顯著成果。這個政府以沉穩和高效著稱，在此期間，每年都有顯著的進步與恢復。在政策方面，雖然不能誇耀有任何驚人或特別引人注目的重大事件，但無論從經濟還是財政標準

第二章　短暫的和平時期

來看，人民生活確實得到了改善。在我們任期結束時，國內與世界的狀況較我們上任之初更為舒適與富裕。這是一句平凡卻真實的評論。

整個歐洲地區，各國政府贏得了良好聲譽。

此時，興登堡在德國崛起掌權。德國社會民主黨領袖、德意志共和國首任總統艾伯特於1925年2月底辭世。此刻，全國必須選出新的總統。德國人一直在家長式專制政治下成長，習慣於言論自由和議會反對派的深遠影響。失敗的戰神以羽毛凋零的翅膀，為德國人帶來了極端的民主制度和各種自由權力。然而，德國經歷的一切導致全國四分五裂，徬徨無措。各黨派之間互相鬥爭，爭奪權力。在混亂之中，民意出現了對興登堡元帥的強烈渴望。興登堡已告老還鄉，退休居家，但仍受人愛戴。他依然忠於流亡的皇帝，表態支持「依照英國模式」恢復君主制。這自然是合理卻不合時宜的舉動。當他被提名為威瑪憲法下的總統候選人時，他感到非常不安。他反覆說道：「讓我過平靜的生活吧！」

然而，請他出山的壓力持續累積，最終找到了提爾皮茨海軍大將去勸說他，這才使他不再猶豫，放棄初衷而願意承擔國家責任。興登堡一向勇於為國盡職。興登堡的競選對手是天主教中央黨的馬克斯和共產黨的臺爾曼。1925年4月26日，星期日，德國舉行選舉。投票結果意外接近：興登堡獲得1,465萬5,766票；馬克斯得到1,375萬1,615票；臺爾曼則有193萬1,151票。興登堡聲名顯赫，這次競選因多方勸說才勉強答應，與各方利益都無牽連，這使他在競選者中占優勢，以領先不到100萬張的多數票當選，但未達到絕對多數。當他的兒子奧斯卡爾在早上7點鐘叫醒他並報告這個消息時，他責備了兒子：「你為什麼要早一個鐘頭叫醒我？到了8點鐘，事情也是一樣的呀！」說完又繼續睡覺，直到平常起床時間才起床。

興登堡的當選在法國被視為德國的新挑戰，而英國的反應則相對冷

靜。我一直希望德國能夠恢復其榮譽與自尊,使戰爭帶來的仇恨逐漸消退。因此,這個消息並未令我感到憂慮。當我再次見到勞合·喬治時,他對我說:「他是一個極具理智的老人。」的確,在興登堡尚未年邁至糊塗之前,他的確如此。即便是他最激烈的反對者也不得不承認:「一個無能之輩總比一個專制者要好。」然而,他已經77歲,任期長達七年。幾乎無人預料他能再度連任。在各黨派之間,他努力保持中立,在總統任內,他為德國提供了一種不對鄰國構成威脅的穩重與安寧。

1925年2月,德國政府向時任法國總理赫里歐提出建議。德國政府的備忘錄指出,若在萊茵河流域涉及利益的各國,尤其是英國、法國、義大利和德國,能夠簽署一項由美國政府擔保的條約,承諾在長期內不對締約國發動戰爭,德國表示願意接受。此外,德國也願意接受一項保障萊茵河區域現狀的條約。這是一個極為重大的事件。法國政府開始與其盟國磋商。英國方面,奧斯汀·張伯倫於3月5日在下議院公布了這個消息。由於法國和德國當時的國會危機,所以談判被推遲,但經過倫敦與巴黎的協商後,1925年6月16日,法國駐德大使在柏林向德國外交部長施特雷澤曼遞交了一份正式照會。照會指出,除非德國加入國際聯盟作為先決條件,否則無法達成任何協定。德國不得提出修改條約條件的任何建議。比利時應列入締約國之列;最後,應訂立一項法、德仲裁條約,作為萊茵蘭公約的完整補充。

1925年6月24日,英國下議院就英國應採取何種態度展開辯論。張伯倫先生指出,根據公約,英國的義務僅限於西歐。法國可能需要確定與波蘭和捷克斯洛伐克的特殊關係,但英國不會承擔國際聯盟盟約明確規定之外的任何責任。各自治領對西歐公約並不熱衷。史末資將軍希望避免區域性協定,加拿大態度冷淡,唯有紐西蘭願意無條件接受英國政府的意見,但我們仍然堅持先前主張。在我看來,解決法、德兩國千年來的衝

第二章　短暫的和平時期

突，似乎是我們的最高目標。如果我們能促成高盧和條頓兩大民族在經濟、社會及道德上的密切團結，以防止新的糾紛，並實現共同繁榮和相互依賴，使過去的對立消失，那麼歐洲即可再次繁榮。在我看來，英國人民的最大利益似乎在於調和法、德之間的紛爭，除此之外似乎沒有其他利益可以與之相比。直至今日，我的見解仍然是如此。

外交大臣奧斯汀·張伯倫先生提出的見解為各黨所尊重，內閣一致對他給予支持。德國在 7 月間對法國的照會提出答覆，接受將西歐公約和德國加入國際聯盟兩件事結合起來，但說明關於普遍裁減軍備的問題有先行達成協定的必要。白里安先生來到英國，就西歐公約以及與此相關的問題進行長時間的討論。8 月間，法國取得英國的完全同意，正式答覆德國。德國必須無條件加入國際聯盟，作為必要的第一步。德國政府接受了這個條件。這就是說，和約的規定，除非經過互相同意而加以修正，否則將繼續有效；德國也沒有得到協約國裁減軍備的具體保證。此外，德國人在強烈的民族主義的壓力和激情之下所提出的其他要求，如要求取消和約中關於戰爭罪責的條款，要求阿爾薩斯-洛林問題暫不解決，要求協約國軍隊立即自科隆撤退等，德國政府都沒有十分堅持，但即使堅持，協約國也不會答應的。

在此背景下，羅加諾會議於 1925 年 10 月 4 日正式召開。英、法、德、比、義五國代表齊聚於湖畔。會議取得的成就包括：第一，五國簽署了相互保證條約；第二，德國分別與法國、比利時、波蘭、捷克斯洛伐克簽訂了仲裁條約；第三，法國與波蘭及捷克斯洛伐克簽署了特別協定，規定若西歐條約遭破壞並引發無由的軍事行動，法國將援助波蘭和捷克斯洛伐克。這樣，西歐民主國家一致同意在任何情況下維持和平，反對任何締約國破壞協定並對他國發動侵略。英國向法國和德國提供莊嚴保證：若其中一國遭受無故侵略，將給予援助。這個具有深遠影響的軍事承諾獲得議

會承認和全國熱烈支持。這項工作可謂前所未有。

至於英國或法國是否需要裁減軍備，或應裁減至何種程度，這個問題並未受到影響。作為財政大臣，我上任不久便面臨這些挑戰。我對這種雙重保證的看法如下：如果法國維持軍備，而德國廢除軍備，那麼德國對法國幾乎沒有進攻的可能性；另一方面，如果法國進攻德國，這將自然地使英國成為德國的盟友，因此法國絕不會進攻德國。這個建議在理論上似乎存在風險——如德、法之間爆發戰爭，我們就必須保證支持其中一方——但實際上，這樣的災難很難發生；反而，這是預防災難的最佳方式。因此，我一直反對法國裁減軍備和德國重新武裝，因為這會立即給英國帶來更大的危險。另一方面，英國和國際聯盟（根據協定，德國已加入國際聯盟），為德國人民提供了一種確實的保護。這創造了一種均勢，在這種均勢中，以解決德、法爭端為主要利益的英國，基本上扮演著公證人和仲裁者的角色。我們希望這種平衡局面能維持20年，於此期間，在長期和平、信任增長和財政負擔減輕的影響下，協約國的軍備也將逐漸縮減。顯而易見，一旦德國的實力與法國大致相當，危險就會顯現，更不用說德國變得比法國更強大了，但所有這些情況似乎因莊嚴的條約義務而被排除。

羅加諾公約僅涵蓋西歐的和平，因此希望能有一個所謂的「東歐羅加諾公約」接踵而至。若能以類似的精神和手段來遏止德、俄之間未來戰爭的風險，就會令我們感到欣慰。然而，即便是在施特雷澤曼的領導下，德國也不願意放棄其在東部的訴求，亦不願接受關於波蘭、但澤、走廊地帶和上西利西亞的領土條約規定。蘇俄則被孤立於由反布爾什維克國家組成的「防疫線」之後，暗自籌劃。儘管我們不斷努力，但在東歐方面未取得任何進展。我從未忽視過讓德國在東部邊界上獲得更大安定的嘗試，但在這短暫而充滿希望的幾年裡，始終未遇到良機。

第二章　短暫的和平時期

人們對1925年底羅加諾會議所達成的條約表示熱烈歡迎。鮑德溫是第一個在外交部簽署的。由於外交大臣沒有官邸，他借用我在唐寧街11號的餐廳，與施特雷澤曼親切友好地共進午餐。我們在極為友好的氛圍中聚會，並一致認為，如果歐洲的大國真正團結並感到安全，歐洲的未來將是無限美好的。在這個值得紀念的協約獲得議會真誠的同意後，奧斯汀·張伯倫先生獲得了嘉德勳章和諾貝爾和平獎。他的成就代表著歐洲復興的高潮，從此開始了和平復興的3年。儘管當時舊有的敵對關係只是暫時沉寂，新兵擊鼓的聲音已隱約可聞，但我們仍有理由希望：在確實得到和平的基礎上，我們將開闢一條前進的道路。

在鮑德溫第二屆政府結束時，歐洲呈現出一種難得的平靜，這種平靜不僅在過去20年未曾見到，且在未來至少20年中也不再重現。自從簽署羅加諾條約以來，德國與其他國家之間建立了一種友好的關係。法國軍隊與協約國部隊早在凡爾賽條約規定的撤軍截止日期之前，就從萊茵蘭撤出了。新生的德國加入了尚不完整的國際聯盟。在美國和英國貸款的完整支持下，德國迅速復興。它新建的遠洋輪船贏得了大西洋最快客船的榮譽。德國的貿易取得了飛躍發展，國內形勢一片繁榮。在歐洲，法國及其同盟體系似乎也穩如泰山。凡爾賽條約關於削減軍備的條款沒有遭到公開的違反。德國的海軍已不復存在，空軍也被禁止，未曾重建。在德國，許多有影響力的人物，至少出於謹慎，強烈反對戰爭，而德國的最高統帥部也不認為協約國會允許他們重新武裝。與此同時，「經濟風暴」的局勢在我們面前展開，但對此有所察覺的，僅限於少數金融界人士；他們看到前景過於嚴峻，以至於不敢發聲。

1929年5月的英國大選揭示了政黨興衰更替以及選民對變革的渴望是影響投票行為的強大因素。在新一屆下議院中，工黨僅以微弱優勢領先於保守黨。自由黨雖然僅擁有大約60個席位，卻在政治格局中具有舉足輕

重的影響力。顯然，在勞合‧喬治的領導下，自由黨勢必對保守黨採取敵對立場，至少在初期是如此。我與鮑德溫一致認為，我們不應在少數黨的地位上依賴自由黨不可靠的支持來籌組政府。因此，儘管內閣和黨內在策略上存在分歧，鮑德溫仍向國王提出辭呈。我們全體乘專車前往溫莎，遞交印綬，正式辭職；6月7日，拉姆齊‧麥克唐納再度成為首相，領導一個依賴自由黨支持的少數黨政府。

這位社會黨人首相期望，他的工黨新政府能透過對埃及的重大讓步、在印度實施大規模的制度改革，以及重新致力於實現全球或至少英國的裁軍等措施，使工黨政府聲名遠播。他預計自由黨會支持這些目標，進而在議會中獲得多數席位。我與鮑德溫的歧見由此開始。自此之後，他五年前任命我為財政大臣所形成的那種關係發生了顯著變化。儘管我們仍保持愉快的私人接觸，但都清楚我們之間的意見分歧。我認為在所有帝國和國內的重大議題上，作為反對黨的保守黨應堅決反對工黨政府，並維護英國的尊嚴，就像在迪斯雷利勛爵和索爾斯伯利勛爵領導下那樣，應該毫不猶豫地進行政策論證，即便不能立即引發全國的響應也無妨。在我看來，鮑德溫已經意識到堅定維護不列顛帝國光榮偉大的時代早已過去；他認為保守黨的希望在於適應自由黨和工黨的影響，並透過靈活的策略，將輿論的強烈情緒和大部分選民從他們手中奪過來。在這方面，他無疑非常成功。他是保守黨歷史上最傑出的黨務管理者之一，作為保守黨的領袖，他參與了五次大選，並三次獲勝。對於這些廣泛性的議題，唯有歷史能夠作出最終評判。

我們之間的明顯決裂，源於印度問題的爭議。首相在保守黨成員印度總督歐文勛爵及其繼任者哈利法克斯勛爵的大力支持和鼓勵下，推出了他的印度自治計畫。於是，在倫敦召開了一場不同尋常的會議，剛從舒適的拘留所中被釋放的甘地先生，竟成為會議的焦點。至於1929年和1930年

第二章　短暫的和平時期

在會議中發生的爭論詳情,則無需於此書中逐一詳述。當政府決定釋放甘地,以便他以民族主義印度的代表身分出席倫敦會議時,我與鮑德溫的關係便告破裂。他似乎對事態的發展感到頗為滿意,並與首相和總督達成一致意見,堅定地將反對派保守黨引導至這條道路上。我堅信,這樣的做法,最終將導致我們失去印度,而印度人民也將遭受無法估計的災難。所以,我不久後就因這個問題辭去了「影子內閣」的職務。1931年1月27日,我在給鮑德溫先生的信中寫道:

> 我們在印度政策上的歧見已經公開。過去承蒙你邀請參加你的事務委員會,現在我覺得不應再出席了。無需多言,我將盡力在下議院幫助你反對工黨政府;我也將在大選中盡最大努力促成工黨的失敗。

1929年,直至第三季度末,全球各地尤其是美國,瀰漫著日益繁榮的跡象和希望。極端的樂觀情緒助長了狂熱的投機行為。一些人撰寫著作,聲稱經濟危機的階段已被不斷擴大的企業組織和科學所克服。9月,紐約證券交易所的主管表示:「顯然,我們已經結束了我們所知的週期性經濟危機。」然而,10月,一場突如其來的猛烈風暴席捲了華爾街。儘管實力雄厚的機構進行了干涉,仍無法遏止恐慌性拋售股票的浪潮。某些重要銀行籌集了10億美元資金,試圖維持和穩定市場,但一切努力都徒勞無功。

昔日歲月中,迅速累積的金錢財富無聲消散。在信貸膨脹這一個龐然大物之上,美國數百萬家庭的繁榮,驟然成為虛幻泡影。在此之前,即便是最著名的銀行也以低利息誘導人們參與全國性的股票投機,並推動分期付款購置房屋、家具、汽車及各種家用商品。然而,如今這一切均已崩潰。大規模生產的工廠陷入混亂與癱瘓。就在昨日,成千上萬的技術工和藍領工人還駕車通勤,令停車場空間不足成為緊迫問題。整個社會一直在進行高度活躍的生產活動,製造出各式優質產品供億萬人享受。然而今天,社會卻陷入薪資驟降、失業激增的悲劇。美國的銀行系統遠不如英國

集中，基礎也不夠穩固。兩萬家地方銀行停止支付。貨物與服務之間的人際交換體系被徹底摧毀，華爾街的崩潰波及每個家庭，無論貧富。

渴望擁有更為豐厚的財富，並讓更多人共享舒適的生活，這曾是令美國民眾陶醉的美好願景，但不可將其視為純粹的狂想和市場熱潮。任何社會從未如此大量、多樣地生產、共享和交換商品。若人類最大程度地發揮勤奮與才智，彼此之間的利益增進確實是無法估計的。然而，虛榮、幻想和貪婪遠遠超越了實際成就，最終將這華美的外表徹底摧毀。1929年至1932年期間，緊隨股市崩潰而來的，是物價暴跌及生產縮減，導致了大規模失業。

美國經濟生活的混亂引發了全球的災難性後果。失業率上升和生產下降導致貿易普遍萎縮。各國紛紛採取關稅限制措施，以保護本國市場。這場全面危機還引發了嚴重的金融風暴，使國內信貸系統癱瘓。破產和失業在全球蔓延。麥克唐納政府曾許下各種承諾，但到1930年至1931年，面對100萬至近300萬的失業人口，他感到無所適從。據報導，美國的失業人數達到了1,000萬。這個龐大共和國的整個銀行體系陷入混亂並迅速崩潰。其帶來的災難波及德國及其他歐洲國家。不過在英語世界中尚未出現餓死的情況。

以攻擊資本為政策基礎的政府或政黨，往往難以維持對像英國這樣島國的高度人為經濟至關重要的信心和信用。麥克唐納領導的工黨政府完全無力應對所面臨的問題。他們甚至無法運用黨的紀律或採取必要且強而有力的措施來實現預算平衡。在這種情況下，一個早已處於少數地位並喪失全部財政信心的政府，是不可能繼續維持下去的。

工黨政府在應對此次風潮時表現不佳，導致英國財政信用迅速崩潰，同時自由黨及其不利的制衡力量也同時瓦解，所有這些因素促成了一個聯合政府的成立。似乎只有一個由各黨派組成的政府才能夠應對這場危機。

第二章　短暫的和平時期

麥克唐納先生和他的財政大臣出於強烈的愛國熱情，努力引導工黨支持者支持聯合政府。鮑德溫先生一向認為，只要他能保持權力，其他人可以入閣擔任官職。如今，他願意在麥克唐納的領導下效力。他的這種態度固然值得尊重，但事實並非如此。勞合‧喬治先生在經歷手術後仍在休養中（以他的年齡而言，情況頗為嚴重），因此自由黨人在赫伯特‧塞繆爾爵士的率領下加入了這個跨黨派的聯合政府。

我未曾受到聯合政府的邀請。主因是在關於印度的問題上，我與鮑德溫的政治立場主張不同。此外，我對麥克唐納工黨政府的政策也持反對意見。儘管我和其他人一樣，感到成立聯合政府的必要性，但我被排除在外，這既沒有讓我感到意外，也沒有讓我感到不滿。事實上，政府改組時，我正在坎城進行繪畫。如果當時我被邀請參與，我會採取什麼行動呢？我也無法確定。探討從未發生過的假設性議題是多餘的。那年夏天，我曾和麥克唐納討論過聯合政府的問題，他對此表現出一定程度的興趣。然而，那時我在政治舞臺上處於一個非常尷尬的境地。我已經在內閣中擔任各項職務超過15年，如今正忙於撰寫《馬爾巴羅傳》。對於那些身處於政治漩渦之中的人而言，當時的政治氛圍確實引人入勝。但我可以坦率地說，在國家緊張時刻被明顯地忽視，並未讓我感到憤怒，更談不上傷心，只是有些不便。從1905年以來，在下議院開會時我總是坐在前排，可以方便地站起來發言，將我的講稿放在講臺上，給人一種即席發言的印象。現在，我必須在政府席位對面的過道後方找到一個位置，發言時需要手持講稿；想與其他著名的前內閣大臣辯論時，只能碰碰運氣。不過，我仍然常常有機會發言。

新政府的成立未能遏止金融危機。當我從國外歸來時，發現在即將舉行的大選之際，所有問題依然未獲解決。選民作出了無愧於英國民族的決定。由工黨創始人拉姆齊‧麥克唐納先生領導的聯合政府宣告成立。他們

向公眾提出了一項強調節約和要求犧牲的綱領。這是「熱血、辛勞、眼淚和汗水」的早期版本，只是當時尚無戰爭和生死攸關的緊迫需求。最嚴厲的經濟政策必須施行。所有人的薪水或收入均需削減。民眾被號召投票支持一個嚴格節約的政府。人民回應了，正如他們常在被喚起英雄氣概時所表現的那樣。儘管政策背離了先前的宣告，廢除了金本位；儘管鮑德溫先生不得不停止償付並永遠不再償付美國戰債（這些債務是鮑德溫迫使1923年的博納‧勞內閣向美國償付的），信心和信用仍需要逐漸恢復。新政府贏得了壓倒性的支持。麥克唐納先生出來組閣，但在他自己的政黨中，僅獲得七、八人的支持；而另有五十名他黨內反對派和以前的追隨者當選為議員。他的健康狀況和精力迅速下滑；在決定命運的前後近四年中，他在日益衰老的情況下，以身居英國政體的最高職位持續執政。就在這四年中，希特勒迅速崛起。

第二章　短暫的和平時期

第三章
危機暗潮湧動

在我所著的《戰後》一書中，我對於自歐戰停戰到1922年底英國政府更迭這四年中的情況，寫下了一些感想。該書是1928年寫的，當時我已深深感到未來的浩劫。

直到20世紀初，戰爭才邁入能夠毀滅人類的階段。人類已組織成龐大的國家與帝國，各民族的崛起充滿集體意識，使得屠殺計畫得以在前所未有的規模與堅毅中被設計及執行。個人卓越的才能被集中用於開發大規模屠殺的能力。雄厚的財力、全球貿易和信貸資源以及鉅額資本的累積，使各國人民的精力在相當長的時間裡被投入到摧毀的事業中。民主制度使億萬人民的意志得以展現。教育不僅將戰爭觀念灌輸給每個人，還使每個人能夠最大限度地投入當前目標。報紙成為促進團結和相互激勵的工具。至於宗教，雖然在基本論點上巧妙地避談衝突，但以多種方式一視同仁地鼓勵和慰藉所有戰鬥人員。最終，科學打開了它的寶藏和祕密，以滿足人類不顧生死的需求，將決定性的裝置交到他們手中。結果，出現了許多新奇的特徵。非但設防城市遭受饑荒，整個民族有計畫地被置於飢餓衰弱的過程中。所有人不論以何種身分都參與戰爭，同樣成為攻擊的目標。天空中開闢了一條路，將死亡和恐懼帶到遠離前線的後方，襲擊那些在過去戰爭中不受侵犯的老、病、婦、孺。鐵路、輪船和汽車等交通工具被巧妙組織，使數百萬人持續戰鬥。醫療和外科手術的進步，使他們反覆回到屠殺場。凡是可以用於這種大規模浪費的事物，都不會被浪費。即便士兵的垂死掙扎也可產生軍事效果。

第三章　危機暗潮湧動

然而，戰爭前四年的一切，只不過是第五年戰事的序幕。1919年的戰鬥恐怕會顯示出殺傷力的極大提升。若德國軍隊能保持士氣並成功撤退至萊茵河，那麼他們將在1919年夏季面臨前所未有、無法比擬的可怕力量和技術的打擊。成千上萬架飛機將摧毀他們的城市，數萬門大尺炮將夷平他們的戰線。協約國當時正在策劃，準備在同一時間內，以每日行進10～15英里的機械化車輛運輸，源源不斷地運送二、三十萬配備齊全的軍隊跨越戰場。只有一種祕密的防毒面具（德國人尚未及時製造的）能夠有效抵禦令人難以防備的毒氣攻擊，這種毒氣將使被襲擊的敵方陣線的所有士兵呼吸窒息，使生命陷入癱瘓。當然，德國人也有他們的計畫。但憤怒的時刻已經過去。解除警報已經發出。因此，1919年的恐怖計畫細節被存入各主要交戰國的文件中。

戰爭猝然且全面地終結，彷彿與開戰時的情形無異。世界抬起頭來，凝視劫後殘垣，勝利者與戰敗者皆如釋重負。

在無數實驗室、兵工廠、製造廠和各種辦事機構中，人們突然起身，離開他們多年專注的工作。他們的計畫尚未完成或實施，卻被擱置一旁；然而，他們的知識依然保留，各國的軍事機關匆忙地將他們的資料和發明打包，並標記為「供將來參考」。1919年的戰役未能進行，但其理念仍在演進。每個國家的軍隊在和平表象的掩護下，正對這些理念進行研究、推敲。若世界再次爆發戰爭，將不再使用1919年計畫中的武器，而是這些武器的進化版本，那將是無比可怕且更為致命的。

我們進入了一個被稱為「和平」的疲憊時期，這種狀態給予我們一個重新審視整體形勢的契機。一些令人不安但無可置疑的事實漸漸浮現，如同山峰從漂浮的雲層中顯現。可以斷定，今後每當戰爭爆發，整個社會都將參與其中，人人都會全力以赴，而且將不可避免地遭受敵方的猛烈攻擊。同樣可以確定的是，感到生存受到威脅的國家將不惜一切代價確保其存在。可以肯定的是，在下次戰爭中，他們將採用某些大規模、無限制的

毀滅性武器和方法，或許一旦啟動便無法遏止。

歷史上，人類從未面臨這樣的情境：在道德上未曾取得顯著進步，理性上也缺乏正確的指引，卻首次掌握了足以自我毀滅的工具。人類發展的歷程中，所有的榮耀與努力將人類引向這一個頂點。此時，人們最好停下來，認真思考自己肩負的新責任。死神已在「立正」，聽候指令，準備執行任務；準備大規模屠殺全人類；一旦被召喚，即會將人類文明的印記徹底摧毀，毫無復原希望。他只是在等待一道命令。等待一個神志不清、手足無措的人來下達這個命令，這個人原本是他隨時可以丟棄犧牲的替代品，而此刻──僅僅在這一瞬間卻成為他的主人。

以上這番言論發表於1929年1月1日。

如今，18年後的元旦，我仍無法寫出與之不同觀點的文字。在兩次大戰之間，我所承擔的一切言論與行動，其唯一目的在於防止第二次世界大戰的爆發；當然也在於確保於最壞的情況下，我們能夠獲勝，或至少生存下來。回顧起來，恐怕從未有過比第二次大戰更易於防止的戰爭。我們隨時準備使用武力以反抗暴政、防止世界毀滅。然而，倘若英國、美國及其他協約國政府以平常處理事務的那種堅韌和一般家庭中慣有的常理管理其事務，實無必要動用武力進行不合法的軍事行動。不僅如此，在正義事業中，我們可以施展力量而不一定要冒流血之險。英國、法國，尤其是實力雄厚且立場公正的美國，由於放棄本身目標，甚至放棄他們原本熱烈支持的主張，任由局勢發展至他們最懼怕的頂點。如今，我們又面臨極其相似的新問題，只要這些國家仍以那種出於善意但又短視的方式應對，便難免導致第三次大動亂的發生，那時恐怕無人能倖存下來講述故事了。

早在1925年，我便撰寫了一些至今仍不可忽視關於技術的思考與質疑：

是否可能開發出一種利用爆炸能量的新技術，使其威力遠超所有現今的爆炸能量？是否會有一種如橘子大小的炸彈，其隱祕的力量足以摧毀大

第三章　危機暗潮湧動

片建築，或是將數千噸炸藥的能量集中於一處，瞬間夷平整個城區？即便是現有的炸彈，能否被裝載於飛行器上，透過無線電或其他遙控裝置進行操控，無需駕駛員，自動且持續地轟炸敵方的城市、工廠、軍營或造船廠呢？

至於毒氣和各種形式的化學戰，這不過是恐怖書之中已經撰寫的第一篇章而已。可以肯定的是，萊茵河兩岸的人們正以科學的手段和極大的耐心來研究這些新的毀滅方法，而且，何以認為這些方法僅限於無機化學呢？對疾病的研究——有組織地準備各種病毒，故意向敵方的人畜傳播——這顯然不僅在一個大國的實驗室中進行。破壞農作物的害蟲，能致馬匹和牲畜死亡的炭疽熱，不僅能毒害軍隊還可毒害整個地區的瘟疫——這些正是軍事科學冷酷無情地推進的方向。

這些言辭都是在大約25年前表達的。

一個自豪的民族在戰爭中遭受失敗，必然會竭力迅速恢復軍事實力，這是理所當然的。他們只要有機會，就不會遵循被迫簽署的條約。

……安逸的局面將會改變，

感覺痛苦的誓言，若視為暴力脅迫下作出的，則無效。

因此，迫使一個失敗的對手繼續處於解除武裝的狀態，是勝利者的責任。為此，他們需實施雙重策略：首先，他們本身必須維持充足的軍備，同時必須以高度警惕和權威，嚴格執行和約中禁止戰敗國重建軍事力量的各項規定。其次，他們必須採取寬宏措施，促進戰敗國的經濟與社會繁榮，使其盡可能對現狀感到滿意，並盡力創造出一個真正友好和具有共同利益的基礎，進而逐漸消除訴諸武力解決的動機。在這些年中，我提出了一個原則：「先消除戰敗國的不滿，再削減戰勝國的軍備。」然而，英國、美國和法國在相當程度上採取了相反的方式，接下來便有更多故事可以敘述。

籌組一支涵蓋一個強大國家所有男子的軍隊，是一項極具挑戰性的任

務。根據勞合‧喬治的建議，戰勝的協約國將德國軍隊總人數限制在十萬人以內，並禁止徵兵。然而，這有限的兵力卻成為一個核心和熔爐，在條件允許時，可以擴展為百萬大軍。這十萬人相當於十萬個骨幹，一旦作出擴軍決定，小兵隨即晉升為士官，士官將晉升為軍官。即便如此，勞合‧喬治原先的計畫在防止德國重建陸軍方面並非沒有考慮周全。在和平時期，任何外國的監督都無法控制德國被允許建置的十萬兵員之能力。這並不是問題所在。德國光是為了國土防衛，就需要三、四百萬訓練有素的士兵。而要建立一支能夠與法國陸軍匹敵甚至超越的全國性軍隊，不僅需要培養骨幹、恢復舊日的聯隊和編制，還需實施國民徵兵制度，每年徵集適齡男子。志願兵、青年運動、警察擴編、退伍軍人會，以及各種非官方和非法組織，都可在過渡期中發揮作用。但若不實行普遍的國民兵役，骨架雖全，始終缺乏足夠的力量。

因此，德國若未經歷數年的徵兵制度，便無法籌組出一支能夠與法國軍隊匹敵的武裝力量。必須有一次明目張膽地破壞凡爾賽條約的行為才能跨越那條界線。在此之前，可以進行隱祕、巧妙且精細的準備，但終有一日需要下定最大的決心越過這道界限，公開對抗征服者。以此觀之，勞合‧喬治的原則是正確的。假如當時曾以絕對的權力和謹慎的態度貫徹這個原則，德國這個戰爭機器便不可能重新鍛造。每年徵召的新兵，即便在入伍前已接受過良好教育，仍需在聯隊或其他軍事單位中至少服役兩年，只有經過如此的訓練期，才能逐步籌組和擴充現代陸軍所必需的後備軍隊。儘管法國在上次戰爭中遭受了可怕的人力損失，但它依然能夠有條不紊地、持續地訓練每年入伍的士兵，並將其編入後備軍籍，成為國家整體戰鬥力量的一部分。在 15 年裡，德國未被允許建立這樣的後備軍力。在此期間，法國的軍事系統順利地訓練並累積有組織的力量，這支力量是長期武裝和訓練的成果。德國陸軍或許能夠培養和弘揚其軍事精神與傳統，

第三章　危機暗潮湧動

但若要與法國的力量抗衡,即便在夢中也不可能實現。

賽克特將軍是未來德國陸軍機構和核心的主要設計者。早在1921年,他便在暗中構思如何籌組一支完整的德國陸軍,並且以謙遜的態度為他的各種行動向協約國軍事管制委員會辯護。其傳記作者拉本瑙將軍在1940年德軍取得連勝時寫道:「如果在1920年至1934年間,領導核心僅僅適應小規模軍隊的需求,那麼在1935年至1939年的工作就難以展開。」例如,凡爾賽條約要求將軍官團人數從34,000人縮減到4,000人。德國人則採取各種對應策略試圖突破這個致命限制,儘管協約國軍事管制委員會竭盡全力,德國仍一步步推進重建陸軍的計畫。賽克特的傳記作者提到:「敵人曾竭力想消滅參謀部,並得到國內各政黨的支持。協約國軍事管制委員會根據其立場,多年來試圖削弱高級參謀的訓練,使其無法建立參謀部。他們採用了極為直接的方法了解參謀部軍官的訓練情況,但我們成功地保守祕密,無論是體制還是課程,都未洩漏。賽克特始終不妥協;因為如果參謀部被摧毀,重建將極為困難。……雖然參謀部的形式已經被破壞,但其內容仍然保留……」實際上,數千名便衣參謀部軍官和他們的助手以建設部、研究部和文化部人員的名義集中在柏林,對過去和未來進行深入研究。

拉本瑙還進行了深入的闡述:「若無賽克特,德國在1940年便不會存有參謀部的概念,因為這種組織需要數代人的努力才能建立;即便軍官再有天賦、再努力,也無法在短時間內建成。概念的延續性是確保在嚴峻現實考驗中掌握領導權的關鍵。單憑個人的知識或能力是不足以應對的。在戰爭中,有系統地培養大多數人的能力是必需的。這種集體能力需要幾10年的累積才能成功……在一個10萬人的小型軍隊中,如果將軍們不想淪為平庸之輩,必須建立一個宏大的理論框架。為此,還需推廣大規模的體操訓練和軍事體育……這並非為了訓練參謀部,而是為了培養一批高級軍

官。」這些人將能夠按照正規的軍事要求進行思考。

賽克特主張，必須防止從第一次世界大戰的個人經歷中推演出錯誤的理論。那場戰爭的所有教訓都經過深入而系統化的分析，制定了新的訓練原則，並編纂了多種新教程。所有的操典都被重新撰寫，而且是為德意志帝國的總體武裝力量而非僅為那10萬人的軍隊所編寫。為了避免協約國的注意，這些操典的內容全部採用特殊字型印刷，並全部公開。然而，用於內部的操典則是保密的。他們反覆強調的核心原則是：各重要兵種必須緊密合作。不僅主要兵種——如步兵、摩托化部隊和炮兵——需要在戰術上緊密配合，機關槍、迫擊炮、衝鋒槍、反坦克武器、陸軍航空兵等部隊也應相互協調。在1939年和1940年的戰爭中，德國軍事將領普遍認為戰術上的成功歸功於這種理論。到1924年，賽克特已經感受到德國陸軍正在緩慢增加，超越了10萬人的限制。他的傳記作者寫道：「不到10年就見到了成效。」1925年，年長的陸軍元帥馬肯森為賽克特重建德國陸軍向他致賀，並適當地將賽克特比作沙恩霍斯特。沙恩霍斯特在法國於耶拿-奧爾施泰特戰役後占領德國的歲月裡，曾祕密組織普魯士軍隊反抗拿破崙。「多年的火焰一直在燃燒，協約國的控制未能摧毀德國軍力中任何持久的要素。」

1926年夏季，賽克特帶領各路指揮官及其參謀和通訊部隊，組織了一次大規模軍事演習。儘管當時沒有真正的軍隊，但所有將軍、指揮官及參謀部軍官由此學習了許多戰爭藝術及指揮正規德國陸軍的技術問題。一旦時機成熟，這支軍隊將能使德國恢復昔日地位。

多年來，非正式編制的士兵接受了小規模的短期訓練，這些士兵被稱為「黑兵」，即不合法的兵。從1925年起，這些「黑兵」全部由德國國防部來領導，由國家經費來維持。參謀部在1925年的計畫中，試圖突破條約限制以擴充和改善軍隊，將現有的7個步兵師增加2倍，甚至3倍。然

第三章　危機暗潮湧動

而，賽克特的最終目標是至少籌組 63 個師。從 1926 年開始，這個計畫的主要障礙是普魯士社會民主黨政府的反對。1932 年，社會民主黨政府被推翻。直到 1933 年 4 月，才從官方紀錄中正式超過了 10 萬兵員軍隊的編制。儘管在此之前，其實際規模早已遠遠超出這個數字。

在羅加諾會議之後，人們心懷善意與期望，在這樣的氛圍中，英國和法國政府做出了一個儘管可逆但頗具爭議的決定。他們決定撤銷協約國軍事管制委員會，取而代之的是一個由國際聯盟主持並獲得各方同意的調查機制，只要任何一國提出要求，就可以啟動調查。據稱這個安排是羅加諾條約的補充。然而，這一個願景並未實現。福煦元帥的報告指出，德國已經有效解除武裝，但必須承認，一個擁有 6,500 萬人口的國家，不可能永久廢除軍備，必須採取一些預防措施。儘管如此，1927 年 1 月，協約國軍事管制委員會還是從德國撤離。當時已經清楚地知道，德國人正在以多種隱蔽且不明顯的方式破壞凡爾賽條約，他們無疑正在制定計畫，使德國重新成為軍事強國。他們設有童子軍、士官團，以及由青年和退伍軍人組成的多個無武裝志願組織。然而，不論是陸軍還是海軍，任何大規模活動都無法不被察覺。至於實施國民徵兵制度，建立空軍，或超過凡爾賽條約限制建造戰艦，則是公然違背德國應遵守的限制，隨時可能在德國已加入的國際聯盟中被提出。

至於空軍的情況，明確的限制更加難以規範。根據凡爾賽條約，德國被禁止設立空軍，因此在 1920 年 5 月，德國空軍正式解散。賽克特在他的告別命令中表示，他希望空軍能夠重建，並且空軍的精神能夠延續。他極力支持這個目標。他的首要舉措是在德國國防部祕密籌組一個由經驗豐富的前空軍軍官組成的特別小組。這個行動對協約國軍事委員會保密，甚至連德國政府也不知情。此後，該小組逐漸擴展，直到國防部的各個職能部門和監察機構都有所謂的「空軍細胞」，而空軍人員也逐步被引入陸軍

的各個單位,成為陸軍的核心力量。民用航空部的部長是一位有戰時經驗的軍官,由賽克特指派;他確保民用航空的管理和發展能夠與軍事需求相協調。這個民用航空部,加上德國民用航空公司以及在陸軍或海軍中偽裝的空軍單位,主要由過去的空軍軍官擔任,他們對商務航空並不了解。

早在 1924 年之前,德國全國已建立起飛機場和民用飛機製造廠的體系,並具備訓練飛行員和進行消極防空的設施。當時,商業航空飛行表演已具相當規模,全國性的滑翔小組網路也已形成,目的在培養大量德國男女的「航空精神」。至於對民用航空人員的飛行許可數量的嚴格限制,雖然在表面上依然遵守,但這些規定與其他許多規定一樣,被賽克特巧妙地規避。他在德國運輸部的祕密支持下,為一個高效的航空工業和未來的空軍奠定了堅實的基礎。1926 年的國際氛圍下,協約國認為過度壓制德國的這些控制行為,會過於傷害德國的民族自豪感。勝利者天真地認為,只要有禁止德國成立空軍的原則性界限,就可以高枕無憂。然而,這條界限極其模糊且不明確。

在海軍方面,德國人同樣運用了掩飾策略。根據凡爾賽條約,德國只能維持小規模海軍,兵力上限為 15,000 人。然而,德國透過各種藉口增加人手,超出規定人數。各類海軍組織祕密地與民政機關交織在一起。儘管條約規定赫爾戈蘭沿海要塞必須拆除,但它很快的就被重新修建。德國還祕密建造潛艇,並在其他國家訓練潛艇官兵。為了保留德皇時期的海軍,並為未來可能恢復海上地位做準備,他們不遺餘力地進行各種活動。

在其他具有決定性的重要領域,同樣取得了顯著的進展。拉特瑙先生在 1919 年擔任建設部部長時,便開始大規模重建德國的軍事工業。實際上,他曾對將軍們表示:「雖然你們的武器已經被摧毀,但這些武器在下一場戰爭之前無論如何都已過時。下一場戰爭將會使用全新的武器,而那些最不受舊式武器束縛的軍隊,將獲得最大的優勢。」

第三章　危機暗潮湧動

然而，在協約國的監管之下，德國的參謀人員始終頑強地抗爭以儲備原有的武器，避免被銷毀。他們利用各種欺騙和阻撓的手段躲避協約國軍事委員會的監視。地下工作組織得極為嚴密。德國警察起初對此行為進行干涉，但很快就與國防部合作儲備武器。他們以民間團體的名義掩飾，成立了負責保管武器和裝置的組織。從1926年開始，這個組織在德國各地都有代表。儲備各種軍械的倉庫遍布全國。此外，為了製造未來軍用品的機器，他們採用了極其巧妙的方法。那些曾用於軍用或可改作軍用的車床被保留用於民用生產，其數量遠遠超過商業需求。實際上，為戰爭而建的國家兵工廠並未按凡爾賽條約關閉。

一項全面的計畫因此得以實施。依據此計畫，所有利用英、美兩國建設貸款建立的新工廠及諸多舊工廠，從一開始便有條不紊地安排其可以迅速轉化為軍工廠。計畫的細緻與周全足以撰寫成數部書籍。1922年，拉特瑙先生遭到新生的納粹祕密社團暗殺，此團體因其猶太身分而對他恨之入骨，儘管他是德國的忠誠僕人。1929年上臺的布呂寧，熱心且謹慎地延續了這項工作。因此，當勝利者因擁有大量陳舊軍事裝置而自滿時，德國生產新武器的強大潛力已在逐年形成。

1919年，英國戰時內閣決定，作為經濟節約措施的一部分，各軍事部門在編制預算時應基於以下假設：「不列顛帝國在未來10年內不會參與任何大戰，也無需派遣遠征軍。」1924年，我擔任財政大臣時，曾建議帝國國防委員會重新審議這個規定，但無人提議修改。至1927年，陸軍部建議，僅就陸軍而言，1919年的決議應延長為「從當前日期起」的10年內。此建議獲得內閣及帝國國防委員會的贊同。1928年7月5日，該問題再次被提上討論日程，當時我以接受的態度提議：「軍事部門的預算應以未來十年內無大戰為基礎，並且這個基礎應每天向前推移，因此該假設應每年由帝國國防委員會重新稽核。」我的提議為各個軍事部門或自治政府提供

了可以迴旋的餘地，使其在認為適當時機可以根據情況決定提出該問題。

有人認為，接受這個原則可能會導致軍事部門產生虛假的安全感，誤以為能夠高枕無憂，進而忽視研究工作，短視的觀點可能盛行，尤其在涉及財政支出的部門。然而，直到1929年我離開財政部時，我仍抱有希望，因為世界和平似乎能夠維持，我認為沒有理由作出新的決定，這並未在事實層面上證明我有任何錯誤。直到1939年秋季，戰爭尚未爆發。在這個局勢不穩的世界中，十年已經算是相當長的時間。「十年無大戰」的假設每天都在推進，直至1932年仍然有效。當年3月23日，麥克唐納政府才正確地作出決定，認為這個假設已不再適用。

在這段期間，協約國仍然擁有足夠的實力和權力，能夠有效阻止德國進行任何顯而易見的軍備重整活動。當時，德國必須服從英國、法國和義大利聯合提出的強烈要求，迫使其遵守和平條約的規定。當我們回顧1930年至1938年這八年的歷史時，我們會發現我們曾經擁有如此多的時間。至少到1934年，我們仍然有機會在不損失一兵一卒的情況下阻止德國的軍備重整。我們所缺乏的，絕不是時間。

第三章　危機暗潮湧動

第四章
希特勒的崛起

　　1918 年 10 月，一名德國下士在英軍對科明附近地區的襲擊中因芥子氣中毒而暫時失明。在他於波美拉尼亞的醫院療養期間，德國各地革命四起，伴隨著戰敗的陰影。他出身於奧地利海關的一個低階稅吏家庭，年輕時曾夢想成為偉大的藝術家，但未能考入維也納藝術學院，只能在維也納過著貧困的生活，之後遷居慕尼黑。他偶爾做做油漆工，常常從事臨時性工作，物質生活極度貧困，內心卻充滿憤懣與怨恨，認為世界辜負了他的才華，阻礙其成就。他的不幸遭遇並未使他投身共產主義，反而堅定了他走向相反的道路，並對種族主義產生了異常的觀念，同時對德國和日耳曼民族抱有狂熱的崇拜。當戰爭爆發時，他滿懷熱情參軍，在西線的一個巴伐利亞團服役四年。阿道夫・希特勒的早年命運就是如此。

　　1918 年冬季，他在醫院裡雙目失明、孤苦無依地臥病時，感到個人的失敗似乎與整個日耳曼民族的苦難密不可分。戰敗的震撼、法律和秩序的崩潰、法國人的勝利，使這個傷癒中的軍團傳令兵陷入極度痛苦，身體虛弱，面容憔悴，但由此卻產生了一種異常且可能決定人類命運的強大精神力量。在他眼中，德國的失敗按常理是無法理解的。他認為其中必然存在一個重大而惡毒的通敵陰謀。這個憂鬱的小兵，憑藉自己有限的個人經驗，獨自苦思冥想，試圖探究這場災禍的原因。過去在維也納時，他曾與極端的德國國家人民黨一些小組來往，在那裡他聽說過關於一個種族——北歐日耳曼族的敵人和剝削者——猶太人從事的種種罪惡和破壞活動的事情。他的愛國憤慨與對富人和上層人物的嫉妒，融合成了無法遏

第四章　希特勒的崛起

止的仇恨。

這個不起眼的病人終於離開了醫院，仍然身著軍裝。對他來說，軍裝幾乎代表像是一個小學生對其制服懷有的那種自豪感。他揭開眼部的紗布後，所見景象無比悽慘！戰敗後的混亂實在令人恐懼。在失望與憤怒的氛圍中，他周圍逐漸顯露出赤色革命的影子。裝甲車在慕尼黑的街道上橫衝直撞，向四散逃避的行人散發傳單或開槍射擊。與他一同服役的一些人，公然在制服上佩戴紅色袖章，狂熱地喊著口號，反對他所珍愛的地球上的一切。宛如從惡夢中醒來，所有事情突然在他眼前變得無比清晰。猶太人、在後方牟取暴利者、與敵人勾結的陰謀家，以及透過猶太知識分子進行國際陰謀的可恨布爾什維克黨人，在背後給了德國致命一擊，並將其壓倒在地。他清楚地看到了自己的責任：他要拯救德國脫離這些災難，為德國復仇，帶領這個注定主宰國際局勢的種族走向其命運。

他所在部隊的軍官們對士兵們激進的革命情緒感到極度恐慌，但他們慶幸終於找到一個似乎洞悉局勢根源的人。下士希特勒仍願留在軍中，承擔起「政治教官」與類似特務的角色。在此職位上，他負責蒐集叛變和顛覆活動的陰謀情報。不久後，他的上司，一位安全軍官，派遣他參加當地各類政黨的集會。1919 年 9 月的一晚，這位下士出席了在慕尼黑一家啤酒館舉行的德國工人黨集會，首次聽到與他內心信念一致的言論，反對猶太人、反對投機者、反對將德國推向深淵的「11 月罪犯」。9 月 16 日，他加入該政黨。很快，為配合他在軍中的工作，他負責該黨的宣傳。1920 年 2 月，德國工人黨在慕尼黑召開第一次大會，希特勒主導了會議，並為黨綱擬定了 25 個要點。此時，希特勒已成為政客，他的救國運動由此展開。同年 4 月，他從軍隊退役，自此全身心投入黨的發展。到次年年中，他已將原來的領導者逐一排擠驅逐。他以其熱情與才華，使那些被他魅力所吸引的同伴接受其個人獨裁，他已成為「領袖」。他買下了一家經營不善的

報紙——《人民觀察家報》，作為黨的機關報。

共產主義者迅速辨識出他們的對手。為破壞希特勒的集會，他們採取行動，於是希特勒在 1921 年底首次成立了他的衝鋒隊。此時，活動主要集中在巴伐利亞地區，但由於戰後幾年之中德國民眾處於極度困境，全國各地開始有人願意傾聽這位新興的傳道者。1923 年，法國占領魯爾引發全國激憤，國家社會主義黨黨員人數因此大增。馬克的崩潰摧毀了德國中產階級的根基，許多人在絕望中加入了這個新興政黨。他們在仇恨、復仇欲和狂熱的愛國情緒中找到了慰藉。

希特勒在一開始就清楚表述，欲掌控政治權力，必須從激烈地反對與抵制因戰敗羞辱而誕生的威瑪共和政府著手。至 1923 年 11 月，他身邊已聚集了一批忠誠的黨徒，其中尤以戈林、赫斯、羅森堡和羅姆等人最為傑出。他們認為奪取巴伐利亞政權的時機已然成熟。此時，魯登道夫將軍以其在軍中享有的威望，為這場冒險行動助勢，並在暴動中走在隊伍最前列。戰前人們常說：「德國不會發生革命，因為革命在德國是被嚴厲禁止的。」慕尼黑地方當局在此次事件中重申了這個格言。警察開槍，但小心翼翼地避開魯登道夫，魯登道夫將軍大步向前，走向警察隊伍，甚至受到警察的敬禮。約有 20 名示威者被擊斃，希特勒摔倒在地，他和其他領導人逃離了現場。1924 年 4 月，希特勒被判四年監禁。

儘管德國當局維持了秩序，並對肇事者進行了法律制裁，然而，國內各地普遍認為當局是在打擊他們自己的同胞，屈服於保障外國人的利益，更以德國最忠誠的子女作為犧牲品。希特勒的刑期從四年被減至十三個月。他在蘭茨貝格監獄的這段時間內，完成了《我的奮鬥》的提綱，這是一部政治哲學著作，獻給最近暴動中的死難者。在他最終掌握政權後，對於協約國的政治和軍事領導人來說，沒有比這本書更值得深入研究的了。德國復興的計畫、黨的宣傳策略、與馬克思主義鬥爭的方案、國家社會主

第四章　希特勒的崛起

義的整體觀念、以及德國應當享有的世界最高地位——這一切都在書中清楚地闡述。這是信仰與戰爭的新版聖經：誇張、冗長、雜亂無章，但包含了該黨的使命。

《我的奮鬥》的核心主題極其明瞭：人類是天生的戰鬥者，因此，國家作為這些戰鬥者的集合體，便是一個戰鬥單位。任何生命體若停止追求生存的鬥爭，必將走向滅亡。一個不再戰鬥的國家或種族，同樣難逃覆滅的命運。種族的戰鬥力源自其血緣純淨度，因此，必須清除外來的汙染。猶太民族因其全球散布，必然傾向於和平主義和國際主義。和平主義是不可饒恕的罪，因為它象徵著種族在生存競爭中的投降，因此，每個國家的首要任務是將國民國家主義化。就個人而言，智慧並非首要，意志和決心才是最重要的特質。天生具備領導能力的人，其價值遠超成千上萬個只會服從的人。只有透過武力競爭才能確保種族的生存，故軍事手段是必要的。種族必須戰鬥，安於現狀的種族必然會腐化並滅亡。倘若日耳曼種族能夠及時團結，那麼它早已是地球的主宰。新的德意志帝國必須將所有分散在歐洲各地的日耳曼人聚集於懷抱中。一個遭受失敗的種族可以透過恢復自信而獲得拯救。最重要的是必須教育軍隊相信本身所向披靡。為復興日耳曼民族，必須讓人們堅信，透過武裝力量重獲自由是可能的。貴族政治的原則在根本上是正確的。理智主義不可取。教育的最終目標是培養經過最少訓練即可成為軍人的德國人。沒有狂熱且歇斯底里的激情作為動力，歷史上最偉大的鉅變是無法想像的。和平與秩序這類資產階級美德既毫無作用也沒有價值。世界已轉向迎接偉大的變革，而新的日耳曼國家必須讓我們的種族時刻準備為地球上最後且最偉大的決戰而戰鬥。

外交政策可以不擇手段地實現目標。外交的使命並非讓一個民族悲壯地消亡，而是確保其繁榮與存續。唯有英國和義大利可能成為德國的盟友。沒有國家會與由民主黨人和馬克思主義者統治的懦弱和平主義國家結

盟。若德國無法自我維持，也無人能為其存續而努力。失去的領土絕非透過向上帝祈禱或請求國際聯盟就能夠恢復，唯有透過武力征服才能實現。德國絕不能重蹈同時與所有敵人作戰的覆轍。必須選擇一個最具威脅的敵人並全力攻擊。唯有德國重新獲得平等權利，恢復其在世界的地位，才能不再遭遇反對。德國的外交政策絕不能受情感左右。若僅因情感理由進攻法國，那是愚蠢的。德國需要在歐洲擴張領土。德國戰前的殖民政策是錯誤的，應當放棄。德國必須尋求向俄國，尤其是波羅的海國家擴張。絕不應與俄國結盟。聯合俄國對西歐發動戰爭是犯罪，因為蘇維埃的目標是國際猶太主義的勝利。

這些便是希特勒政策的「核心」。

希特勒不斷地進行鬥爭，逐漸嶄露頭角，成為全國性人物。然而，這並未引起戰勝國的特別關注，因為他們本身正為內部問題和黨派鬥爭所困擾。國家社會主義黨，即後來的「納粹黨」，經過相當長的時間，逐漸穩固掌控了德國的民眾、軍隊、國家機器，以及那些因害怕共產主義而支持他們的工業家，最終成為世界不得不關注的德國力量。1924 年底，希特勒出獄時曾表示，重建他的運動可能需要 5 年的時間。

威瑪憲法中的一項民主條款規定，每四年進行一次國會選舉。此條款目的在確保德國民眾對國會擁有完全且持續的控制權。然而，實際上，這個條款僅讓他們置身於不斷的政治狂熱和頻繁的選舉活動之中。因此，有關希特勒及其主義發展的紀錄極為詳盡。1928 年，希特勒在國會中僅有 28 個席位，至 1930 年增加至 107 席，1932 年則達到 230 席。此時，德國的各個機構已被國社黨的特務滲透，並受其管理約束。對猶太人的恐嚇、侮辱和暴行也隨之猖獗。

在這本書中，無需逐年詳述這些複雜而可怖的事件、其中的激情與罪惡，以及所有起伏的過程。羅加諾公約的黯淡日光僅僅是短暫的。美國大

第四章　希特勒的崛起

量貸款的湧入，使人們感到繁榮似乎正在恢復。興登堡元帥擔任了德國總統，而施特雷澤曼成為他的外交部長。冷靜而體面的德國大多數人民，以他們對偉大和尊嚴權威的深厚熱情擁戴興登堡，直到他臨終。然而，在這個動盪的國家中，其他各種強大的力量也在發揮作用，而威瑪共和政府既無法提供安全感，也無法滿足國家的榮耀與復仇情結。

在戰後的幾年中，德國的實際政治權力和國家的核心機構，實際上掌握在德國陸軍參謀部的手中，而不是表面上的共和政府和民主制度。總統和內閣的任命都由這些人操控。他們視興登堡元帥為權力的象徵和他們意志的執行者。然而到了 1930 年，興登堡已經 83 歲，性格和智慧逐漸轉變且衰退，變得愈加偏見、頑固和獨斷。在戰爭時期，他曾被視為偉大的象徵，但現在，德國的愛國者卻懷著希望他早日去世的願望來表達對他的敬仰。這清楚地說明，興登堡已然成為一個「木製的泰坦神」。將軍們早已了解到。

他們本應尋找一個合適的接班人來繼承這位年邁的元帥。然而，這個尋找新人的行動被國社黨運動迅速發展的力量所壓制。1923 年慕尼黑暴動失敗後，希特勒曾提出一個在法律上嚴格符合威瑪共和國體制的黨綱，但同時他也鼓勵並計劃擴展納粹黨的軍事和準軍事組織。衝鋒隊，又稱「褐衫隊」，以及一個人數雖少但紀律嚴明的核心組織──黨衛隊，從最初的小規模組織，發展成為在人數和活力上都極具規模的團體，使得軍方對他們的活動及潛在實力感到極度不安。

領導衝鋒隊的正是那位出身軍旅的軍官羅姆，他不僅是希特勒的同志，還在多年的鬥爭中始終是希特勒的親密夥伴。羅姆擔任衝鋒隊的總參謀長，以其卓越的能力和勇氣著稱，同時懷有強烈的個人野心，且是一位性變態者。他的不良行徑並未妨礙希特勒與他在艱辛而危險的奪權道路上通力合作。正如布呂寧所抱怨的，衝鋒隊已經吸納了原德國國家人民黨的

大部分組織，其中包括1920年在波羅的海和波蘭與布爾什維克黨人作戰的自由同志會，以及國家人民黨退伍軍人組織——鋼盔團。

陸軍將領對國內趨勢進行了透澈的分析，他們相信，他們這樣一個與納粹運動對立的軍官階層已經無法繼續統治德國。儘管這兩派都下定決心想要將德國從困境中解救出來，並報復戰敗之仇，然而，德國陸軍是作為德皇帝國的代表機構，維護著德國社會中的封建領主、貴族、地主以及其他富裕階層；而衝鋒隊所代表的基本上已經演變成一個由激進或憤怒的顛覆者和對現實不滿的破產者以絕望鬥爭的心態所推動的革命運動。他們與布爾什維克黨人之間的分歧，猶如水火不相容。

陸軍方面認為，與納粹黨的鬥爭無異於將戰敗的德國撕裂。1931年和1932年，陸軍高層將領意識到，為了本身和國家的利益，他們必須與納粹黨結盟，儘管他們曾以德國人的堅毅和嚴厲立場反對納粹黨的內政政策。希特勒方面，雖然他願意使用任何手段來奪取權力，但他面對的卻是曾經領導過輝煌德國的領袖，這些人在他年輕時曾贏得他的敬仰和忠誠。因此，他與陸軍之間達成協議的條件，對雙方而言，都是現成和自然的。陸軍將領逐漸意識到納粹黨的力量之大，只有希特勒能夠繼承興登堡成為德國元首。而希特勒也明白，要實現他的德國復興計畫，必須與陸軍核心結成同盟。一旦交易確定，德國陸軍將領便開始勸說興登堡重新審視希特勒，將他視為未來的德國總理。希特勒則承諾限制褐衫隊的活動，使其接受陸軍參謀部的控制，並在必要時解散這些褐衫隊；透過這些交易條件，希特勒獲得了德國統治勢力的支持，得到了正式的行政管理權，以及德國國家元首的明確繼承權。這位下士，在德國政治權力結構中步步高升，已經快要實現他當初的理想了。

然而，國內局勢仍然錯綜複雜。若稱德國陸軍參謀部為德國內部權力聯合的鑰匙，則外部有多方勢力覬覦此鑰匙。此時，施萊歇將軍掌握著微

第四章　希特勒的崛起

妙且偶具決定性的影響力。他是那些謹慎而潛在有力的軍界人物的政治顧問。各黨派對他心存疑慮，視其為精明能幹的政治活動家。他的學識涵養遠超參謀部的軍事手冊，非普通軍人所能及。施萊歇早已意識到納粹運動的重要，並認為須加以遏止與控制。同時，他又從衝鋒隊這個私人武裝的暴行和勢力擴張中看到，若參謀部同僚妥善運用，或許能成為重建德國偉大地位的工具，甚至是他個人地位的契機。懷抱此念，施萊歇於1931年開始與納粹衝鋒隊參謀長羅姆密謀策劃。於是，兩項重要結盟事務同時展開：陸軍參謀部與希特勒勾結，而施萊歇則在其中與希特勒的主要助手羅姆進行個人陰謀活動。施萊歇與納粹黨內革命派的接觸，尤其與羅姆的接觸，持續到三年後兩人被希特勒下令處決為止。從此，政治局勢變得簡單，對留下的人而言也更易於掌控。

此時，經濟風暴席捲德國。美國銀行因國內債務增加，拒絕增加對德貸款，這導致德國工廠大規模倒閉，企業紛紛破產，而這些正是德國和平復興的支柱。至1930年冬，失業人數攀升至230萬。同時，賠償問題進入新階段。過去3年，美國總代辦吉爾伯特，作為協約國代表，接收德國鉅額賠款，包括轉交給英國的賠款（由我經手轉至美國國庫）。這顯然無法持久。早在1929年夏，美國委員楊格在巴黎起草並提議一項重要的賠款減免計畫，不僅設定償付期限，還讓德國國家銀行和鐵路脫離協約國控制，並建議撤銷賠償委員會，設立國際結算銀行。希特勒及其國家社會主義運動聯合了以商業巨頭胡根堡為代表的工商業利益集團，發起了一場徒勞但野蠻的運動，反對協約國提出的這個深遠而寬大的方案。德國政府竭盡全力，勉強以224票對206票通過「楊格計畫」。外交部長施特雷澤曼在病重垂危之際，促使協約國同意在凡爾賽條約期限前撤出萊茵蘭，這是他臨終前完成的最後一項任務。

然而，德國民眾對於戰勝國所給予的明顯讓步普遍反應冷淡。倘若是

在較早時期，或在局勢不那麼緊張時，這些讓步可能會被視為通往和解與實現真正和平的重要一步。然而如今，德國廣大民眾正無時無刻不面臨著失業的陰影與恐懼。中產階級由於馬克貶值早已破產，被迫鋌而走險。國際經濟的壓力削弱了施特雷澤曼在國內的政治地位。在希特勒領導的納粹黨和胡根堡所領導資本巨頭的猛烈攻擊下，他最終被推翻。1930年3月28日，天主教中央黨的領袖布呂寧成為總理。

布呂寧是西發里亞的天主教徒和愛國者，致力於透過現代民主政治重建昔日的德國。他延續拉特瑙先生在被暗殺前制定的戰爭準備工業計畫，並努力在日益嚴重的混亂中保持財政穩定。他關於經濟節約、裁減公務員人數及薪資的計畫不受歡迎，怨恨情緒愈發高漲。在興登堡總統的支持下，布呂寧解散了敵對的國會。在1930年選舉中，他在國會中占多數。他現在明顯的企圖做出最後一次努力，號召舊德國的殘餘力量，抵制暴烈和卑劣的國家主義派騷動。為此，他的第一步是確保興登堡再次當選總統。布呂寧總理希望找到一種新的解決方案。他認為唯有恢復帝制才能為德國帶來和平、安全和榮耀。如果興登堡再次當選總統，是否能說服這位年邁的元帥在最後任期中充當攝政，以便在他去世時復辟帝制？如果這個政策成功，顯然將填補希特勒準備跨入德國最高權力殿堂之前的真空。從整體形勢來看，這是一條正確的道路。但布呂寧如何才能將德國引向這條道路？傾向支持希特勒的保守派可能會因為德皇威廉的復辟而回心轉意；然而，無論是社會民主黨還是工會內的勢力，絕對不會允許老德皇或皇太子捲土重來。布呂寧的計畫並非重建第二帝國，而是想建立一個英國式的立憲君主制。他希望在德皇太子的兒子中找到一個適合擔任立憲君主的人選。

1931年11月，布呂寧向具有決定權的興登堡呈遞他的計畫。這位年邁的元帥反應激烈而獨特，表現出極大的驚訝與強烈反對。他聲稱自己只

第四章　希特勒的崛起

是德皇的委託人,任何其他解決方案皆冒犯其軍人尊嚴。他所信奉的君主政體,無法容忍從皇子中挑選一位成為皇帝的方式。皇位的合法性絕不容破壞。此外,由於德國人不願德皇回國,德國剩下的只有興登堡自己。他堅定地表示:「我在這裡,我就留在這裡。」布呂寧與這位老將軍進行了激烈且可能漫長的辯論。總理提出一個強而有力的論點:若興登堡不接受這個不合正統的君主制度解決方案,革命的納粹獨裁必將出現。然而雙方未達成協定。不論布呂寧能否說服興登堡,再次推選興登堡為總統是不可避免的,因為至少可以防止德國立即發生政治崩潰。布呂寧計畫的第一階段取得成功。1932 年 3 月的總統選舉中,第二輪投票結果顯示,興登堡以多數票擊敗了對手希特勒和共產黨的臺爾曼,再次當選。然而,國內經濟形勢和對歐關係仍需應對。裁軍會議正在日內瓦召開,而希特勒此時掀起了一場反對凡爾賽條約帶給德國恥辱的抗議運動。

　　布呂寧經過縝密思考,設計了一個雄心勃勃的計畫,目的在修改凡爾賽條約;1932 年 4 月,他前往日內瓦,出乎意料地受到熱情款待。在與麥克唐納、史汀生和諾曼・戴維斯的談判中,似乎有望達成協定。此次對話的獨特基礎是德、法之間的「軍備平等」。然而,這個原則可以被各種保留意見所解釋。理智的人竟然能設想在這樣的基礎上締造和平,確實令人驚訝。關於這個問題,後續章節將進一步討論。如果戰勝國在這一個關鍵議題上作出讓步,布呂寧很可能從困境中脫身。接下來的步驟,或許是更為高明的一步,即為歐洲復興而取消賠款。如果採取這種解決方案,布呂寧的個人地位將上升至勝利者的高度。

　　美國的無任所大使諾曼・戴維斯曾經撥電話給法國總理塔迪厄,要求他立即從巴黎趕赴日內瓦。誰能料到,布呂寧的運氣實在不佳,因為塔迪厄已經接收到其他消息。當時,施萊歇正在柏林積極活動。他恰好搶在前面,警告法國大使不要與布呂寧談判,聲稱布呂寧即將下臺。此外,塔迪

厄可能也對在「軍備均等」方案下法國的軍事地位感到憂慮。不論如何，塔迪厄未能前往日內瓦，而布呂寧則於 5 月 1 日返回柏林。布呂寧在這種情況下空手而歸，對他的政治生涯來說是致命的傷害。為應對德國國內極具威脅的經濟崩潰，必須採取激烈甚至不顧一切的措施。但布呂寧這個失去民心的政府，已經沒有實施這些措施所需的力量。布呂寧在五月苦苦支撐了整整一個月。與此同時，塔迪厄在法國政壇的變化中被赫里歐取代。

　　法國新任總理宣布準備就日內瓦談判達成的方案進行商討。美國駐柏林大使奉命敦促德國總理立刻返回日內瓦，不得有絲毫拖延。5 月 30 日清晨，布呂寧收到了這份電報，但此時，施萊歇的努力已見成效。興登堡聽從了他的建議，決定解除布呂寧的總理職務。就在這天早上，當美國的邀請電報（充滿希望但措辭不夠謹慎的電報）交到布呂寧手中時，他已知曉自己的命運已定；到中午，他便主動辭職，以避免被正式免職。在戰後的德國，最後一個可能讓德國人民享受穩定和文明憲政並走向睦鄰外交的政府就此終結。若非施萊歇的陰謀和塔迪厄的拖延，協約國向布呂寧提出的建議，本可以挽救他。現在這些建議，只能與另一個政府和另一個人商議。

第四章 希特勒的崛起

第五章
衰敗的年代

■ 西元 1931 ～ 1935 年

　　1931 年的大選產生了一個看起來是英國歷史上最強大的政府，實際上卻是最薄弱的政府。首相麥克唐納與他畢生致力奉獻的工黨決裂，雙方的對立情緒極為強烈。名義上他的政府是一個聯合政府，實質上是由保守黨占據主導地位，因此儘管他位居政府首席，但他卻感到無所事事。鮑德溫先生更注重實權而非虛名，他退居幕後操控大局。外交大臣的職位由約翰·西蒙爵士擔任，他是自由黨的一位領袖。內政部的主要工作由內維爾·張伯倫先生負責，不久後他接替斯諾登先生成為財政大臣。工黨因未能解決金融危機而受到嚴厲指責，在選舉中遭遇嚴重挫敗，如今由極端和平主義者喬治·蘭斯伯里領導。在這個政府從 1931 年 8 月至 1935 年 11 月的 4 年多執政期間，歐洲大陸的局勢已徹底改變。

　　在新一屆議會首次集會時，政府要求就其印度政策進行信任投票。對此，我當時提出了以下修正動議：

　　此政策未要求本院依照威斯敏特法令制定印度自治領憲法……並且在此期間，任何關於印度自治的問題均不得影響議會為維護印度帝國的和平、秩序與良好治理而承擔的基本責任。

　　這次我的發言持續了一個半小時，大家都專注地聆聽。然而，就像後來在國防問題上的討論一樣，無論人們如何表達，問題毫無變化。在這條

第五章　衰敗的年代

次要的東方道路上，我們已走到令人恐懼的終點：數十萬無辜的百姓原本只希望在和平與公正中生活，如今卻深陷衝突。我大膽地對各黨派中不了解情況的議員們說：

> 一旦英國的統治稍有鬆懈，穆斯林與印度教徒之間的宿怨便會重新燃起，並愈演愈烈，達到極端的暴力程度。這種仇恨是我們難以想像的。在印度，終生比鄰而居的人們，一旦被這種情緒左右，便會互相廝殺，男女老少無一倖免。自從人們認為英國即將失去其統治，並相信只要提出要求就可以使英國撤離以來，穆斯林與印度教徒之間關係的惡化，是百年來從未有過的。

在議會的休息區，我們僅能集結40餘人來對抗下議院的三個政黨。這必須被視作這條衰退之路上的一個不幸里程碑。

與此同時，德意志全境陷入動盪之中，一系列重大事件接連發生。

1932年5月，布呂寧內閣倒臺後的短短1年內，德國政壇風雲變色。巴本與政治將軍施萊歇一向依賴機巧和陰謀操控政局，但此刻他們的機會已然消逝。繼任總理的巴本試圖贏得興登堡身邊親信及國會內極端民族主義者的支持。7月20日，他採取果斷行動，迫使普魯士的社會黨政府下臺。與此同時，巴本的政敵正暗中策劃奪取權力。施萊歇計劃利用希特勒日漸增長的聲望和力量，在背後推動德國政治的暗黑勢力。他企圖讓希特勒的運動成為德國軍隊的行動藉口，進而將兩者都置於自己的掌控之下。1931年，施萊歇與納粹衝鋒隊領袖羅姆開始接觸，翌年便發展成施萊歇與希特勒之間更為正式的關係。對他們而言，唯一的障礙似乎是巴本以及興登堡對巴本的信任。

1932年8月，希特勒應總統的祕密召喚來到了柏林，前方似乎有機會讓他可以向前邁進一步。在這位領袖的背後，站著1,300萬德國選民的支持者。只要他願意開口，顯赫的官職似乎唾手可得。他現在的處境，與墨

索里尼在向羅馬進軍前夕的境況頗為相似。然而，巴本並未理會義大利最近的歷史；他擁有興登堡的支持，且無意辭職。這位年邁的元帥接見了希特勒，但對其印象不佳。「這個人想當總理？我可以委任他為郵政局長，他可以舔舔印有我頭像的郵票。」在宮廷的圈子中，希特勒並不具備他競爭對手們所擁有的那種影響力。

在國內，廣大選民感到焦慮不安，迷茫而且無所適從。1932年11月，德國進行了這一年內的第五次選舉。納粹黨在選舉中失去優勢，席位從230減少到196，共產黨則取得了重要的地位。希特勒討價還價的能力因此被削弱。或許施萊歇將軍可以完全不需要依賴他了。這位將軍得到了興登堡顧問們的支持。11月17日，巴本辭職，施萊歇接任總理，但這位新總理更適合在幕後操控，而不擅長公開執政。他得罪的人太多了。希特勒、巴本和德國國家人民黨現在聯合反對他；與此同時，共產黨在街頭與納粹黨鬥爭，並透過罷工與政府對抗，這更加使施萊歇的統治變得不可能。巴本運用了他對興登堡的個人影響力。為了安撫希特勒，讓他上臺執政，承擔責任，這難道不是最好的辦法嗎？興登堡最終勉強同意。於是，1933年1月30日，希特勒就任德國總理。

那些可能反對新秩序的人很快就體驗到新主人的手段。2月2日，德國共產黨的一切集會和示威被禁止，全國開始搜查共產黨的祕密組織。1933年2月27日晚，局勢達到頂點，國會大廈突然起火，褐衫隊、黑衫隊和其他附屬組織奉命出動。短短一夜之內，4,000人被捕，其中包括共產黨的中央委員。這些行動由新任普魯士內政部長戈林負責。這是為即將到來的選舉做準備，以確保擊敗新政府最強大的敵人——共產黨。選舉活動的組織由戈培爾負責，他無疑是手段高超又充滿熱情的。

然而，在德國，仍有許多政治勢力對希特勒主義持不接受或堅決反對，甚至積極抵制的態度。選舉結果顯示，共產黨獲得了81席，許多人在猶豫

第五章　衰敗的年代

和痛苦中投給了他們；社會黨贏得了 118 席，中央黨獲得 73 席，而在巴本和胡根堡領導下與希特勒結盟的德國國家人民黨則得到了 52 席。人數較少的右翼中心集團分得 33 席。納粹黨獲得了 1,730 萬票，總計 288 席。選舉結果使希特勒及其盟友德國國家人民黨得以掌控國會。希特勒使用了各種陰謀詭計，才在德國選民中取得這個多數選票。通常按照文明國家議會政治的慣例，數量如此龐大的少數派在野黨對國家應有重大影響，並會受到相應關注。然而，在新的納粹德國，少數派的在野黨將發現，他們根本沒有任何權利可言。

1933 年 3 月 21 日，希特勒在波茲坦的駐軍教堂，毗鄰腓特烈大帝墓陵，召集了第三帝國的首次國會會議。在教堂中央坐著代表德國國家力量的陸軍，以及象徵復興德國的新貴，衝鋒隊和黨衛隊的高級軍官。3 月 24 日，國會以壓倒性的多數通過了議案，以 441 票對 94 票的結果將所有執行緊急措施的權力授予希特勒總理，為期 4 年。議決案公布時，希特勒面向社會民主黨的席位喊道：「我再也用不著你們了。」

此次選舉引發了極大的激情，國社黨在柏林街頭舉行了火炬遊行。隊伍經過他們的領袖時，以異教徒式的敬禮表達敬意。這場鬥爭歷時已久，對於外國人，尤其是那些未曾經歷戰敗痛苦的人而言，難以理解。希特勒終於出現，但他並非孤身而來。希特勒從失敗的深淵中喚醒了歐洲最大、最具潛力的民族內心中潛藏的狂怒，這個民族充滿殘酷、矛盾的特性與不幸的遭遇。他召喚出一個如摩洛克神般可以吞噬一切的恐怖偶像，自己則成為祭司與摩洛克的化身。至於如何使用難以想像的殘暴手段建構這種仇恨與暴政的機制，並使其臻於完善，這超出了我需要描述的範圍。在此，我只需向讀者指出，在這個仍懵懂的世界中，一個新的可怕事實已然出現：德國在希特勒的統治下，正在重新武裝。

在德國經歷這些極其嚴重且不祥的變動之際，麥克唐納-鮑德溫政府

因財政危機的壓力，認為有必要在一段時間內大幅削減和限制本已稀少的軍備。他們對歐洲浮現的不安跡象始終視而不見。麥克唐納與他的保守黨及自由黨同僚熱衷於將勝利者的軍備削減到與凡爾賽條約強加於戰敗國的水準持平。他們透過國際聯盟及其他一切可行的途徑提出了一系列建議。儘管法國的政治局勢仍然無意義地不斷更迭，法國卻堅定地維持其陸軍，將其視為法國及所有盟國生命的核心與支柱。這種態度在英國和美國均遭到抨擊。媒體和大眾輿論完全不面對現實，而且這種逆流非常強烈。

1932年5月，當各黨在下議院對裁軍的美德讚不絕口時，外交大臣提出了一個將武器分為允許保留和應廢除兩類的新界線。他稱之為「品質上的裁軍」。這種說法顯然荒謬，難以說服議員。我說：

> 外交大臣指出，試圖將武器區分為進攻性和防禦性是複雜的。確實如此，因為幾乎所有武器都可用於進攻或防禦，無論是侵略者還是無辜受害者都能使用。為了增加侵略的難度，人們將重炮、坦克和毒氣歸為進攻性武器。但在1914年德國入侵法國的高峰期，並未使用這些武器。重炮被視為「進攻性武器」，然而在要塞中安放重炮是完全合理的；在那裡，它被視為善良與和平的象徵；但若移至戰場——如果情況需要，它當然會被轉移——便立刻變為惡劣、罪惡和好戰的象徵，必須被視為人類文明所不能容忍的。以坦克為例，德國人在入侵法國後挖掘戰壕，在兩年內擊斃了150萬試圖解放法國的法、英士兵。坦克的發明是為壓制德國人在占領地區使用的機槍火力，並在驅逐侵略者的戰鬥中拯救了許多生命。顯然，德國為保住其占領的法國13個省所使用的機槍被視為善良的、防禦性的，而用來拯救協約國軍人生命的坦克卻遭到指責和譴責⋯⋯
>
> 我認為，合理的分類應禁止那些使用時不加選擇的武器，這些武器不僅造成戰鬥人員的傷亡，還導致遠離戰場的平民，包括男性、女性及兒童的傷亡。依我之見，這才是日內瓦會議上各國可能達成協定的方向。

第五章　衰敗的年代

最後，我首次正式發出戰爭逼近的警示：

倘若德國的軍事力量達到與法國相似的程度，我將感到極為遺憾。有些人認為這種接近是合理的，甚至認為這是對德國的公平對待，他們顯然低估了歐洲局勢的嚴重性。我想對那些希望看到德、法軍備均等的人說一句：「難道你們希望戰爭嗎？」對於我個人而言，我真誠地希望在我這一代或我的子孫後代的生命中都不會見到德、法軍備接近的局面。此番言論絕非不尊重或不敬佩德國人民的優秀品格，但我堅信，若德國獲得與法國相等的軍事地位，這樣的觀點一旦成為現實，必將引領我們走向難以想像的災難。

1933年3月的英國空軍預算顯示出政府以及在野的自由黨和工黨對當時局勢發展的完全無知。我不得不在1933年3月14日發聲：

我聽見次長提及，我們的空軍僅排名第五，十年計畫將推遲到明年實行，這讓我深感失望。他自豪地宣稱空軍部今年未設立新單位，這讓我感到擔憂。事態發展使這些想法愈發顯得荒謬。我們應當接受建議，投入更多精力以強化我們的空防建設。

在所謂的聯合政府下，英國的輿論逐漸放鬆了對德國的警惕。1931年7月21日，法國在一份備忘錄中正確指出：根據《凡爾賽條約》，在德國單方面廢除軍備後，各國普遍裁減軍備的承諾僅為一般性保證，並非條約義務，更不是在任何情況下都必須履行的強制性義務。然而，1932年，當德國代表團在裁軍會議上明確要求解除對其重整軍備權利的所有限制時，英國媒體竟然大力支持。《泰晤士報》稱之為「對不平等待遇的適時糾正」。《新政治家報》稱之為「對各國平等原則的無條件承認」。這意味著，應該允許7,000萬德國人再次武裝，為戰爭做準備，而最近一次艱難戰爭的勝利者卻不得提出任何反對意見。這是勝利者與戰敗者之間的平等地位，是3,900萬人口的法國與人口幾乎多一倍的德國之間的平等！

英國的姿態增強了德國政府的信心，他們視之為民主與議會制度對北歐民族造成的根本軟弱和深刻頹廢的展現。在希特勒民族運動的支持下，德國採取了一種傲慢的態度。7月間，他們的代表團帶著公事包退出了裁軍會議。此後，勸說他們重返談判桌便成了協約國的主要政治目標。11月，在英國持續施壓下，法國提出了名為「赫里歐計畫」的方案，名稱顯得不甚公允。該計畫要求所有歐洲國家將其國防軍改編為短期服役的有限人數軍隊，承認各國的地位平等，但不一定接受實力平等。然而，一旦承認地位平等，原則上和事實上便意味著接受實力平等。這使協約國政府能夠向德國提供「在保障各國安全體制下的平等權利」。法國在一些幻想性的保證下，勉強接受了這個無意義的公示，由此德國同意重返裁軍會議。這個事件被讚譽為值得重視的和平勝利。

在1933年3月16日，英國政府在大眾輿論的影響下，提出了一項被稱為「麥克唐納計畫」的方案，該計畫以其發起者和起草者命名。計畫的核心是接受法國短期服役軍隊的概念（當時服役期為8個月），並為每個國家的軍隊設定具體的數量標準。根據該計畫，法國陸軍的常備兵力應從50萬人削減到20萬人，而德國則應擴充至與之相等的規模。儘管德國當時缺乏經過訓練的大量後備力量，因為這需要每年徵召一定數量的人員入伍才能實現，然而，德國可能已經擁有超過100萬的半武裝志願者，他們從改裝和部分改裝的工廠中獲得許多最新式的武器裝備自己。

在第一次世界大戰結束時，法國與英國一樣，擁有大量重炮，而德國軍隊的大炮則因和約已被摧毀。為了解決這種明顯的不平等，麥克唐納先生建議將機動炮隊的大炮口徑限制為105公釐或4.2英寸。現有的6英寸以下口徑大炮可以保留，但今後的替換必須限制在4.2英寸。英國的利益與法國不同，直到1935年提議召開新的海軍會議之前，它能夠透過保留和約中對德國海軍軍備的限制來獲得保障。在協定規定的期限內，德國不得

第五章　衰敗的年代

擁有軍用飛機，而三個協約國的空軍都必須裁減至每國只能有500架飛機。

我對削弱法國軍事力量並使法、德兩國達到平等的企圖感到極為不滿；1933年3月23日，我在議會中表示：

> 我質疑此時強迫法國接受該計畫是否恰當。我並不認為法國會表示同意。他們必然對德國的現狀以及對一些鄰國的態度深感憂慮。多年來，我一直說：「感謝上帝，幸虧有法國陸軍。」在這個令人不安的月分，我相信許多人也會如此說。當我們看到德國的狀況時，我們懷著驚訝和悲痛的心情目睹暴力和好戰精神的喧囂，少數群體遭受殘酷虐待，文明社會的常規保障被廢除，僅僅因為種族的原因迫害大批人——當我們看到所有這些在世界上最有天賦、最有學識、科學最先進的強國中發生時，我們不得不慶幸的是，這種凶殘的情緒尚未向其他地方發洩。依我看，在此時此刻，要求法國將軍隊減半，而德國則擴充一倍，要求法國空軍減半，而德國空軍維持現狀，這一提議，至少目前，法國政府可能認為不太合時宜。計畫中關於陸軍和空軍力量的數字規定，保證法國的飛機數量與義大利相等，而對德國的空軍力量卻未作限定。

同年的4月，我再次說道：

> 德國要求武器和軍事力量的平等，陸軍與海軍的組織應該對等，我們經常聽到有人說：「這樣一個大國不能長期處於屈辱的地位。他們應該擁有其他國家所擁有的。」對於這種觀點，我始終持反對意見。這是極其危險的要求。生命中沒有不變的事物，然而，只要德國的怨恨和不滿尚未消除，仍然懷抱著我們曾不幸見證過的那種情緒，而又獲得與其鄰國完全相等的軍事力量，那麼我們可以肯定，歐洲戰爭的再次爆發將指日可待。
>
> ……大戰結束後，我們曾聽聞一種觀點，認為德國將轉變為一個議會民主制的國家，進而為我們提供安全保障。然而，這些希望如今皆已破滅。取而代之的是最為嚴酷的獨裁統治。軍國主義盛行，並透過多種方式

喚起戰鬥精神，例如重新在大專院校提倡決鬥，甚至教育部指示小學可以充分使用鞭子等現象。這些好勇鬥狠的表現，以及許多議員提及，對猶太人的迫害……

我暫且將德國置於一旁，轉而討論法國。法國不僅在歐洲是唯一仍然保持偉大民主的國家，而且，值得欣慰的是，它在軍事上也是最為強大的國家之一。作為一個由多個國家和民族組成的聯盟領袖，法國在從比利時到南斯拉夫和羅馬尼亞的整個新月形區域中，扮演著小國的保障者和保護者角色。這些國家都依賴法國的支持。如果英國或其他大國採取任何可能削弱法國在外交或軍事上安全的行動，那麼所有這些小國都會感到震驚和憤怒。它們擔心這個中心的保護力量會被削弱，而一旦如此，它們將不得不屈從於那個日耳曼大國。

若人們視這些為無可辯駁的事實，那麼由備受尊敬的紳士們所負責及組成的政府卻採取此類行動，而輿論界竟一味支持，實在難以理解。這情形如同被罩上一層厚重的鴨絨被，令人窒息。記得我在下議院提及「感謝上帝，幸虧有法國陸軍」時，我特別注意到各方議員臉上顯露出的尷尬與反感。所有言辭皆是徒勞。

然而，法國堅決主張，必須在 4 年後才會銷毀其重武器。英國政府接受了這個修正，但條件是法國需在即將簽署的文件中明確承諾銷毀大炮。法國同意了。1932 年 10 月 14 日，約翰・西蒙爵士在對德國近幾週態度的變化表示不滿後，於裁軍會議上提出了這些建議草案。結果出乎意料。希特勒，此時已是德國的總理和掌權者，一旦掌控權力便下達命令，要在全國，包括軍事訓練營和工廠，勇敢地向前推進。他對自己的地位感到非常穩固，甚至對那些向他提出的唐吉訶德式建議置之不理。他以輕蔑的態度命令德國政府集體退出裁軍會議和國際聯盟。這便是「麥克唐納計畫」的結局。

第五章　衰敗的年代

英國政府的愚昧與法國政府的懦弱，堪稱罕見，但在這一悲慘時期，它們確實反映了兩國議會的立場。美國也無法逃脫歷史的指責。他們只關心本身的問題，專注於自由社會的多種利益、活動和事件，對歐洲發生的重大變革只是目瞪口呆地旁觀，以為與己無關。相當多精明且訓練有素的美國官員雖有自己的見解，但對美國外交政策缺乏遠見、對歐洲事務漠不關心的態度，並未產生顯著影響。若美國發揮其影響力，或許能激勵英法兩國的政界人士採取行動。國際聯盟雖屢遭挫折，但仍是一個莊嚴的機構，本可用國際法制裁對抗希特勒的新戰爭威脅。然而，在這種緊張局勢下，美國人不過是聳聳肩。結果，不到幾年，他們不得不付出新大陸的鮮血和財富，以求自救，免於危亡。

7年後，當我在圖爾目睹法國的苦難時，這一切依然縈繞在我心頭；因此，即便他們建議單獨媾和，我也僅僅表達了安慰和承諾。令我欣慰的是，這些承諾如今已兌現。

1931年初，我計劃了一次在美國進行廣泛演講的旅行，並抵達了紐約。在此期間，我遭遇了一場幾乎致命的嚴重事故。12月13日，我前往拜訪伯納德·巴魯克先生，停車後誤從靠街一側下車，穿越第五大道時，未意識到美國車輛行駛規則與歐洲相反，也未注意到當時英國尚未使用的紅燈訊號，結果被一輛車猛烈撞擊。我因此癱瘓了兩個月。之後，我在巴哈馬群島的拿索療養，逐漸恢復，最終得以緩慢行走。在這種情況下，我走遍美國進行40次演講。白天在火車上休息，晚上面對大量聽眾發表演說。總之，我認為這是我一生中最艱辛的時期。在這一年裡，我的健康狀況相當虛弱，但體力逐漸恢復。

與此同時，國內局勢悄然滑向谷底。議會中，鮑德溫先生接受並支持麥克唐納先生的印度法案核心原則，由新任印度事務大臣塞繆爾·霍爾爵士向下議院提交該法案。西蒙委員會的報告被忽視，議會也未有機會辯論

此法案。我與約70名保守黨員組成「印度保衛同盟」，在接下來的4年中若政府的印度政策超出西蒙委員會建議便予以反對。我們在黨的會議上據理力爭，獲得相當支持，儘管票數接近，仍常處於少數。工黨在印度問題上與政府同一立場，在議會中投票支持，類似其在裁軍問題上的立場，成為執政黨與在野黨領導層之間的橋梁。兩黨領導者的支持者形成了絕大多數，聯合反對我們的團體，稱我們為「死硬派」。希特勒的崛起、納粹黨對德國的掌控以及德國軍力的迅速發展，使我與政府及國內各黨派的分歧進一步加劇。

從1931年至1935年這段時期，儘管我為大局憂心忡忡，但在個人生活上卻感到非常愉悅。我透過口述撰寫的文章維持生計，這些作品不僅在英、美的報紙上刊載，而且在希特勒的陰影尚未籠罩之前，還廣泛出現在16個歐洲國家的報紙上。我的生活可謂動口亦動手。在此期間，我陸續完成了《馬爾巴羅傳》的各卷。同時，我不斷思索歐洲局勢和德國重整軍備的問題。我大部分時間居住在查特維爾莊園，生活充滿趣味。那裡有兩間小屋和圍牆圍繞的寬闊菜園，大部分由我親手建造。此外，我還修築了各種假山、噴泉和一個可過濾淨化的大游泳池，並可加熱以應對多變的天氣。因此，從早到晚，我沒有片刻沉悶或懶散。我與家人快樂的在家中過著寧靜的生活。

近年來，我屢次遇見牛津大學哲學教授林德曼。他早已是我的摯友。我們初次相識是在第一次世界大戰結束時，當時他以進行許多空中試驗而聞名，這些試驗原是只有極勇敢的飛行員才敢進行的，目的在克服當時因「螺旋下降」幾乎造成的致命危險。自1932年以來，我們的連繫更加緊密，他常駕車從牛津前往查特維爾與我共度時光。在那裡，我們多次討論看似逐漸逼近的危險，直至深夜。林德曼，他的友人稱他為「教授」，後來成為我在現代戰爭科學中的顧問，尤其是在空防及各種統計問題上，是

第五章　衰敗的年代

我的主要顧問。這種愉快且有益的友誼在整個戰爭期間持續著。

我的另一位親密朋友是德斯蒙德・莫頓。1917年，陸軍元帥黑格從戰場上挑選年輕軍官加入他的團隊時，德斯蒙德因其在炮兵領域的卓越表現而被推薦。在那年春季最激烈的戰鬥中，他曾經在法國阿拉斯前線指揮前線炮兵。他不僅獲得了軍事十字勳章，還擁有一個獨特的榮譽：一顆子彈穿過他的心臟，雖然子彈仍留在體內，但他依然快樂地生活。1917年7月，我擔任軍需大臣時，經常以總司令的客人身分訪問前線，德斯蒙德・莫頓作為總司令的親信副官，經常受命與我同行。我們參觀了許多戰線區域。在這些有時危險的旅程中，以及在總司令的住所，我對這位傑出而勇敢的軍官產生了深深的敬意和友誼。1919年，當我擔任陸軍和空軍大臣時，我任命他在情報處擔任重要職務，他在那裡工作了好些年。他是我的鄰居，距離查特維爾僅一英里之遙。透過麥克唐納首相的許可，他可以自由地與我交談，讓我得知許多情況。在那時以及後來在戰爭期間直到最終勝利，他始終是我最親近的顧問之一。

我與拉爾弗・威格拉姆之間建立了深厚的友誼，那時他在外交部聲名顯赫，成為外交事務的關鍵人物。他在部裡擁有對政策發表權威意見的資格，並對正式和非正式的接觸有廣泛的自主處理權。他是一位令人喜愛且無所畏懼的人，他的信念建立在深厚的學識之上，成為他生活中的主導力量。他和我一樣清晰地意識到迫在眉睫的危險，但他掌握的消息比我更加確鑿。這種共同的認知讓我們彼此更加親近。我們經常在北街他的小屋中聚會，他和他的夫人也常來訪查特維爾。他與其他高級官員一樣，以充分的信任與我交談。所有這些經歷促使我形成並加強了對希特勒運動的看法。那時，我在德國、法國和其他國家已建立了眾多連繫，這讓我能夠提供大量情報供我們共同分析。

自1933年以來，威格拉姆對政府政策與事態的發展深感擔憂。儘管

他的上司愈發賞識他的能力，他在外交部的影響力也有所增強，但他仍屢次考慮辭職。他的談話極具力量且得體，與他有過接觸的人，對他的見解愈加重視。

多年來，我在這個小圈子中進行深入的討論，這對我個人甚至國家而言，具有重大意義。我收集並提供了大量國際情報，與法國的幾位部長及歷屆政府首腦保持密切連繫。《晨郵報》知名社論作家的兒子伊恩・科爾文，是《新聞紀事報》駐柏林的記者，他深入德國政治，與若干德軍高級將領及一些意識到希特勒運動將導致國家毀滅的有識之士祕密接觸。有幾位德國高層人士曾來找我，傾訴他們內心的憤怒與痛苦，這些人在戰爭中大多被希特勒處決。我透過其他途徑考核並提供有關我們空防狀況的資料，因此對情況的了解不亞於許多內閣大臣。我定期向政府彙報從各方，尤其是國際連繫中獲得的消息。與眾多部長和高級官員的關係密切而坦誠，儘管我常批評他們，但我們始終保持同志般的精神。下文將展示他們正式讓我查閱了一些極其機密的文件。憑藉在政府高級職位上的長期經驗，我也知悉一些國家的絕密消息。這一切讓我無需依賴報紙報導來形成和維持我的見解，儘管敏銳的人也能從報紙中發現許多問題。

在威斯敏斯特議會中，我持續關注印度問題及德國威脅這兩大主題。我經常在議會中發表警示性演說，儘管這些演說引起了關注，但遺憾的是，並未能喚醒擁擠而困惑的兩院聽眾採取行動。關於德國威脅的問題，我在議會中也找到了一批志同道合的朋友，就如同在印度問題上一樣。這個團體的成員與「保衛印度同盟」略有不同。奧斯汀・張伯倫爵士、羅伯特・霍恩爵士、愛德華・葛利格爵士、溫特頓勛爵、布雷肯先生、克羅夫特爵士，以及其他幾位，與我形成了一個集團。我們定期聚會，主要是彙集我們的情報。大臣們對於這個由他們自己的支持者以及過去的同事或上司組成的有影響力的團體，仍然相當重視。我們隨時可以吸引議會的注意

第五章　衰敗的年代

並發起正式辯論。

請各位讀者寬恕，我想以較為輕鬆的心態聊聊我個人的一件題外事。

1932 年夏季，為撰寫《馬爾巴羅傳》，我探訪了他曾經在荷蘭和德國作戰的舊戰場。全家連同「教授」同行，沿著 1705 年馬爾巴羅從荷蘭到多瑙河的著名行軍路線，展開了一次愉快的旅程。我們在科布倫茨渡過萊茵河。途經這些秀麗的地區和古老的城市時，我自然地詢問了有關希特勒運動的情況，發現這議題已經成為每個德國人心中的重心。我感受到希特勒運動的氛圍。一天，走過布倫海姆的田野後，我乘車前往慕尼黑，並在那裡逗留了將近一週。

在里吉納旅館，一位不速之客前來造訪我們之中的幾人。他就是漢夫施滕格爾先生，他滔滔不絕地談論著「領袖」，顯然與這位領袖關係密切。看起來他是個充滿活力且健談的人，英語流利，因此我邀請他共進晚餐。他以生動的方式描述了希特勒的活動和觀點，彷彿被某種魔力所驅使。他很可能是奉命與我接觸，顯然全心想贏得我的好感。晚餐後，他走到鋼琴旁，演奏並演唱了多首曲子，果然別具一格，我們享受其中。他似乎完全知道我所鍾愛的英國歌曲。他是一位極善於交際的人，而且我們也了解到他是領袖的寵臣。他提議我應會見希特勒，並說這再簡單不過。希特勒先生每天大約 5 點鐘會到旅館來，他一定很願意與我交談。

當時，我對希特勒並無任何成見。對於他的理論或著作，只是略有耳聞，對他的個人品性更是一無所知。凡是在國家失敗時挺身而出的人，我都深表欽佩，即使他們與我的立場相左。如果他選擇如此，他當然有權利成為一名愛國的德國人。我一貫主張英國、德國和法國應該和睦相處。在與漢夫施滕格爾交談時，我隨意提及：「你們的領袖為何對猶太人如此殘忍？對那些作惡或反對國家的猶太人心生怨恨，我完全能夠理解；若因他們在某些生活領域中試圖壟斷而對其反感，這我也能理解，但僅僅因為一

個人的血脈而反對，這又是什麼意思呢？任何人對自己的血脈，如何能自作主張？」他顯然把我的話轉告了希特勒，因為第二天中午，他帶著嚴肅的表情來到我處，告知我，原定與希特勒的會面無法實現，因為希特勒無法按時到旅館。這是我最後一次見到「普齊」（他的暱稱），儘管我們在旅館還住了幾天。希特勒失去了與我會面的唯一機會。後來，儘管他權傾一時，曾幾次邀請我，但那時局勢已大不相同，我都婉拒了。

在這段時期，美國仍專注於迅速變化的國內事務與經濟問題。歐洲與遙遠的日本，注視著德國軍事力量的崛起。斯堪地那維亞國家、「小協約國」及部分巴爾幹國家愈發惶恐不安。法國因獲得大量關於希特勒活動及德國備戰的資料，愈加焦慮。我聽說法國對於德國嚴重破壞條約的情況有精確紀錄，但當我詢問法國友人，為何不將此問題提交國際聯盟，邀請甚至召喚德國出席，要求解釋行動並具體說明所為，他們回答我，英國政府一定不會支持這項舉措。於是，一方面，麥克唐納在鮑德溫的政治權威大力支持下，勸說法國裁軍，並以英國本身為榜樣；另一方面，德國的實力卻迅速成長，公然行動的時刻日益臨近。

此時，我有必要為保守黨進行辯護。自 1932 年以來，每次保守黨全國代表大會上，由勞埃德勳爵和克羅夫特爵士等有影響力的人士提出，關於立即加強軍備以應對國際日益嚴重危機的提案，幾乎無一例外地獲得通過。然而，當時下議院的執政黨領袖對議會的掌控非常有效，而政府內的三個政黨及在野的工黨卻對這些警告充耳不聞，完全無動於衷，以至於國內支持者的警告、時局的跡象以及情報機構獲得的證據都未能引起他們的重視。這是我們歷史上屢次出現的悲劇性現象之一，在這樣的時期中，偉大的英國民族似乎從高峰跌落，失去一切理想和目標，對外部威脅畏縮不前，當敵人正在磨刀霍霍之時，卻仍舊迂腐地空談陳腔濫調。

在這一片陰霾的時期，最為卑劣的情緒被各政黨的領袖們所接受或默

第五章　衰敗的年代

許。1933年，牛津大學俱樂部的學生們，在喬德先生的煽動下，通過了一項極其可恥的決議：「本院絕不為國王和祖國而戰。」這種插曲在英國國內或許可以一笑置之，但在德國、俄國、義大利和日本，人們已經明顯地感受到英國的衰落，而且這種看法影響了他們的某些決策。那些通過決議的愚蠢孩子們絕未預料到，他們注定將在即將爆發的戰爭中，不是贏得勝利，就是光榮犧牲，得以在戰場上證明他們是英國迄今為止最優秀的一代。

1933年11月，我們在下議院再次展開辯論。我重申我的核心觀點：

我們意識到，德國正在異常大量地進口廢鐵、鎳和軍用金屬，並獲悉該國正普遍瀰漫著軍國主義的氛圍；我們也觀察到，他們正以一種自野蠻時代以來未曾見過的嗜血哲學來教育青年。面對這些正在興起的力量，我們不能忘記，這正是那個曾經與全世界交戰並幾乎戰勝全球的強大德國。在那場戰爭中，他們以一個人的生命代價換取了對方兩個半人的生命。如果你意識到這些準備、這些理論以及公開的主張，就不難理解為何德國周邊國家會感到恐慌⋯⋯

當歐洲在大戰中的勝者與敗者之間，在軍事實力上發生這種驚人的逆轉時，遠東地區原本愛好和平的國家之間也出現了嚴重的利益衝突。那裡的情況已成為歐洲局勢惡化的翻版，這完全是由於昔日協約國和未來同盟國的領導者在思想和行動上的麻木導致的。

1929年至1931年的經濟大蕭條對日本的衝擊與其對全球其他地區的影響相當。自1914年以來，日本人口從5,000萬成長至7,000萬，冶金工廠的數量從50家增至148家。生活成本持續上升，稻米生產停滯不前，而進口糧食價格昂貴。對原材料及海外市場的需求愈加迫切。在嚴重的經濟衰退中，英國及其他40個國家愈發感到必須採取限制性政策或關稅措施，以抵制在與英、美不同勞動條件下生產的日本商品。中國不僅一直是

日本棉織品和其他工業製品的主要出口市場，幾乎也是日本獲取煤炭和鐵礦的唯一來源。因此，重新確保對中國的控制成為日本政策的核心目標。

1931年9月，日本以地方性騷亂為由，侵占瀋陽及南滿鐵路沿線地區。到1932年1月，日本要求中國解散所有反日組織。中國政府拒絕後，日本於1月28日在上海公共租界北部登陸。儘管缺乏飛機、反坦克炮及現代武器，中國仍然進行了頑強抵抗，堅持超過一個月。至2月底，因遭受嚴重損失，他們被迫撤離吳淞口炮臺，退至距海岸約12英里的新陣地。1932年初，日本在滿洲建立傀儡政權。一年後，中國的熱河省被吞併，日軍深入無防禦的區域，直逼長城。這個侵略行動，與日本在遠東勢力的擴大及其海軍地位的不斷提升相符。

日本對中國的侵略行為，自第一槍響起便在美國引發了最強烈的譴責。然而，美國的孤立政策卻表現出猶豫不決。如果美國是國際聯盟的成員國，那麼它勢必會引領國際聯盟對日本實施集體制裁，而美國本身也將在此行動中扮演國際聯盟的主要執行者。至於英國，它不願單獨與美國採取共同行動；他們也不希望超出國際聯盟憲章規定的義務，捲入反日的漩渦。英、日同盟的終止，削弱了英國在遠東地區的影響力及其長期建立的權益，引發了一些英國人士的不滿。英國政府當時正為嚴峻的財政問題和歐洲局勢的日益緊張而苦惱，在無法期望美國在歐洲事務上給予相應支持的情況下，而在遠東地區未與美國協同行動也是情有可原的。

中國作為國際聯盟的成員國，儘管尚未繳清其應付的款項，依然向國際聯盟提出了完全合乎正義的呼籲。1931年9月30日，國際聯盟要求日本軍撤出滿洲，並於12月派遣調查團前往當地。李頓勳爵被任命為該調查團的主席，作為名門之後，他曾任孟加拉省長和印度代理總督，在東方累積了豐富經驗。該調查團一致通過的報告，是研究中日衝突的重要文獻，詳細敘述了滿洲事件的背景，結論明確：滿洲國是日本參謀部的產

第五章　衰敗的年代

物，並非根據民眾意願而成立。李頓勳爵及其同僚在報告中不僅分析了形勢，還提出了國際解決方案：宣布滿洲自治，但仍為中國一部分，受國際聯盟保護；並由中、日兩國簽訂全面條約，規定兩國在滿洲的權益。儘管國際聯盟未採納此建議，但這無損於李頓調查報告的價值。美國國務卿史汀生稱其為「極為公正的權威」。1933年2月，國際聯盟宣布不承認滿洲國，但未對日本實施制裁，日本於1933年3月27日退出國際聯盟。昔日大戰中對立的德國和日本如今情投意合。國際聯盟在關鍵時刻顯得缺乏實質支持，儘管世界局勢急需其力量。

　　在這個關乎生死存亡的時期，不僅是由保守黨主導的英國聯合政府的行為，還有政府內外的工黨和自由黨人士的作為，都應受到歷史的指責。他們沉溺於悅耳動聽的陳腔濫調，不願面對令人不快的現實；只求迎合大眾以獲取選票，忽視國家根本利益；儘管熱衷於和平，卻天真地相信僅靠對和平的熱愛就能奠定其基礎。聯合政府中的兩黨領袖顯然缺乏洞察力；鮑德溫先生對歐洲事務一無所知，提到歐洲問題就感到厭煩；當時的工黨被強烈的和平主義情緒所主導；自由黨人則熱衷於不切實際的理念；昔日的戰時偉大領袖勞合‧喬治未能繼續為其事業而奮鬥，甚至導致情況更為糟糕；所有這些行徑都得到了兩院的壓倒性多數支持：所有這些因素共同描繪出一個昏庸無能、精神萎靡的英國形象。雖然沒有詐欺，但罪責難逃；雖無惡意或陰謀，但對世界陷入恐怖與悲慘的境地卻有著顯著作用。從當時已經顯露的程度來看，這種恐怖與悲慘在歷史上是無與倫比的。

第六章
戰爭陰影迫近

■ 西元 1934 年

　　1933 年，希特勒擔任德國總理這件事在羅馬未激起強烈迴響。納粹主義被認為是法西斯理論的一種粗糙且野蠻的翻版。大德意志對奧地利及東南歐的欲望眾所周知。墨索里尼預見義大利與新德國在這些地區的利益將難以調和。這個預感很快便得到了證實。

　　希特勒對奧地利的吞併企圖由來已久，這在《我的奮鬥》的開篇就顯露無遺：「日耳曼的奧地利必須歸入偉大的日耳曼祖國。」因此，自 1933 年 1 月納粹德國政府掌權之日起，他們的目光便牢牢鎖定在維也納。然而，那時希特勒尚無力與墨索里尼抗衡，後者對奧地利的利益意圖已是公開的。德國作為一個軍事力量仍然薄弱的國家，甚至在進行滲透和地下活動時也須極為謹慎。儘管如此，納粹德國在最初幾個月便開始對奧地利施加壓力，頻繁要求奧地利政府強行將其支持的奧地利納粹黨員安插進內閣和政府要職。這些奧地利納粹分子在德國巴伐利亞的奧地利兵團中受訓，他們肆無忌憚地在鐵路沿線和旅遊中心投擲炸彈，同時德國飛機在薩爾茨堡和因斯布魯克上空撒發傳單，嚴重擾亂了奧地利共和國民眾的日常生活。奧地利總理陶爾斐斯不僅面臨來自國內社會黨的壓力，還受到德國企圖破壞奧地利獨立的陰謀威脅。然而，這並非奧地利唯一的危機。奧地利社會黨人仿效德國建立了一支私人軍隊，企圖推翻選舉結果。在 1933

第六章　戰爭陰影迫近

年，這些危險逐漸顯現在陶爾斐斯面前。他唯一能夠求助並獲得支持承諾的，只有法西斯的義大利。1933年8月，他在里西奧尼與墨索里尼會晤，雙方在個人和政治上達成了深度的諒解。陶爾斐斯相信義大利會保持不干涉態度，因此認為自己有足夠的力量來對付他的唯一對手——奧地利社會黨。

1934年1月，墨索里尼的重要外交顧問蘇維奇出訪維也納，以此表明對德國的警告立場。1月21日，他發表了以下公開宣告：

眾所周知，奧地利位於中歐的核心地帶和多瑙河流域，其重要性遠超其國土面積和人口數量的簡單對比。如果奧地利要實現其地理位置和數世紀以來傳統賦予它的使命，就需要首先確保獨立自主和和平生活的基本條件。這正是義大利對奧地利在政治和經濟問題上始終如一堅持的立場，以此建立在不變的原則之上。

三週後，陶爾斐斯政府對維也納的社會黨組織展開清除行動。由陶爾斐斯所屬政黨成員並由費伊少校領導的「保衛祖國協會」受命解除奧地利社會黨控制的強大且同樣非法的隊伍武裝。後者猛烈抵抗，1934年2月12日在首都爆發巷戰。短短數小時內，社會黨的武裝力量被擊潰。此事件之後不僅使陶爾斐斯的立場更加傾向於義大利，還堅定了他在接下來的階段中對抗納粹黨的滲透和陰謀活動的決心。然而，另一方面，許多失敗的社會黨人及共產黨人在憤怒中轉向納粹陣營。奧地利的情況與德國相似，天主教與社會黨間的衝突讓納粹黨漁翁得利。

到了1934年中期，基本上英王陛下政府仍有能力在不冒戰爭風險的情況下掌控局勢。他們隨時可以與法國合作，並透過國際聯盟的管道對希特勒的活動施加巨大壓力。此外，希特勒在德國國內仍然面臨顯著的分歧。這種策略本可以在不流血的情況下實現，但這一個時機正在逐漸消逝。納粹統治下的武裝德國正在日益完成。令人難以置信的是，直到這個

關鍵年的年底，麥克唐納先生仍在鮑德溫先生政治力量的支持下，努力推動法國裁軍。我不得不引用我在1934年2月7日於議會提出，可惜未被理睬的抗議：

譬如，若是我們削減法國的陸軍，使其降至與德國相同的水準，為德國爭取平等地位，這種改變勢必在歐洲引發情感上的反應及省思。接著，德國或許會進一步質問：「為何一個擁有7,000萬人口的大國不能擁有與最強海上艦隊相當的海軍力量？」倘若如此，局勢又將如何發展呢？你們屆時會說：「不，我們不同意。陸軍是它國的內部事務。海軍，這個問題關乎英國的利益，我們必須堅決拒絕。」然而，若我們在那個時候說「不行」，我們現在又如何自圓其說呢？

戰爭的爆發往往來得猝不及防。我曾經生活在這樣的一個時代：每個人對未來的變故都充滿了焦慮和不確定感，與我們今天的狀況無異。突然間，事情真的發生了——那是一場可怕而迅速的風暴，勢不可擋。我提醒下議院回顧1914年的事件。當時，德國與法國之間並無直接衝突。某年7月的一個下午，德國大使驅車前往法國外交部，告知法國總理：「我們被迫對俄國宣戰，宣戰在即。法國將如何應對？」法國總理回應稱，他的內閣決定法國將根據它認為符合其利益的原則行事。德大使進一步問道：「你們與俄國有盟約，是嗎？」，「是的。」法國總理答道。就這樣，在短短幾分鐘內，因西方2大國各自加入一方，本來已經在東方極為緊張的局勢，迅速擴大數倍。有時即便宣告中立也無濟於事。據我們現在所知，在上述對話中，德國政府已授權其大使，若法國政府不履行對俄國盟國的義務，且表示不願參與德國決定進行的戰爭，就要求已宣布中立的法國將圖爾要塞和凡爾登要塞交予德國軍隊以確保不改變立場……

我們在場的各位，若無適當的安全保障，或許會在生命中的某個時刻迎接一位大使的到訪，並需作出回應。若此回應不合其意，數小時內，倫敦或將遭逢爆炸，建築坍塌，炮火與硝煙瀰漫，暴露我們長期忽視的空防

第六章　戰爭陰影迫近

弱點。我們從未如此脆弱。在戰前，我常聽到對自由黨政府的批評……如今，若發生不幸的災難，現任當權者應面臨更嚴厲的指責。

對過往的經驗未曾吸取教訓，也未加以應用，而今所面臨的局勢更為險峻。當時我們擁有強大的海軍，且沒有空軍的威脅。那時，海軍被視為英國的「可靠盾牌」……如今，我們已無法如此斷言。那該死的、令人憎惡的發明，以及空戰的進展，徹底改變了我們的處境。我們已不再是20年前那個習慣於孤立的島國。

因此，我要求立即做出三項明確決策，不容拖延。在陸軍方面，應如同全歐洲各國一樣，改建民用工廠，以便迅速轉為軍事生產；在海軍方面，我們需要重新取得設計及建造自由。我們應廢止倫敦條約，該條約既妨礙我們建造所需艦隻，也阻止美國建造它可能需要的巨型戰鬥艦，而我們沒有理由反對。由於倫敦條約簽約國之一的日本已經決定恢復建艦自由，這將有助於我們進行此事；第三，在空軍方面，我們應該擁有一支能夠匹敵法國或德國兩國之中較強空軍的空中力量。政府在上下兩院中占據壓倒多數，因此他們的提案不會遭到拒絕。只要為了國家安全，懷抱信心與決心提出建議，全國人民必定會予以支持。

此時在歐洲，各國團結一致抵禦德國威脅的曙光初現。1934年2月17日，英、法、義三國政府共同發表宣告以維護奧地利的獨立。3月14日，我在議會中再次發言：

當前外交政策中最大的威脅在於我們不斷地要求法國削弱其力量。我們如何勸說他們呢？我們告訴他們：「請削減你們的實力吧。」我們總是給予他們這樣的承諾：如果在削減力量後遭遇任何不幸，我們將盡力援助，儘管我們本身也無能為力。我無法想像有比這更危險的政策了。無論是主張孤立還是結盟，總有其理由。然而，削弱一個將與之結盟的歐洲國家，同時為了大陸國家的和解而讓自己深陷大陸事務，這種政策是毫無道理

的。這種做法最終只會導致兩面不討好的狀況。

羅馬人常說：「緊握武器，擴展疆土。」而我們的信條似乎是：「削減武器，增加責任。」此外，你朋友的武器也需削減。

目前，義大利正在盡力實現先前提到的承諾。1934年3月17日，義大利、匈牙利和奧地利三國簽署了被稱為羅馬議定書的協定，規定若三國之中的任何一國遭遇外部威脅，需共同協商。然而，希特勒的力量不斷增強，5月6日，奧地利境內的破壞活動愈演愈烈。陶爾斐斯立即撰寫了一份報告，提交給蘇維奇，並附上一封信函，感嘆恐怖行為對奧地利商業和旅遊業的破壞。

墨索里尼手持文書，於6月14日前往威尼斯與希特勒首次會晤。德國總理身穿褐色膠布雨衣，頭戴漢堡帽，從飛機上走下來，接近一列身著耀眼法西斯制服的隊伍，這支隊伍是由精神煥發、體型豐滿的墨索里尼所帶領的。墨索里尼見到貴賓後，低聲對副官說：「我不喜歡他的樣子。」在這次獨特的會晤中，除相互稱讚德、義兩國獨裁制度的優越性外，雙方僅進行了普通的意見交換。墨索里尼對客人的性格和言辭顯然感到困惑不解。他最後的印象是：「喋喋不休的和尚。」然而，他確實獲得了德國在陶爾斐斯問題上減輕壓力的若干承諾。會後，齊亞諾向記者表示：「你們看，再也不會發生什麼事情了。」

會議結束後，德國的活動有所減少，這並非歸功於墨索里尼的呼籲，而是因為希特勒本身需要專注於國內事務。

元首上臺後，與那些曾支持他奪權的人之間迅速出現了嚴重的分裂。在羅姆的領導下，褐衫隊逐漸成為黨內更激進派系的代表。一些老黨員，例如傾向於社會革命的格利高爾·施特拉塞，擔心希特勒一旦掌權，就會被陸軍、銀行家和工業家等特權階級所收買。希特勒並非歷史上第一個在成功後背棄盟友的革命領袖。在衝鋒隊（即「褐衫隊」）的普通成員眼中，

第六章　戰爭陰影迫近

1933 年 1 月的勝利意味著他們不僅可以自由掠奪猶太人和發國難財的人，還可以對富人和社會的既得利益者下手。關於領袖背叛的謠言很快在黨內部分成員中傳播開來。總參謀長羅姆受此影響，積極展開組織發展活動。1933 年 1 月，褐衫隊的成員人數超過 40 萬。到 1934 年春，他已經招募和組織了近 300 萬人。希特勒在新的局勢下，對這個龐大組織的擴張感到不安；儘管這個組織聲稱對他無限忠誠，且大多數成員確實對他深懷敬意，但實際上褐衫隊已開始逐漸脫離他的個人控制。之前，他擁有一支私人軍隊，現在他掌握了國家的軍隊。他無意用其中一支隊伍來替換另一支，而是希望同時掌控兩者，並在必要時讓兩者相互制衡。因此，他必須著手解決羅姆的問題。他對褐衫隊的領袖們表示：「我決心嚴厲打擊任何企圖推翻現存秩序的行動。我將以最嚴厲的手段反對第二次革命的浪潮，因為這樣必將導致混亂。任何膽敢挑戰既定國家權威的人，無論地位高低，都會受到嚴厲制裁。」

儘管希特勒素來多疑，他對於那位涉入慕尼黑暴動的同志是否不忠，仍然抱持懷疑。在過去的七年裡，此人一直擔任其褐衫隊的總參謀長。1933 年 11 月，隨著黨國合一的宣布，羅姆進入了內閣。黨國合一的後果之一，就是促成了褐衫隊與德國陸軍的合併。全國重整武裝的迅速推進，使得整個德國軍事力量的地位和指揮成為政治上的首要問題。1934 年 2 月，艾登先生訪問柏林，希特勒在會談中暫時同意對褐衫隊的非軍事性質作出某些保證。羅姆與陸軍參謀長勃洛姆堡將軍本就常有摩擦，此時他深怕自己多年建立的黨軍會被犧牲。他無視於對其行為嚴重性的警告，於 4 月 18 日公開提出明確的挑戰：

我們推行的變革，並非國家革命，而是國家社會主義的變革。

我們甚至需要特別強調「社會主義」一詞。我們的衝鋒隊目前是對抗反動傾向的唯一堡壘，因為他們是革命理念的徹底展現。從第一天起，褐

衫隊的戰士們便宣誓堅定不移地走在革命道路上，直至實現最終目標。

在此次演說中，他刻意略去了褐衫隊通常必不可少的結束語「希特勒萬歲」。

在1934年4月及5月間，勃洛姆堡不斷向希特勒抱怨褐衫隊的傲慢無禮。希特勒面臨在對他不滿的將軍們和那些曾為他效力的褐衫隊打手之間做出抉擇。他最終選擇了將軍們。6月初，希特勒與羅姆進行了一次長達5小時的對談，這是他嘗試對羅姆進行最後的安撫和妥協，但對於這個野心勃勃且心理異常的極端狂熱分子，已無妥協的可能。在希特勒夢寐以求的神祕特權階級統治的大德意志與羅姆所渴望的人民軍隊無產階級共和國之間，存在一道無法跨越的鴻溝。

在褐衫隊的結構中，存在一小群經過菁英訓練的核心成員。他們身穿黑色制服，被稱為黨衛隊，後又稱為黑衫隊。這個組織的目的在於保護元首的安全並執行特殊機密任務。該組織由海因里希·希姆萊領導。希姆萊出身於一個落魄的家禽養殖場家庭。他預見到希特勒及德國陸軍與羅姆及褐衫隊之間的衝突即將到來，並設法將黑衫隊納入希特勒的陣營。與此同時，羅姆得到了黨內一些有影響力人物的支持，如施特拉塞等，他們注意到自己的激進社會革命計畫被擱置。德國陸軍內部也存在不滿分子。前總理施萊歇對1933年1月的屈辱以及當時陸軍將領未推選他成為興登堡繼任者一事耿耿於懷。在希特勒與羅姆的對峙中，施萊歇認為機會來臨。他輕率地向法國駐柏林大使暗示希特勒的下臺指日可待。這是他在布呂寧事件中曾扮演過的角色，但如今情勢更加凶險。

究竟是因為羅姆的政變陰謀已經迫在眉睫，逼使希特勒不得不採取行動；還是因為希特勒與將軍們對於未來潛在威脅的恐懼，使他們在掌握權力的同時決定進行一次徹底的清洗？這個問題將長期在德國引發爭論。從希特勒和勝利者的角度來看，這顯然是一個陰謀案件。然而，羅姆和褐衫

第六章　戰爭陰影迫近

隊不太可能走到如此極端。他們只是一種具有威脅性的運動，而非真正的政變陰謀；但這兩者之間的界限卻極易跨越。事實上，他們當時正在累積力量，後來遭受對方先發制人的打擊，這毋庸置疑。

事態迅速演變。1934年6月25日，德國陸軍接到命令禁止離開軍營，黑衫隊則被配發了彈藥。與此同時，褐衫隊也接到命令保持戒備。羅姆在希特勒的許可下，計劃於6月30日在巴伐利亞湖的維塞召開褐衫隊高級領袖會議。29日，希特勒收到局勢緊張的警告。他乘飛機抵達巴特戈德斯貝格，與戈培爾會面。戈培爾向他報告了柏林可能發生動亂的驚人消息。據戈培爾稱，羅姆的副官恩斯特曾接到發動起義的命令。然而，這個說法似乎不太可信，因為恩斯特當時在不來梅，正準備從這個港口啟程度蜜月。

希特勒基於這份真假難辨的情報，立刻做出決策。他命令戈林負責柏林事務，自己則乘坐飛機前往慕尼黑，親自逮捕主要敵對者。在此生死攸關的時刻，希特勒展現出一種令人畏懼的性格。整個飛行途中，他坐在副駕駛的位置，神情專注，全程似乎都在冷酷的思考。飛機於6月30日凌晨4點在慕尼黑附近的機場降落。與他同行的，除了戈培爾，還有10幾名私人衛士。他驅車前往慕尼黑的褐色大廈，召見當地衝鋒隊領袖，並立即將他們逮捕。到早上6點，他帶著戈培爾和少數衛士驅車前往維塞。

1934年夏季，羅姆因病前往維塞療養。他為自己選擇了一位醫生的私人小別墅作為住處。以這樣一個地方作為策動即將發生的叛亂總指揮部，實在不是明智之舉。這個小別墅坐落在一條狹窄的死胡同盡頭，進出的人很容易被注意到。別墅內沒有適合傳聞中褐衫隊領袖們會議的大房間，只有一部電話。所有這些情況都與叛亂即將發生的說法不符。如果羅姆和他的追隨者們確實計劃發動叛變，那他們的行為就顯得極為輕率。

7點鐘，希特勒的車隊抵達羅姆所在的別墅前。希特勒獨自步入樓

梯，走進羅姆的臥室。兩人之間的對話，將永遠是個謎。這一切都讓羅姆感到意外，羅姆和他的私人隨從毫無抵抗地被俘。希特勒帶著俘虜們驅車返回慕尼黑。途中，他們遇見一批攜帶武裝褐衫隊員的卡車，這些人原本是受命要去維塞參加午間會議，為羅姆助威。希特勒下車，召見指揮官，並以無比自信的姿態命令他撤回隊伍，指揮官立即遵從。事後來看，如果希特勒晚來 1 小時，或者褐衫隊早到一小時，整個局勢將截然不同。

抵達慕尼黑之後，羅姆及其同夥被囚於十年前他與希特勒曾被關押的同一座監獄。當日下午，處決開始。在羅姆的牢房內放置了一枝手槍，但由於他拒絕接受，牢門被打開，幾分鐘內他便被子彈射穿。在慕尼黑，整個下午斷斷續續地進行槍決。行刑隊分為 8 人一組，輪流執行，以防士兵精神過度緊張。大約每隔 10 分鐘，便傳來一陣槍聲，這樣持續了數小時。

同時，在柏林，戈林接到了來自希特勒的命令，並採取了類似的措施。然而，在首都，受害者的範圍超出了褐衫軍的體系。施萊歇和他的妻子在家中被槍殺，妻子試圖用身體保護丈夫。施特拉塞被捕後遭到處決。儘管巴本的私人祕書和親信被槍殺，但巴本本人因不為人知的原因倖免於難。恩斯特從不來梅被押回，在柏林的利希特費爾德軍營被處死。在柏林，與慕尼黑相似，槍聲整日不絕於耳。在短短 24 小時內，德國境內許多與羅姆陰謀無關的人也神祕失蹤，他們因私人恩怨或舊仇而被殺。例如，在慕尼黑附近的森林中，發現了曾鎮壓 1923 年暴動的巴伐利亞政府首長奧托．卡爾的屍體。此次被「清算」的人數，各方推算不一，大約在 5,000～7,000 人之間。

在這個血腥的下午，希特勒飛回柏林。屠殺愈演愈烈，到了必須加以遏止的時刻。當晚，一些黨衛隊成員因過於積極地執行槍決而遭反噬，自己也被處決。至 7 月 1 日凌晨 1 點左右，槍聲終於平息。當天傍晚，希特勒出現在總理府的陽臺上，接受柏林民眾的歡呼，其中不乏以為希特勒已

第六章　戰爭陰影迫近

遭不測的人。有些人認為他面容憔悴，另一些人則認為他顯露出勝利者的神態。他可能兼具這兩種神情。他以果斷和無情的迅速行動，實現了他的目標，無疑也保全了自己的生命。在這個被稱為「長刀之夜」的事件中，希特勒維持了國社黨德國的團結，使其得以禍害全世界。

兩週後，希特勒在對其忠誠的國會上發表演講。他在長達 2 小時的演說中為自己的行為進行辯護，言之有理。這次演講顯示了他對德國人心理的深刻理解，也展現了他無可爭議的辯才。演講最出色的部分是：

> 採取迅雷不及掩耳的行動是絕對必要的，因為在這一個關鍵時刻，我身邊只有寥寥幾人……幾日前，我還考慮過寬容，但此時此刻，寬大已無立足之地。面對叛亂一向須遵循鐵的法則進行鎮壓，古今皆然。若有人責問我為何不透過正式法院審判罪犯，我只能回答：在此刻，我肩負著德國人民命運的重任，因此我即是德國人民的最高審判者……我不願這個年輕的國家重蹈舊帝國的覆轍。我下令槍決的那些人，都是此次叛亂的首要罪犯。

接下來是一段既不合規範卻又生動的比喻：

> 我命令將這些毒瘡徹底消除，只留下健康的肌理。這些毒瘡不僅正在侵蝕我們國家生活的根源，還在汙染外部世界。

> 這次慘無人道的大屠殺，由專橫暴戾的惡勢力發動，無論如何辯解，都清楚揭示出德國的新統治者無所不為，也表明德國的狀況與文明國家截然不同。一個以恐怖和血腥鎮壓為基礎的獨裁制度，現在已在世界上出現了。反猶太運動是那麼殘暴和肆無忌憚。集中營制度已大力推行，用以對付一切討厭的或持不同政見的對象。這一個插曲，使我留下深刻的印象。那時，德國重整軍備的全部過程，已有明顯的跡象，在我看來，它帶有一種冷酷無情、陰森可怕的色調；它閃爍著，射出刺眼的火光。

現在不妨讓我們先回到下議院。1934 年 6 月，日內瓦裁軍會議的常設委員會進入無限期休會。7 月 13 日我發言道：

裁軍會議已成歷史遺跡，這令我感到非常欣慰。將裁軍與和平混淆是極大的謬誤。唯有和平才能促成裁軍。然而，近年來，某些國家之間的關係不斷惡化，敵意日益加劇。此外，儘管這些年人們頻繁發表演講、侃侃而談，並常常舉辦各種宴會，但軍備卻在持續擴張，事實上是迅速膨脹。這正是我們這個時代的特徵。

若各國不再如現今這般感到極度危險，歐洲將會獲得安全，屆時，軍備的壓力與負擔將自然而然地消散，正如在持久和平時期應有的狀況；那時，依據普遍共識簽署此類提議將變得容易。我確實希望，迫使愛好和平且非軍國主義的法國削弱其武裝的時代已然結束。令我欣慰的是，法國始終未接受多次來自各方的建議，而這些建議，我相信我們的反對黨領袖蘭斯伯里必定會非常贊同。

在我們的一生中，我們不會僅僅見證一個德國。然而，我們必須意識到，目前有少數不顧一切的人掌控著這個強大的國家。這個國家以其高度的科學知識、智慧、忠誠和勇敢著稱，擁有 7,000 萬的人口。這與君主制不同，因為君主制往往需要考慮長遠的利益，有許多顧慮，因此在政策決定時顯得較為謹慎。而在德國，大眾輿論幾乎不存在，取而代之的是由無線電廣播和嚴格控制的報紙所操控的可怕新聞機器。德國的政治與我們這裡截然不同。在那裡，你無法辭去職務去成為反對派，也不能從政府職位退下來去擔任普通議員。你很可能會突然被告知，在 15 分鐘內離開你的職位，直接被帶到警察局，隨之而來的可能是比撤職更嚴厲的判決。

在我看來，身居這種地位的人，極易屈從於某種誘惑，採取連軍事獨裁者也不至於實施的行動。儘管軍事獨裁有其諸多缺陷，但它終究是基於對客觀現實的嚴密分析。然而，這種獨裁形式比軍事獨裁更具威脅，因為這些人可能為了化解國內的重大危機而輕率地在國際上鋌而走險，給全球

第六章　戰爭陰影迫近

帶來慘不忍睹的災難。

首次冒險的誘惑不久便顯現出來。

1934 年 7 月初，通向奧地利的巴伐利亞山路上，行人絡繹不絕。至 7 月底，一名德國信使被奧地利邊防警察截獲，他攜帶大量文件，其中包含祕密電碼。透過這些電碼，揭示了一場即將全面爆發的暴動計畫。政變的策劃者是時任奧地利駐義大利公使安東・林特倫。然而，陶爾斐斯及其內閣對迫在眉睫的危機警告以及 25 日清晨明顯的動亂跡象反應遲鈍。當天早晨，維也納的納粹分子集結待命。至下午 1 點，一隊武裝叛亂者闖入總理府，陶爾斐斯身中兩彈，血流不止，無人施救，只能等死。另一隊納粹分子占領廣播電臺，宣布陶爾斐斯政府辭職，由林特倫接任。

然而，陶爾斐斯內閣的其他成員採取了果斷而有力的措施。總統米克拉斯博士發出正式命令，不惜一切代價恢復秩序，並由許士尼格博士掌政。奧地利的軍警大多數支持政府，他們圍攻被少數叛亂分子占據的總理府，此時陶爾斐斯在叛亂分子手中，奄奄一息。當時奧地利各省也發生叛亂，而在德國巴伐利亞的奧地利兵團的各個分隊也越界入境。此時，墨索里尼聽聞奧地利政變的消息，立即致電奧地利「保衛祖國協會」領袖斯塔亨堡親王，承諾義大利將維護奧地利的獨立。他特意飛往威尼斯，接見陶爾斐斯的遺孀，表達深切的同情和慰問。同時，三個義大利師被命令開赴布倫納山口。希特勒意識到他的力量有限，便退卻了。與暴動相關的德國駐維也納公使里特及一些德國官員被召回或解職，暴動到此宣告失敗。

納粹德國意識到需要更長時間的部署，於是將最近在血洗中倖存的巴本任命為德國駐維也納的公使，奉命以更巧妙的方式展開工作。巴本被委任為駐維也納的公使，其明顯的目標即是策劃對奧地利共和國的顛覆行動。他肩負雙重任務，首先是支持地下活動的奧地利納粹黨，並提供每月 20 萬馬克的津貼；其次是推翻或收買奧地利的重要政治人物。在他剛上

任時，他幾乎不加掩飾地向維也納的美國公使透露祕密，態度顯得相當輕率。美國公使向國內報告稱：「巴本以極其大膽和毫不在乎的態度告訴我，整個東南歐直至土耳其邊界都是德國的天然腹地，他的任務是將這整個地區置於德國的經濟和政治控制之下。他坦率而直接地表示，控制奧地利是第一步。他打算利用自己作為虔誠天主教徒的聲譽來贏得因尼茨爾紅衣主教等奧地利人的好感。德國政府已經決定要控制東南歐，這是無法阻止的。美國的政策，與法國和英國一樣，並不『切合實際』。」

在這些悲劇與恐怖事件發生的過程中，年邁的興登堡元帥已經多個月因年老神智不清，淪為德國陸軍的傀儡，不久後即辭世。希特勒成為德國的元首，並同時保留總理一職，成為國家的唯一領導者。他與德國陸軍的協定，已因血腥清黨得以達成並鞏固。褐衫隊員不得不屈從，並重申對元首的效忠。褐衫隊中的所有敵人和潛在對手已被徹底清除。此後，褐衫隊勢力消退，只在儀式中扮演警衛角色。另一方面，黑衫隊員的人數逐日增長，因其享有特權且紀律嚴明，愈發壯大。它在希姆萊的領導下，成為專職保衛元首的禁衛軍，與陸軍將領及軍人特權階級抗衡。它亦成為一支具相當軍事實力且從事日益擴大的祕密警察活動的政治部隊。這些權力，只需經過精心安排的公民投票正式批准，即可使希特勒的獨裁達到絕對和完備的境地。

奧地利事件使法國與義大利的關係更加緊密；陶爾斐斯遇刺引發的震驚促使兩國的參謀部展開接觸。奧地利獨立的危機推動法、義關係重新定位，這必然影響地中海和北非的勢力平衡，也波及奧地利與義大利在中南歐的關係格局。然而，墨索里尼不僅急於維護義大利在歐洲的地位，以抵禦德國的潛在威脅，還渴望確保其帝國向非洲的擴張。與英、法密切合作來對抗德國，是一個有效的策略。但在地中海和非洲，與英、法的衝突似乎不可避免。墨索里尼思量：義大利、法國、英國在安全上的共同需求，

第六章　戰爭陰影迫近

是否真的會使這兩個曾是義大利盟友的國家接受義大利在非洲的擴張計畫？無論如何，這似乎是義大利政策的一個可行方向。

在法國，斯達維斯基醜聞和2月暴動之後，由杜梅爾格先生領導的右翼政府倒臺，隨之而來的是達拉第先生出任總理，巴爾圖先生擔任外交部長。自羅加諾公約簽署以來，法國一直熱衷於在東歐達成安全協定，但此目標因英國不願承擔萊茵河以外的責任、德國拒絕與波蘭及捷克斯洛伐克簽訂約束性協定、小協約國對蘇聯意圖心存疑慮，以及蘇聯對西方資本主義國家的懷疑而難以實現。儘管如此，巴爾圖在1934年9月決定採取行動。他最初的計畫是達成一個涵蓋德國、蘇聯、波蘭、捷克斯洛伐克及波羅的海國家的東歐公約，由法國保障蘇聯的歐洲邊界，而蘇聯則保障德國的東部邊界。德國和波蘭對該公約表示反對，但巴爾圖最終成功促成蘇聯政府於1934年9月18日加入國際聯盟。這是一個關鍵的進展。蘇聯政府代表李維諾夫對外交事務各方面皆精通，善於利用國際聯盟的平臺，以其道德立場發言，迅速成為一位引人注目的人物。

在其他國家的默許下，新德國迅速崛起。法國為了尋求對抗德國的盟友，自然將目光轉向俄國，期望重建戰前的均勢力量。然而，10月裡發生了一場悲劇。為了推進其巴爾干政策，法國邀請南斯拉夫國王亞歷山大正式訪問巴黎。國王在馬賽登岸，受到了巴爾圖的歡迎，他們與喬治將軍一同乘車，沿途受到揮舞兩國國旗和鮮花的群眾熱烈歡迎。然而，克羅埃西亞人和塞爾維亞人社會底層的密室中，一個惡毒的暗殺陰謀再次浮現於歐洲舞臺，猶如1914年在塞拉耶佛的情形，一群不惜犧牲的刺客已準備就緒。法國的安保措施不夠嚴密，準備不足。突然間，一名刺客從歡呼的群眾中衝出，跳上汽車踏板，用自動手槍對準國王及同車人連續開槍，車上所有人全部中彈。刺客試圖從法國騎兵衛隊後方逃脫，但立即被擊斃。現場一片混亂。亞歷山大國王當場身亡。喬治將軍和巴爾圖先生滿身是血地

從車裡走出。將軍步履蹣跚，被迅速送往醫院急救。而巴爾圖則混在人群中，20分鐘後才有人注意到他，但仍讓他自行走到警察局長辦公室接受治療。醫生在傷口下方進行止血處理，但他失血過多，且已72歲，幾小時後便去世。這對法國的外交政策是沉重打擊，該政策在他的指導下初見端倪。他去世後，由賴伐爾接任外交部長。

儘管賴伐爾的經歷和結局最終充滿了不光彩，但這並不能抹殺他的膽識和才幹。他具備敏銳且透澈的視野，堅信法國必須不惜一切代價避免戰爭。為此，他計劃與義大利和德國的獨裁者進行談判。他對德、義兩國的政體並無偏見，卻對蘇聯不信任。賴伐爾對英國態度時而友好，實則並不喜歡，認為英國是個無用的盟友。當時，英國在法國的聲譽並不高。賴伐爾的首要目標是與義大利達成某種諒解，他認為時機已到。法國政府始終對德國的威脅感到不安，願意為贏得義大利而做出重大讓步。1935年1月，賴伐爾先生訪問羅馬，簽署了一系列協定以消除兩國關係中的主要障礙。兩國一致認為德國的重整軍備是非法的，並同意如果奧地利的獨立未來受到威脅，將進行磋商。在殖民地問題上，法國承諾在行政上對突尼西亞的義大利居民做出讓步，並將與利比亞和索馬利蘭接壤的部分土地割讓給義大利，同時將吉布地-阿迪斯阿貝巴鐵路20%的股份轉讓給義大利。這些談判目的在為法、義、英三國進行更正式會談奠定基礎，以便建立共同陣線對付日益增強的德國威脅。然而，在接下來的幾個月中，因義大利突然侵略衣索比亞，以致這一切努力都化為泡影。

1934年12月，義大利與衣索比亞的軍隊在衣索比亞與義屬索馬利蘭的瓦爾·瓦爾水泉發生衝突。隨後，義大利藉此為由，公然向全世界對衣索比亞提出要求。自此，在歐洲，因衣索比亞的局勢使得遏止德國的問題變得混沌不明。

此時，還有一事值得一提。根據凡爾賽條約的條款，原屬德國、蘊含

第六章　戰爭陰影迫近

豐富煤礦並設有重要鋼鐵工廠的薩爾盆地須在 15 年後舉行公民投票，讓居民決定是否願意重新併入德國。投票定於 1935 年 1 月。結果幾乎毫無懸念，居民大多數必然會投票支持回歸德意志；儘管薩爾地區名義上由國際聯盟管理，實際上卻受當地納粹黨控制，確保了投票結果。巴爾圖雖知薩爾最終會回歸德國，但仍堅持為那些可能反對立即併入德國的人爭取安全保障。他的遇害改變了法國政策的基調。1934 年 12 月 3 日，賴伐爾在煤礦問題上與德國直接交易，3 天後，他在國際聯盟公開宣布，法國不反對薩爾回歸德國。正式投票於 1935 年 1 月 13 日在國際監督下進行，英國派遣 1 個旅的軍隊監督；這片被外國領土包圍的地方，除唯一由國際聯盟統轄的但澤外，90.3％的居民投票支持回歸德國。儘管結果正常且勢所必至，但國家社會主義在道義上的勝利大大提升了希特勒的聲望，似乎為其權威戴上了德國人民意志的桂冠。希特勒未因國際聯盟的公正或正大光明而變得好商量，更無感動之情。這僅證明了他一向認為協約國是頹廢的笨蛋。他開始全力推進其主要目標：擴充德國的軍事力量。

第七章
制空權的喪失

■ 西元 1934 ～ 1935 年

德國參謀部對 1943 年之前重建一支規模超過法國且具備相應兵工廠和武器裝備的陸軍持懷疑態度。德國的海軍，除了潛艇，亦無法在 12 ～ 15 年內恢復昔日規模，重建過程中勢必與其他軍事計畫產生排擠作用。然而，由於在人類心智未臻成熟的文明發展階段不幸發明了內燃機和航空技術，一系列新型武器迅速出現，改變了各國戰爭實力的對比。一個大國，只要在人類不斷累積的知識和科學進展中占有一席之地，經過 4、5 年的努力經營，便能建立一支強大的、也許是無敵的空軍。這個時間當然可以透過事先的準備和規劃而縮短。

德國空軍的重建與陸軍一樣，經過了長時間祕密且謹慎的籌備。早在 1923 年，賽克特便決定，未來的德國空軍必須成為德國軍事力量的一部分。當時，他暫時滿足於在「無空軍」的陸軍系統中建立一個不易被外界察覺的，至少初期不被發現的完整空軍體系架構。在所有軍事力量中，空軍的實力最難評估，甚至難以用確切的語言描述。任何時期，民用航空的設施和訓練場所的軍事價值和重要性都難以精確判斷。隱藏、偽裝和規避條約的方法多種多樣。唯有空軍，能讓希特勒迅速採取行動，首先達到與鄰國均勢，然後在這個關鍵軍事領域超越法、英。然而，法國和英國又該如何面對呢？

第七章　制空權的喪失

在 1933 年秋季，英國在裁軍問題上無論如何自我警示或樹立榜樣，其所有努力顯然注定無果。德國退出國際聯盟這個重大事件並未影響工黨和自由黨的和平主義立場。兩黨繼續以和平之名推動英國裁軍，並將反對者統稱為「戰爭販子」和「恐怖販子」。這種情緒似乎得到了對時局不了解的民眾的支持。10 月 25 日，東富勒姆的補選，和平主義情緒的高漲使工黨得票數增加近 9 千，而保守黨則減少了逾萬票。勝選者威爾莫特先生在投票後表示：「英國人民要求……英國政府立即提出普遍裁軍的政策，樹立全球榜樣。」當時工黨領袖蘭斯伯里主張，各國應「先將軍備削減至德國的水準，作為全面裁軍的第一步」。這次選舉給鮑德溫先生留下深刻印象，以至於三年後他在一篇重要演講中仍提及此事。同年 11 月，德國國會選舉中，只有得到希特勒認可的候選人才能參選，納粹黨贏得了 95% 的選票。

英國大多數民眾對局勢缺乏了解或存在誤解，對和平的渴望使得那些勇於提出不同觀點的政黨或政治家面臨巨大的壓力，幾乎到了政治上被淘汰的邊緣。若忽視這一點，就無法對當時英國的政策進行準確評論。然而，這絕不能為那些未盡職責的政治領袖辯護。政黨或政治家，如果無法造福國家，不如選擇退位。而且，在英國歷史上，從未有政府因請求議會和人民採取必要的防務措施而遭拒絕的紀錄。那些曾恐嚇膽怯的麥克唐納 - 鮑德溫政府、誤導其決策的人，至少應該保持沉默。

1934 年 3 月的軍事預算總額僅為 2,000 萬英鎊，其中包含成立四個新的空軍中隊的費用，即將前線空軍實力從 850 架飛機增至 890 架飛機。第一年的財政支出為 13 萬英鎊。

關於這一點，我表示：

普遍共識是我們的空軍力量僅位列全球第五──若能稱得上是一個位置的話。與我們最近的法國相比，我們的實力僅為其一半。德國正迅速

進行軍事擴張，沒有任何人試圖加以阻止。這個事實顯而易見。無人建議發動一場防禦性戰爭來阻止德國違反《凡爾賽條約》。德國下定決心進行武裝擴張，並且正在付諸實施；事實上，已經在進行中。儘管我不清楚具體細節，但形勢顯而易見，這群才華橫溢的人士，憑藉他們的科學技術和工廠——再加上他們所謂的「航空運動」——能夠在極短時間內，以驚人的速度建立起一支既能進攻又能防禦、適用於各種目的的強大空軍。

我深切擔憂，有朝一日，威脅不列顛帝國核心的手段會被德國當權者掌握。我們將陷入一種令人悲哀的處境，讓每一位珍視自由與獨立的人倍感痛心，同時使那些從事日常工作、熱愛和平的群眾面臨極大危險。我擔心這一天可能不久將至，或許只有1年，或者18個月。雖然目前尚未到來，但願它永遠不會到來，我希望並祈禱如此；然而，事實上，這一天已經不遠。現在我們還有時間採取必要的措施，而這正是我們現在最所需的。我們需要獲取空中均勢的手段。任何一個希望在全球能發揮我們目前作用和期望能繼續發揮作用的國家，都不應陷入任由他國訛詐的境地……

勝利者與失敗者之間的仇恨依舊未減。侵略性的民族主義精神，無論在歐洲還是全球，都從未像今日如此猖狂。羅加諾會議的時代早已過去，那時我們曾對歐洲大家庭的和解滿懷熱切期望……

我向鮑德溫先生提出要求，因為他是擁有實際權力的人。他具備這種權力，也負有相應的責任。鮑德溫先生在回覆中表示：

倘若我們的談判努力未能成功，而且在我先前提及的問題上無法獲得平等地位，那麼無論哪一屆政府，尤其是本屆聯合政府，將確保我國的空軍實力絕不遜於任何能夠攻擊我國海岸的國家。

那是一項極為嚴肅且明確的承諾，若當時採取大規模的積極措施，毫無疑問，如今這個承諾已然兌現。

儘管德國尚未正式違反協約中禁止籌組空軍的規定，但其民用航空與

第七章　制空權的喪失

滑翔活動的迅速發展，已使德國能夠迅速擴充和強化早已祕密成立的非法空軍。希特勒對共產主義和布爾什維克主義的激烈指責，並未阻止德國暗中向俄國運送武器。同時，自1927年以來，許多德國飛行員在蘇聯接受了軍事訓練。兩國關係經歷了多次波折，但根據1932年英國駐柏林大使的報告，德國陸軍與紅軍保持著密切的技術連繫。正如義大利法西斯獨裁者上臺後立即與蘇聯簽訂貿易協定一樣，現今的納粹德國與遼闊的蘇維埃國家之間的關係，似乎也未因公開的意識形態爭論而受到影響。

然而，1934年7月20日，政府為了增強皇家空軍的力量，曾提出一些不夠充分且為時已晚的計畫，計劃在五年內擴建41個中隊，即約820架飛機。然而，此時工黨在自由黨的支持下，在下議院對這些計畫進行了不信任投票。

此項動議對空軍擴編表示遺憾：

> 英王陛下的政府並未因新的國際義務或出於國家安全考量而選擇擴軍，此舉勢必會損害國際裁軍的前景，並刺激導致危險且浪費的軍備競賽重現。

艾德禮先生以反對黨的身分表達了對增強空軍力量措施的反對態度，他表示：「我們不承認有必要擴充空軍軍備……我們不接受皇家空軍的擴張會促進世界和平的前提，我們也反對追求空中均勢的要求。」儘管自由黨更傾向於提出自己的方案，他們仍支持這個不信任動議，其動議內容如下：

> 本院深感擔憂，因全球再次出現軍備競賽的傾向；歷史表明，軍備競賽往往是戰爭的前兆。除非裁軍會議失敗或有明確理由，本院將反對我國擴充軍備；鑑於2,000萬英鎊用於空軍軍備的額外開支不符合上述條件，本院不予同意。

自由黨領袖塞繆爾爵士在演講中表示：「德國的情況如何？根據我們所見、所聞，沒有跡象顯示我們現有的空軍力量不足以應付當前來自這一方面的威脅。」只要我們記得這是2大政黨領袖經過深思熟慮後所言，就可以看出我國面臨的危險有多嚴重。目前仍然是一個醞釀階段，如果我們付出最大的努力，也許還能夠保有足以保證我們獨立行動的空軍力量。如果英國和法國在數量上均與德國保持均勢，那麼英、法兩國聯合，其實力將比德國強一倍，而我們或許無需損失一兵一卒，就能將希特勒的暴力企圖扼殺於萌芽狀態。錯過時機，一切都將為時已晚。儘管我們不能懷疑工黨和自由黨的領導人的心意，但他們完全錯誤，他們必須在歷史面前承擔應負的責任。奇怪的是，工黨在隨後的幾年中，竟不斷聲稱自己具有優越的預見性，並指責反對黨未能為國家安全做好準備。

　　此次，我具備了便利的條件，以政府辯護者的身分推動重整軍備。保守黨以極為友好的態度傾聽我的發言。

　　人們或許會認為，鑑於英王陛下政府的特質及其主要閣員一貫的立場，反對黨理應對國防增強的要求給予相當程度的信任和重視。我認為這樣的政府，其心思始終專注於和平，前所未有。我們的首相，在大戰期間以極端的手段和巨大的勇氣證明了他的信念，展示了他為和平主義事業所願意作出的巨大犧牲。在公眾心目中，提到樞密院長便聯想到祈禱詞中常說的「賜給我們時代以和平」。人們大概早就認為：如果這些大臣們表明，他們要求稍微擴充保障公眾安全的現有軍備，是出於職責所在，那將會說服反對黨，並被視為時局危險的證明，而政府則是在努力保護我們，使我們免遭危難。

　　請審視政府所提出的辯護！其提案的措辭之溫和，恐怕前所未見。自此議題首次被討論以來，他們的每一句話都充滿謙遜。他們聲稱，我們本身便能看出提案要求之微小。他們向我們保證：只要日內瓦裁軍會議取得

第七章　制空權的喪失

進展,該提案便可隨時終止。我們還獲得這樣的承諾:我們所採取的措施,儘管在某些目光短淺者眼中僅與國防觀念相關,但實際上它與集體安全的偉大原則息息相關。

然而,所有這些辯護和期待維護安全的措施,總是被反對黨以一種極為草率的態度所回絕。他們對這些說明努力的唯一回應,就是今晚即將進行的不信任動議投票。在我看來,在這個議題上,值得與某些輿論進行調和的時期已接近尾聲。我們面臨著一種建立輿論專政的企圖,如果這種專政得以持續,將嚴重影響國家的穩定與安全。我們既富裕,又易於被掠奪,沒有哪個國家像我們一樣容易受到攻擊,也沒有哪個國家像我們一樣擅長反擊掠奪者……在我們宏偉的首都,這個世界上最大的攻擊目標,猶如一頭被束縛起來,肥碩而珍貴的母牛,吸引著猛獸。我們所處的境地,是過去未曾遭遇過的,也是當今其他國家未曾面臨的。

務必記住,我們的軟弱不僅對本身有害,也影響了歐洲的穩定。

接著,我繼續論述:德國已經幾乎達成與英國相當的空中平衡。

我首先要指出,德國違反了條約,建立了空軍,其規模現今已經達到我國國防空軍的三分之二。這便是我向政府提出需要仔細考慮的首要論點。其次,德國正迅速擴張空軍,所使用的資金不僅限於預算中列出的鉅額數目,還包括大眾的捐款——通常是被迫的捐款——這種情況在德國各地早已開始並在持續實施當中。即便政府的這個提案得以實施,到1935年底,德國空軍在數量和效率上都幾乎將與我們的國防空軍相當。

第三點指出,倘若德國繼續擴充其空軍,而我們依舊執行我們的計畫,那麼到了1936年的某個時刻,德國的空中力量將無疑會超越英國。第四點,這一點尤其令人不安:一旦他們在這方面占據優勢,我們可能再也無法追趕超越。如果我所述的事實無可辯駁,那麼,下議院各方的憂慮便是有理可循的;這不僅因為德國空軍的物質力量,我必須指出,更是因為當前德國獨裁體制的特性。如果政府在未來幾年當中的某天不得不承認

德國空軍實力勝過我們,那麼他們就必須承擔責任,我認為他們理應如此,因為他們未能為國家承擔起主要的責任。

在結尾處,我提到:

反對派與我們大多數人一樣,對德國納粹政權的行徑一貫直言不諱。然而,沒有任何批評比工黨或對面自由黨的批評更為嚴厲。他們的主要報刊如今為了共同的目標結成聯盟,在責難的嚴厲程度上尤為突出。德國的權力高層對此類批評極為憤怒。如果我們要求友邦裁軍,我們將失去盟友;我們可能會冒犯強國,但卻完全忽視本身的防禦能力。這是一種悲慘且危險的局面。事實上,他們一如既往地試圖透過要求我們投票支持他們的方式,將我們置於可怕且危險的境地。如果今晚我們投票反對他們,我們就有望找到一條比他們所引導的,更有利於國家安全的道路。

工黨的不信任動議顯然遭到大多數反對,因而被駁回。我深信,若經過充分籌備後將這些問題提交全國公投,國家安全所需的措施也必將得到全體國民的支持。

若要敘述這個時期的事件,必須記錄我們從安然無恙到瀕臨死亡的漫長歷程中的一些關鍵時刻。回顧過去,我對我們所享有的時間之長感到無比驚訝。在 1933 年或 1934 年,英國本有可能建立起足夠強大的空軍,足以對希特勒的野心施以必要的約束,甚至可能令德國的軍事領袖對希特勒的暴行有所遏止。在我們面臨非凡考驗之前,還有整整 5 年多的時間。即便在那時,如果我們以合理的謹慎和充沛的精力行事,這場非凡的考驗也許不會到來。英國和法國,憑藉其優越的空軍,能夠穩妥地推動國際聯盟進行干涉,所有其他歐洲國家也可能團結一致來支持我們。國際聯盟原本可以首次成為一個具有權威的機構。

1934 年 11 月 28 日,英國議會召開冬季會議。我代表幾位朋友,提議對答辯詞進行某些修正,指出「我們的國防實力,尤其是空軍力量,不夠

第七章　制空權的喪失

充實，無法保障陛下忠誠臣民的和平、安全與自由」。議會中座無虛席，眾人皆期待我的發言。我陳述各種理由，以強調我們與全世界所面臨的嚴峻危機，隨後我進一步談及具體事實。

首先，我聲稱德國現已建立了一支空軍——即戰鬥機中隊，配備了必要的地勤部隊，擁有受過訓練的人員和所需的物資儲備。只需一聲令下，這支部隊便可集結成為公開且完整的空軍中隊，而這支非法空軍將很快與我們的空軍力量相當。其次，在未來1年內，若德國按照現有計畫行事，無需加速，而我們也按當前基礎執行計畫，不放慢速度，並實施今年7月向議會宣布的擴充計畫，那麼，到明年此時，德國空軍的規模至少會與我們相等，甚至可能更強。第三，在相同的基礎上，即雙方均按現有方式推進計畫，再過一年，即從現在起兩年後的1936年年底，德國空軍將超過我們約50%，到1937年時，其規模可能達到我們的兩倍。所有這些，正如我剛才所言，均假設在德國不加快速度，而我們也不減慢速度的情況下。

緊接著，鮑德溫先生基於空軍部顧問提供的資料，直接反駁了我的觀點：

宣稱德國即將與我們實力相當，這並不符合事實。我曾經指出德國的資料是整體資料，而非前線戰鬥力的資料，我也提供了我們的前線資料，並強調這僅限於前線；除此之外，我們可動用的後備軍力要大得多。即便在空軍實力方面，德國與英國可立即在歐洲部署的皇家空軍相比，情況亦是如此。德國目前積極製造軍用飛機，但其實際實力尚不足我們今日在歐洲實力的一半。至於未來1年的情勢，若德國按現有空軍計畫推進而不加速，而我們按目前核準的速度，繼續執行今年7月向議會公布的擴充計畫，那麼，德國的空軍實力將不會與我們匹敵或超過我們。根據我們的評估，我們僅在歐洲就將超越他們近50%。至於2年後的情況，我無法預測。邱吉爾先生提到1937年可能出現的情況。根據我所能進行的調查研究，我相信他的資料是相當誇大的。

這位實際掌權的首相以如此清晰的承諾讓大多數驚恐的人感到寬慰，並讓許多批評者無言以對。聽到我的明確陳述被無可爭議的權威駁斥後，大家都感到欣慰。然而，這並未能令我信服。我相信鮑德溫先生的顧問並未向他透露真相；無論如何，他並不了解實際情況。

冬季的數個月就這樣流逝，直至翌年春天，我才得以提出這個問題。我詳細而清晰地告訴他。

邱吉爾先生致鮑德溫先生

1935 年 3 月 17 日

我提議在星期二的空軍預算討論中，重新審視去年 11 月提出的問題。我將盡我所能地分析你所提供的資料，這些資料涵蓋了不同時期英國與德國的空軍實力，包括當時的、現今的，以及 1935 年年度和財政年度等日期。我認為，德國的空軍實力現在已經與我們相當，甚至很可能超越了。我還認為，如果我們執行新計畫，到 1935 年底或 1936 年初，德國的實力將超過我們 50%。這與你去年 11 月的說法完全相反，當時你表示我們會比德國多出 50%。當然，我將提及你在 1934 年所作的保證，即「我國的地位將不再遜於任何攻擊力量能達到我國海岸的國家」，我會根據我所能獲得的情報，說明這個保證並未兌現，而且很快將被事實所證明。

我認為，若我能事先告知你我計劃採取的大致路線，如同上次那樣，或許會對你有所助益。我相信，如果有一位代表政府的發言人能證明我的觀點與事實不符，那我將比任何人都更為欣喜。

空軍預算於 1935 年 3 月 19 日呈交下議院。我重申去年 11 月的立場，再度質疑鮑德溫先生的承諾。空軍部次長以充滿信心的語氣作出回應。至 3 月底，外交大臣與艾登先生前往德國會見希特勒，在關鍵談話中，希特勒親口告知他們，德國空軍的力量已與英國相當。此次談話已被記錄在案。政府於 4 月 3 日公布此事實。5 月初，首相在他的官方報刊《新聞通

第七章　制空權的喪失

訊》上發表文章，強調德國重整軍備的威脅，其措辭與我自1932年以來常用的內容極為相似。他採用了「埋伏」一詞，顯然源於其內心的憂慮。我們確實已經陷入伏擊之中。麥克唐納先生親自主持此次辯論。他提及德國宣布將建立超越凡爾賽條約限制的海軍並違背和約建造潛艇，隨後談到空中局勢：

在去年11月的辯論中，依照當時對德國空軍力量的評估而提出的預算，樞密院長代表政府承諾，無論德國未來如何擴展其空軍，我們在任何情況下都不會處於劣勢。若非如此，我們將陷入一種無法接受的境地，這是本政府和空軍部深知的。下議院於4月3日得知，在3月底外交大臣和掌璽大臣訪問柏林時，德國總理表示德國空軍已與英國的實力相當。此言論就空軍實力而言，無論如何解讀，顯然表明德國空軍的發展已遠遠超出我們去年在本院所能預測的。這是一個嚴峻的事實，政府和空軍部已立即對此表示重視。

當我獲得發言機會時，我講道：

即使到了目前，我們仍未採取符合實際需求的措施。政府已經提議擴軍。政府必須面對當下的風暴，勢必遭遇各種不公的指責。他們的動機將被誤解；他們將遭受誹謗，被稱為戰爭販子；國內許多強大且人數眾多、聲音極其響亮的勢力，將對他們進行各種攻擊。但無論如何，總會有人批評。為何不爭取那些能帶來安全的東西呢？為何不堅定主張空軍的費用必須充足呢？如此一來，無論英王陛下政府將受到多麼嚴厲的譴責和喧囂的謾罵，至少可以獲得一個令人滿意的結果——他們可以感到他們已經履行了應盡的職責。

儘管下議院的每一位成員都在專心傾聽我的演講，我卻感到一種無望的情緒。在關乎國家存亡的議題上，我持有堅定的信念，但我無力讓議會以及全國人民重視我的警示，我所提出的證據未能說服他們採取行動，這

是我畢生最痛苦的經歷之一。我繼續說道：

　　我承認，言語難以表達我的全部意圖。讓我想起1708年，聖約翰大臣故意洩露了政府的機密。他在下議院公開表示，阿爾曼扎戰役的失敗早在前一年的夏季就已注定，因為儘管下議院通過了派遣29,000人的英國部隊參戰，實際抵達西班牙的卻只有8,000人。一個月後，政府證實了這一個消息。據悉，當時下議院足足有半個小時無人發言，亦無議員對這個驚人的消息做出任何評論。然而，與我們當前所面臨的局勢相比，那次事件顯得微不足道。那僅僅是一次政策上的失誤。在那場戰爭中，西班牙所能發生的事並不足以對英國構成致命威脅……

　　今晚，本院在外交政策上展現了一致的共識。我們必須與法國、義大利及其他致力於維持和平的大國、小國攜手合作。任何政府，只要願意接受國際聯盟的權威和規範，且顯然符合這個要求，我認為不應拒絕與其合作。這項政策並非意圖關閉修訂條約的大門，而是希望在獲得安全感，並在研究修訂條約問題之前，使所有理智的國家為了自衛而團結起來。在這個集體安全的莊嚴聯盟中，我們必須建立各種防禦力量，與盟友聯合行動，以便我們能夠過著安寧的生活，使我們從錯誤的判斷中醒悟。我們現在正是這些錯誤判斷的受害者，若不及時注意這個警告，未來極有可能會成為犧牲品。

　　此刻，我的記憶中浮現出某位無名作家為火車事故所作的幾行詩句。這些詩句是我在孩提時代於布萊頓上學期間，從一本《笨拙》漫畫雜誌中讀到的，那時我年約八、九歲，特別喜歡這本刊物。

　　這列隆隆作響的火車由誰來掌控？
　　轉軸嘎嘎地響，掛鉤拉得緊緊，
　　以迅速的速度，迅速接近道口的轉轍；
　　但睏倦已使司機的耳朵失靈，

第七章　制空權的喪失

訊號的閃耀只徒然地穿過夜色，

作為死神，它掌控著這隆隆作響的列車。

然而，我在發言時並未誦讀這些詩句。

直至1935年5月22日，鮑德溫先生才進行他那篇著名的自我反思。此處我不得不引用原文：

首先回顧一下去年11月我所提及的德國飛機數字。自那時起，我從未獲取任何使我對這些數字產生懷疑的情報。我相信當時這些數字是準確的。我的疏失在於對未來的預測。在這一方面，我完全犯了錯誤。在這個問題上，我們徹底被蒙蔽了……

在此，我願再次強調，我認為目前我們沒有理由對我們正在進行的事務感到恐慌。然而，我必須謹慎地指出，如果政府不採取我們當前所執行的果斷措施，我將不會在政府中再停留片刻。我認為有必要指出，目前針對空軍部的多種批評，無論是在報紙上還是口頭上，都指責他們在軍備計畫上的不完善、推進速度不夠迅速等問題。我僅此重申：無論責任如何，我們都願意接受批評，這並非某位大臣的個人責任；這是整個政府的責任，所有政府成員都有責任，我們都有需要改進的地方。

當時，我期望這場引人注目的自我反省能夠成為一個具有決定性的事件，至少促使議會成立一個由各黨派代表組成的委員會，以調查這些事實並審視我們的安全狀況，最終提出報告。然而，下議院的反應卻截然不同。至於工黨和自由黨反對派，他們在9個月前曾對政府採取最溫和的空軍擴張措施提出或支持過不信任動議，如今態度卻顯得消極且模糊不清。他們正著眼於即將到來的大選，準備以反對「保守黨的擴軍政策」作為號召。工黨或自由黨的發言人對鮑德溫先生的披露及承認錯誤缺乏準備，也沒有計劃調整他們的演講內容，以應對這個重要的插曲。艾德禮先生表示：

我們作為一個政黨,並不支持單方面裁軍……我們主張透過國際聯盟實現集體安全。我們反對以武力推行政策。我們支持裁減軍備與共同安全……我們已明確表示,我國必須為集體安全貢獻力量。我們的政策不是以擴充軍備,而是以裁減軍備來尋求安全的。我們的目標是裁減軍備,並由此而完全取消一切國家的軍備,建立一支在國際聯盟領導下的國際警察。

他並未闡明這個宏偉政策在短期內無法實現的對應方案或在實現之前可能會發生的情況。他不同意國防問題白皮書中提到的觀點,即根據美國的情況,英國需要擴充海軍;參照俄國、日本、美國的空軍情況,英國需要擴充空軍等言論。「這些都是過時的主張,與集體安全體制背道而馳。」他承認德國的軍備重整已具威脅性,但「要遏止任何國家的武力擴張,不僅僅依靠英國或法國的力量,而是要依靠國際聯盟所有忠誠會員國的聯合力量。我們必須讓侵略者意識到,如果他敢挑戰全世界,他將面對的不是幾個國家各自的軍隊,而是團結一致的全球軍隊。」唯一的解決之道,就是將各國的空軍集中到國際聯盟的掌控之下;各國的空軍必須聯合,並形成一個整體。當時,他和他的政黨對政府提出的措施投了反對票。

辛克萊爵士以自由黨的名義敦促政府召開「新的經濟會議,使德國不僅融入國際政治的友好氛圍,還能在文化事業及提升兩國人民生活水準方面與我們積極合作……請政府提交詳盡明確的議案,廢除空軍並加強民航管理。如果提案遭到拒絕,則必須明確而適當地界定責任的歸屬。」

不過(他說),儘管我們應積極推動裁軍,這是政府的主要目標;但與此同時,一個非國際聯盟的國家,擁有最強大的陸軍,可能是西歐最強的空軍,其擴張速度超過任何其他國家的空軍,這種局面……也是不可接受的。……如果有明確的證據顯示需要採取國防措施,自由黨必然會支持……因此,增強國防勢必與我們對集體安全體系所承擔的義務相矛盾的觀點,我無法認同。

第七章　制空權的喪失

　　他進一步深入探討了「透過他人之死牟取私利的問題」，並引用了教育大臣哈利法克斯勳爵最近在演講中的一句話：「英國民眾始終視戰爭武器的生產為極為嚴肅且重要之事，不應交由對國家缺乏責任感的人來處理。」辛克萊爵士認為空軍裝備的快速擴張應由國有工廠來執行；關於空軍擴展，他表示確實有此必要。

　　私營軍火工廠長期以來一直是自由黨和工黨成員心中的厭惡對象，並且是一個極適合用來發表譁眾取寵演說的話題。目前，認為僅依靠國營工廠就能實現公認必要的空軍擴充計畫顯然是荒謬的。國內大部分私營工廠迫切需要立即改裝，以增強我們現有的生產能力。在反對派領袖的演講中，沒有提及他們也承認的當前危機或我們現在已經了解更為嚴峻的潛在事實。

　　政府中大多數人似乎因鮑德溫先生的直率表態而深受感動。儘管他掌握著各種情報，卻在負有責任的關鍵問題上犯了錯誤；然而，由於他坦誠地承認了錯誤並接受指責，人們認為他已經彌補了他的過失。正因為這位大臣毫無保留地承認了錯誤，引發了一股異常的熱情浪潮。確實，許多保守黨議員因我使他們信任的領袖陷入困境而對我心生不滿。他僅憑藉本身的剛毅和誠實，使自己脫離了困境，但遺憾的是未能使他的國家擺脫困境。

　　倫敦德里勳爵不僅是我的親戚，亦是我童年時期的好友。他是拿破崙時代著名的卡斯爾雷直系後裔，以其無限的忠誠和愛國精神著稱。自聯合政府成立以來，他便擔任空軍大臣。在此期間，前文提到的重大變革對英國事務產生了影響，空軍部也因此成為國家最關鍵的部門之一。在緊縮和裁軍的年代，他與空軍部竭力從一位嚴厲且專橫的財政大臣處爭取維持現有的預算，並盡可能地爭取更多的資金。至1934年夏，內閣批准了增設41個空軍中隊的計畫，他們為此無比振奮。然而，英國政治如同冷熱交

替，瞬息萬變。外交大臣從柏林歸來，整個內閣因希特勒聲稱德國空軍實力與英國相等而感到震驚和深切憂慮。鑑於普遍認可的新形勢，鮑德溫先生必須對他去年11月反駁我時的言論負責。內閣完全沒有料到我們的空軍已經被超越，隨即反過來審查相關部門及其首長。

空軍部對於一筆新的財產被留給他們的事實毫無察覺。財政部的限制已被解除。他們只需提出請求，便能獲得更多的資金，但他們卻沒有這樣做，對希特勒宣布的空軍均勢表示不滿。空軍部的發言人倫敦德里甚至相信這樣的說法：「當西蒙與艾登訪問柏林時，德國只有一個可用於作戰的空軍中隊。他們的訓練編制顯示，他們希望在月底擁有15～20個中隊。」所有這些都是術語的問題。由於缺乏統一標準，對空軍的分類變得極為複雜。什麼是「第一線的空軍」，什麼是「可用於作戰的單位」，解釋各異。空軍部現在要求其首長對過去的行為進行精心的辯護，而這與現在警覺的政府和公眾的看法大相逕庭。空軍部的專家和官員曾向鮑德溫先生提供數字和預測，這成為他在去年11月回應我的依據。他們希望他為這些數字和預測辯護；但在實際政治中已無必要。毫無疑問，當時空軍部的這些專家和官員們自己被誤導了，因此也誤導了他們的首長。一支至少與我們實力相當、長期隱藏的強大空軍，終於在德國公開現身。

倫敦德里多年來一直在尋求更多的資金支持，然而突然之間，他卻被指責為沒有充分要求，這對他而言，如他書中所言，是一種奇異且痛苦的經歷。除此之外，他的政治立場也使他不再適合擔任部長職位，尤其是在空軍部成為所有國家事務重中之重的時候。此外，眾所周知，在這樣的形勢下，空軍部長應當是下議院議員。因此，在當年年底麥克唐納先生辭去首相職務時，時任殖民地事務大臣的菲利普‧坎利夫-利斯特爵士被任命為空軍部長，作為大力擴張空軍力量新政策的一部分。倫敦德里勳爵勉為其難地轉任掌璽大臣及上議院院長；但在大選之後，鮑德溫先生將他從這

第七章　制空權的喪失

兩個職位上免職。他在空軍部的顯著成就包括主持了聞名的「旋風」式和「噴火」式戰鬥機的設計與製造。這兩種飛機的原型分別在 1935 年 11 月和 1936 年 3 月進行了試飛。倫敦德里在他的辯護中未提及此事，儘管他完全可以將其作為正當理由，且他所受到的指責當中有許多並非他的過錯。在新的氛圍和潮流的推動下，新任空軍大臣下令立即大量生產這兩種戰鬥機，並進行適當儲備。坎利夫 - 利斯特相比其前任，是一位更具權勢的政治人物，擁有更多機會和更具激勵性的任務。他以極大的力度推動我們的空軍政策，強化空軍的管理結構，並盡全力彌補內閣在 1932 年至 1934 年間失去的時間。然而，他犯了一個重大錯誤：在 1935 年 11 月，他退出下議院，成為上議院議員，這使得他改任空軍大臣的一個理由失去意義。這個錯誤最終導致他在幾年後下臺。

我們正面臨一場巨大的災難。希特勒已經達到了與英國空軍平起平坐的實力。此後，只需全力擴展他的工廠和訓練設施，他不僅能在空中保持領先地位，還能不斷進行改進。從此，倫敦上空籠罩著未知且威力難以預測的空襲威脅，這成為我們決策時一個不可忽視的因素。我們絕不可能迎頭趕上，至少我們當時的政府不可能。英國皇家空軍的高效率應歸功於政府和空軍部，但空中力量均勢的保障已不可逆轉地成為泡影。確實，德國空軍後來的發展速度未能保持在取得均勢時的水準。德國人竭盡全力以迅速獲得這種優勢，並在外交上加以支持和利用，這為希特勒一連串的侵略行動奠定了基礎。希特勒早就計劃進行一系列侵略，如今即將付諸實踐。在接下來的四年中，英國政府在空軍品質上做出了相當大的努力，毫無疑問我們在品質上占據優勢，但在數量上卻一直未能趕上。戰爭爆發後，我們發現在數量上僅為德國的一半。

第八章
挑戰與回應

■ 西元 1935 年

　　多年來的地下活動和祕密準備如今可以不用再掩藏；希特勒終於認為自己具備足夠的力量來進行公開挑戰。1935 年 3 月 9 日，德國正式宣布成立空軍，16 日則宣告陸軍將基於國民徵兵制籌組；隨後，各項法令陸續發表以落實這些決定，事實上，這些行動早已展開。法國政府對即將發生的一切掌握詳細情報，因此在同一個重大日子的數小時前宣布將兵役延長至兩年。德國的舉動公然違反了建立國際聯盟的凡爾賽條約。過去，德國以祕密方式或種種藉口破壞條約，各戰勝國因沉迷於和平主義及國內政治事務而未正式警告德國對於條約的破壞。然而現今，問題以直接而粗暴的方式呈現。幾乎同時，衣索比亞政府向國際聯盟呼籲，抗議義大利對其恐嚇性要求。在此背景下，3 月 24 日，西蒙爵士與掌璽大臣艾登應希特勒邀請訪問柏林。法國政府認為此舉不合時宜。法國當前面臨的問題不再是麥克唐納一年前極力推動的裁軍，而是將義務兵役從一年延長至兩年。根據當時的輿論，這是一項艱鉅的任務。不僅共產黨，甚至社會黨也會投票反對。當萊昂·勃魯姆表示「法國工人將奮起抵抗希特勒的侵略」時，多列士在親蘇黨羽的歡呼中回應：「我們絕不允許工人階級被拖入所謂保衛民主反對法西斯主義的戰爭。」

　　美國除了希望每個人都能安好之外，對歐洲事務漠不關心，並決意不

第八章　挑戰與回應

再因歐洲問題而自尋煩惱。然而，法國、英國，當然還有義大利，儘管彼此意見多有不同，但一致認為有必要譴責希特勒這種公然違背和約的行為。於是，由國際聯盟主持，上次大戰中的幾個主要協約國在斯特雷薩召開會議，討論這些問題。

艾登先生在近10年間幾乎全心投入於國際事務的研究。他於18歲時離開伊頓公學，參與第一次世界大戰，在第六十來福槍旅服役4年，經歷多次激戰，屢獲嘉獎，晉升為副旅長，並獲得軍事十字勳章。1925年，他當選為下議院議員，不久後，在鮑德溫先生第二次執政期間，被任命為外交大臣奧斯汀・張伯倫的政務祕書。1931年，在麥克唐納-鮑德溫聯合政府中，他被任命為外交部次長，協助新任外交大臣西蒙爵士。次長的職責儘管常有變化，但他的責任始終有限。他必須協助上司執行內閣制定的政策，但他本人並非內閣成員，亦無權參與內閣會議，只有在涉及個人良心和榮譽的特殊情況下，才可對外交政策提出異議，甚至進行公開辯論或辭職。

多年來，艾登先生對國際局勢累積了豐富的知識，對外交部的職責和運作也極為熟悉。1935年，西蒙爵士在外交事務上的做法，不論是反對黨還是保守黨內部有影響力的人士，都不認同。自此，艾登先生憑藉其淵博的知識和卓越的才華，逐漸受到廣泛關注。因此，在1934年底被任命為掌璽大臣後，內閣希望他繼續與外交部保持非正式但密切的連繫；因此他被邀請隨同前上司西蒙爵士前往柏林，進行這次不合時宜但並非毫無成果的訪問。外交大臣與希特勒會晤後返回倫敦，帶回了前文提到的重要消息，即希特勒認為德國的空軍已與英國勢均力敵。隨後，艾登先生被派往莫斯科，在那裡他與史達林建立了連繫，這種連繫在停頓幾年之後恢復，為雙方帶來益處。在返回途中，他的飛機遭遇猛烈而持續的風暴，經過驚險的飛行後降落時，他幾乎失去知覺。醫生建議他不宜隨西蒙出席斯特雷

薩會議，隨後他病倒數月。在此情況下，首相決定親自與外交大臣同行，儘管當時他的健康、視力和智力明顯衰退。因此，在這次至關重要的會議上，英國的代表陣容顯得薄弱。會議參與者還包括法國代表佛朗丹和賴伐爾，以及義大利代表墨索里尼和蘇維奇。

當時普遍認定，公然破壞幾經犧牲才締結的莊嚴條約，絕對不可接受，然而英國代表們早已明確表態，即使條約遭到破壞，他們也不考慮制裁的可能性。這自然導致會議淪為空談。會議一致通過了一項決議，其要旨為：單方面破壞條約是不被容許的，並請求國際聯盟理事會公布已曝光的情況。在會議的第二天下午，墨索里尼全力支持這個舉措，坦率地公開表態反對一國侵略他國。最後的宣告如下：

三國政策的目的在於國際聯盟框架內共同維護和平，三國一致同意採取一切可行的措施，以反對任何可能危及歐洲和平的單方面違約行為，並為此目的進行密切而真誠的合作行動。

義大利的獨裁者在演講中著重提到「歐洲和平」這幾個字，說到「歐洲」後故意停頓以引人注目。他對歐洲的強調立即引起了英國外交部代表們的注意。他們提高了警覺，清楚地理解墨索里尼的意圖：一方面表示願意與英、法合作阻止德國重新武裝，另一方面又為未來可能對非洲衣索比亞的遠征留下餘地。是否要在會議上提出這一點呢？當晚，英國外交部官員們進行了商討。每個人都希望在德國問題上獲得墨索里尼的支持，認為此時不宜警告他不得侵犯衣索比亞，因為這樣可能會激怒他。因此，這個問題沒有被提起，在無人追問下悄然被忽視；而墨索里尼則認為協約國已經默許他的宣告，允許他自由處理衣索比亞。在某種意義上，他的這種想法也有一定的道理。法國對此保持沉默，會議因此結束。

隨後，在1935年4月15日至17日，國際聯盟行政院審查了德國命令實施全面徵兵制的行為，並認為這個行為違反了凡爾賽條約。參與行政

第八章　挑戰與回應

院會議的國家包括：阿根廷、澳洲、英國、智利、捷克斯洛伐克、丹麥、法國、義大利、墨西哥、波蘭、葡萄牙、西班牙、土耳其和蘇聯。這些國家一致投票支持不得以「單方面」行動破壞和約的原則，並將此問題提交國際聯盟大會討論。與此同時，瑞典、挪威和丹麥三國因關注波羅的海的海軍均勢，也共同表示支持。提出正式抗議的國家總數達19國，但沒有任何國家或集團準備在最後關頭使用武力，因此他們的決定僅僅只是空談！

賴伐爾起初並不打算以巴爾圖那般堅定的態度接近俄國，但眼下法國對此有迫切的需求。對於關注法國未來的人而言，最為重要的是，3月間僅以些微多數通過的2年兵役制度仍需獲得全國一致的支持。唯有蘇聯政府能夠影響那部分對其忠誠且在法國舉足輕重的人。此外，法國人普遍希望恢復1895年的舊聯盟，或建立類似的同盟。5月2日，法國政府簽署了法、蘇條約。這份模糊不清的條約承諾在5年內若任一國遭遇侵略，雙方將互相援助。

為了在法國政治舞臺上獲取實際成果，賴伐爾先生前往莫斯科進行三天的訪問，受到史達林的歡迎。他們進行了長時間的會談，其中一些未曾公布的內容值得在此提及。史達林和莫洛托夫急於了解的，首要是法國軍隊在西線的力量：具體有多少個師，服役期多長？在討論完這個問題之後，賴伐爾問道：「你能否對俄國的宗教和天主教徒給予一些鼓勵？這對我與教皇的關係將大有幫助。」史達林回答：「教皇？他有多少個師？」賴伐爾如何回應，我不得而知；但他很可能提到一些在閱兵儀式上未必可見的軍團。賴伐爾無意讓法國承擔任何特定義務，而蘇聯則不斷提出此類要求。儘管如此，他仍讓史達林在1935年5月15日發表公開宣告，支持法國為國家安全所施行的國防政策。法國共產黨接到此指令後，立即轉而支持國防計畫和兩年兵役制。法、蘇條約雖是歐洲安全的一個因素，但未規

定在德國侵略時對任何一方有約束力的保證，其效力極為有限。法國未與俄國達成真正的聯盟。此外，這位法國外交部長歸途中在波蘭的克拉科夫停留，參加畢蘇斯基元帥的葬禮，並與戈林會面，展開友好會談。而在此間，賴伐爾對蘇聯的疑慮和不滿，透過德國管道迅速傳達至莫斯科。

麥克唐納先生因健康和能力的持續下降，已經無法繼續擔任首相。他在保守黨中一向不受歡迎。由於其政治和戰時的表現，以及其對社會主義的信仰，保守黨長期對他存有偏見，只是近年因憐憫而稍有緩和。他是工黨最為憎恨的人；工黨的厭惡顯然是有理由的。儘管工黨基本上是由他創立，但在1931年，因其所謂的「背叛」，使工黨遭受重創。在政府之中，他僅有七位工黨支持者。他全力推行的裁軍政策已被證明徹底失敗。大選在即，他也無法有效應對。在這種情況下，6月7日宣布他與鮑德溫先生互換職位，鮑德溫先生第三次出任首相，這並不令人意外。外交大臣一職也同時更換。霍爾爵士在印度事務部的辛勤工作因政府通過印度法案而受到讚譽，如今他將轉任更重要的職務。西蒙爵士的外交政策近來遭到與政府關係密切且有影響力之保守黨人士的猛烈批評。現在他被調任他熟悉的內政部，而霍爾爵士接任外交大臣一職。

與此同時，鮑德溫先生採取了一種創新的臨時措施。此時，艾登先生聲望日益增長，且已恢復健康，鮑德溫便任命他為國際聯盟事務大臣，職務與外交大臣等同，並賦予他審閱文件和指揮部員的權力。鮑德溫先生的意圖，僅僅在於表明他對國際聯盟的重視，以及對英國在日內瓦事務的關注，進而與支持國際聯盟的強大輿論趨勢保持一致。大約一個月後，當我有機會評論我所稱的「設立兩個同等地位外交大臣的新方案」時，我提醒議員們注意這種安排的缺陷：

昨日，首相表示，這僅僅是一個臨時性的試驗，這讓我感到欣慰。我也認為這可能無法長久維持，將來也不太可能實行。我們所需要的是由一

第八章　挑戰與回應

個人負責的外交事務整體構思，全面掌控，使每一個因素、每一件事情都服務於議會認可的總目標。不論誰擔任外交大臣，無論其身分如何，他必須在部門內擁有最高的權力，並且部門內的所有人都必須聽命於他，且僅僅聽命於他。我記得在戰爭時期我們曾討論過統一指揮的問題，當時勞合・喬治先生說：「這不是某個將軍比另一個將軍更出色的問題，而是一個將軍優於兩個將軍的問題。」在這個艱難時期，一個強而有力的內閣理應每天與外交大臣保持連繫，首相也應隨時召見他或他的屬下。當前的問題如此複雜繁重，局勢如此多變，我認為雙重領導和雙重責任只會加劇這種混亂局面。

所有這些話全都不幸成真。

當人事皆處於如此境況時，英國政府採取了一項極為震撼的行動，部分起因源自海軍部。讓陸海空軍人涉足政治領域總是充滿風險，他們進入了一個與其熟悉標準截然不同的新領域。當然，他們是遵循海軍大臣及內閣的意圖或指示行事，唯有他們才能承擔此責。然而，海軍部也傳來一股強烈的支持聲。英、德兩國海軍部就兩國海軍比例的談判已進行了一段時間。根據凡爾賽條約，德國除了允許擁有六艘不超過 6,000 噸的輕巡洋艦外，排水量達 10,000 噸的軍艦不得超過六艘。英國海軍部近期發現德國正在建造的兩艘袖珍戰鬥艦，即「沙恩霍斯特」號和「格奈森諾」號，其噸位遠超和約限度，規格也截然不同，事實上是 26,000 噸的輕型戰鬥巡洋艦，或可稱為頂級「商船」驅逐艦。

這種毫無顧忌的詐欺性毀約行為，至少在兩年前（1933 年）就已經精心策劃並開始實施，而海軍部仍認為有必要與德國簽訂海軍協定。英國政府在未與其法國盟友磋商或通知國際聯盟的情況下，便單方面行動。英國一方面在國際聯盟呼籲並尋求成員國支持，以抗議希特勒對和約軍事條款的破壞，同時卻私下達成協定，將凡爾賽條約中的海軍條款置之腦後。

英、德海軍協定的核心在於限制德國海軍規模不得超過英國的三分之一。這個條款對海軍部極具吸引力，因為他們回想起戰前兩國軍力比例曾是 16 比 10。為實現這一個願景，並且因為過於相信德國的表面承諾，他們遂承認德國有權建造和約中明確禁止的潛水艇。根據協定，德國可建造的潛水艇數量可達英國潛水艇總量的 60%，若德國認為情況特殊，還可增至 100%。當然，德國需保證其潛水艇絕不用於攻擊商船。既然如此，他們為何還需要潛水艇？顯然，若協定的其他部分得到遵守，僅從軍艦數量來看，潛水艇並不能決定海戰的勝負。

德國艦隊的規模被限制在不超過英國的三分之一，這個規定實際上為德國的造艦計畫提供了充足的空間，使其造船廠能夠全速運轉至少十年。因此，這對德國海軍的擴張幾乎不構成任何限制。他們可以盡可能地加快建造速度。實際上，英國所允許的德國艦艇建造限額，遠遠超出了德國原本的計畫。這部分是因為建造軍艦和製造坦克之間對鋼材的需求競爭。根據規定，德國可以建造 5 艘主力艦、2 艘航空母艦、21 艘巡洋艦和 64 艘驅逐艦。然而，到戰爭爆發時，實際完成或接近完成的僅有 2 艘主力艦、11 艘巡洋艦和 25 艘驅逐艦，並沒有建成任何一艘航空母艦，甚至沒有達到我們慷慨承諾的一半。如果他們選擇不建造或少建造戰鬥艦，將資源集中於巡洋艦和驅逐艦的生產，那麼在 1939 年或 1940 年與英國開戰時，他們可能會處於更有利的地位。我們現在知道，希特勒曾告訴雷德爾海軍上將，對英國的戰爭可能不會早於 1944 年或 1945 年開始。因此，德國海軍的發展計畫是基於長遠的考慮。只有潛艇的建造達到了協定允許的程度。當他們能夠超越 60% 的限制時，立即動用允許建造 100% 的規定，到戰爭開始時，實際建造了 57 艘。

關於新戰鬥艦的設計，由於德國未參加華盛頓海軍條約或倫敦會議，他們因此享有更多的靈活性。在英國、法國和美國受制於 35,000 噸限制時，

第八章　挑戰與回應

德國立即著手建造「俾斯麥」號和「提爾皮茨」號。這兩艘龐大的戰艦設計排水量均超過45,000噸，一旦完工，勢必成為全球最為強大的海上戰艦。

該協定同時賦予希特勒在外交領域極大的便利，使他能夠在協約國中製造分裂，使其中一個國家輕易原諒他對《凡爾賽條約》的破壞。此外，透過與英國達成協定，他在協定的核准下，獲得了重整軍備的充分自由。協定的公布，再次重創國際聯盟。法國人有充分理由對英國允許德國建造潛艇表示不滿，因為這將威脅到他們的根本利益。墨索里尼從中看出英國對盟友缺乏忠誠：只要英國的海軍利益得到保障，它顯然願意極力遷就德國，而不顧及受到德國陸軍擴充威脅的盟友利益。英國這種看似不道德的自私態度，無異於鼓勵墨索里尼繼續推行侵略衣索比亞的計畫。至於斯堪地那維亞半島各國，在兩週前還勇敢地對希特勒在德國實行徵兵制表示抗議，現在卻發現英國在幕後暗中同意德國建立海軍，其實力雖僅為英國的三分之一，但即使是這樣的規模，也足以使其在波羅的海稱雄。

英國的大臣們竭力推動與德國的合作提議，以期能廢除德國建造潛水艇。事實上，德國明白這個提議附帶了其他國家必須同時同意的條件，眾所周知，其他國家絕對不會同意。因此，這對德國而言是最穩妥的提議。德國願意限制潛水艇的使用，不對商船進行不人道的襲擊，也是因為它清楚其他國家不會同意。誰能相信，當德國擁有龐大的潛水艦隊，而他們的民眾因為被英國封鎖而飢餓時，他們不會充分利用這種武器呢？我稱這種想法為「徹底的受騙」。

該協定不僅無法推進裁軍，若實施，數年後將不可避免地在全球引發新艦建造的熱潮。法國的海軍，除去最新建造的艦艇，皆需重新改造。而這又將影響義大利。至於我們，顯而易見，我們必須大規模重建英國艦隊，以在新式艦艇方面保持3比1的優勢。或許我們認為，若允許德國海軍擁有英國海軍的三分之一，這意味著英國海軍軍艦數量必須是德國的3

倍。這也許能使我們合理地，儘管為時已晚地重建艦隊。但那些政治家如今身在何處？

1935 年 6 月 21 日，海軍大臣博爾頓‧艾爾斯 - 蒙塞爾爵士在議會中宣布了這個協定。逮住機會，我於 7 月 11 日首次，繼而在 7 月 22 日再次對這個協定進行了抨擊：

我對英國採取獨立行動是否有助於和平表示懷疑。其直接後果是德國艦隊的噸位不斷增加，使其能夠完全掌控波羅的海，並且不久之後，歐洲避免戰爭的因素將逐漸消失。在地中海的局勢方面，我認為我們面臨的挑戰更為嚴峻。如果法國為了對抗德國而不得不對其艦隊進行現代化改造，而義大利也仿效，那麼各國勢必大量建造新艦，在這種情況下，我們將被迫重建我們的艦隊，否則會影響我們在地中海的地位。但最壞的情況則是影響我們在世界另一端的地位，即在中國和遠東的地位。這對日本來說無疑是意外之喜！看看後果吧。海軍大臣聲稱要「面對現實」。然而，如果這個計畫得以實現，英國的大部分艦隊將駐紮在北海。這意味著遠東的整個局勢將發生重大變化，不僅對美國和英國不利，對中國也同樣不利……

我感到遺憾的是，在德國海軍重建的問題上，我們沒有與歐洲盟國進行磋商，也沒有與那些和我們一樣受到德國大規模擴軍威脅的國家合作處理。德國究竟在擴充哪些軍備，難以準確評估。我們已經發現，他們能夠建造比我們預期更強大的軍艦，就連我們的海軍部事前也未能察覺。我們也目睹了他們在空軍方面的努力。我認為，如果我們能夠明確得知德國在本財政年度的支出數額，那麼，德國在全面備戰方面的龐大開支一定會令本院及全國震驚不已。大量經費用於全國各地的戰備建設，使這個強大的日耳曼民族和帝國正迅速轉變為一個巨大的軍火庫，並且確實準備動員起來了。

為了回應國內及歐洲的各種批評，霍爾爵士於 1935 年 7 月 11 日在首次擔任外交大臣後發表演說，提出了對立的論點。在此亦應予以闡述：

第八章　挑戰與回應

　　英、德海軍協定絕非一項自私的協定。我們絕不會簽署任何我們認為對其他海軍國家不利的協定。我們相信，所簽署的協定不僅不會阻礙全面協定的達成，反而會促進這個程序，否則我們絕對不會簽署。至於海軍裁軍問題，歷來與陸軍和空軍裁軍問題分開處理。海軍問題一直是獨立處理的，據我所知，各個國家的海軍向來有此意圖。

　　然而，除法律理由外，我們認為，為了和平這個英國政府的首要目標，確實有充分的理由促成這個協定。根據我們海軍專家的看法，這應被視為不列顛帝國的安全保障。在此，我們看到一個難得的機會，可以消除大戰前導致憤怒的主要原因之一——德國的海軍正在進行軍備競賽。值得一提的是，在討論中，德國政府發表了一項極為重要的宣告，表示他們將避免戰爭中一個極其可怕的行動，即潛艇對商船的無限制攻擊。第三，我們確實認為這是達成協定的良機，從海軍角度來看，這個協定顯然將對包括法國在內的其他海軍國家有利……由於目前法國艦隊與我們的艦隊幾乎相等，因此該協定可使法國艦隊擁有始終比德國艦隊多出43%的優勢，而戰前則少約30%……所以我相信，當世界冷靜地觀察這些結果時，絕大多數支持和平和限制軍備的國家都會認為英國政府不僅採取了明智的措施，而且是當前情況下唯一可行的措施。

　　實際上，所採取的所有行動，無非是讓德國在未來5、6年內大規模進行擴張而已。

　　此時，在陸軍部分，德國於1935年3月16日正式實施徵兵制，象徵對凡爾賽條約根本性挑戰的開始。德國陸軍的擴張和重組步驟不僅限於技術層面。國社黨統治下陸軍的所有職能，都有明確規範。1935年5月21日的法律目的在擴充祕密訓練的技術核心，將其轉變為國家武裝的象徵。德國陸軍更名為國防軍，軍隊由最高領袖元首統領。每位士兵不再對憲法宣誓，而是向希特勒個人效忠。陸軍部直接聽命於元首。服兵役成為全民的首要義務。陸軍的職責在於教育和永久地統一全國人民，法律第二條規

定:「國防軍是德國人民的武裝力量和軍事教育的學校。」

這實際上展現在《我的奮鬥》中希特勒所述的一段話的正式和合法的表現。這段話是:

> 未來的國家社會主義國家,必須避免重蹈覆轍:不要賦予軍隊不屬於其職責的任務。德國的軍隊不應成為維持民族特性的單位,而應成為促進德國人之間相互理解和調和的場所。國家生活中任何可能造成分裂的因素,都應透過軍隊來統一。軍隊還應拓展青年人的視野,使其超越狹隘的鄉土領域觀念,需要關注整個德國國家。他所應尊重的,不是他出生地的界限,而是他祖國的邊界;因為這才是他需要捍衛的。

基於這些理念,法律確立了新的軍區編制。陸軍被劃分為 3 個司令部轄區,司令部分別位於柏林、卡塞爾和德勒斯登。隨後將全德國進一步劃分為 10 個(後改為 12 個)軍區。每個軍區設置一個軍,均由 3 個師構成。此外,還計劃籌組一種新型部隊——裝甲師,並很快成立了 3 個裝甲師。

兵役的詳細計畫已經制定。新政權的一個核心任務是將青年動員起來。從加入希特勒青年團開始,德國少年在 18 歲時自願加入衝鋒隊兩年。根據 1935 年 6 月 26 日的法律,參加勞動營成為每個年滿 20 歲德國男子的強制性義務。他必須為國家服務 6 個月,進行道路建設、建造兵營或填平沼澤,以便身體和精神上準備好履行作為德國公民的最高義務——服兵役。在勞動營中,強調無階級之分,加強德國人民的社會團結;而在軍隊中,則強調紀律和國家領土的統一。

依照賽克特的建軍理念所設計的訓練新軍和擴充幹部的重大任務,如今已正式啟動。1935 年 10 月 15 日,希特勒再度公然違背凡爾賽條約的條款,重建德國參謀學院,並親臨開學典禮,三軍將領也隨同出席。參謀學院象徵金字塔的頂端,而其基礎則是無數的勞動營。1935 年 11 月 7 日,1914 年出生的首批青年應召入伍,共計 59 萬 6 千名青年,準備接受戰爭技

第八章　挑戰與回應

術的訓練。由此，至少在帳面上，德國陸軍瞬間發展成為一支 70 萬人的精銳部隊。

　　伴隨訓練工作的進展，面臨的挑戰是籌集資金重組軍備以及發展工業以適應國家新的軍事需求。根據祕密指令，沙赫特博士成為實際上的德國經濟獨裁者。賽克特的前期工作如今進入了最關鍵的試驗階段。主要困難有 2 點：第一，擴充軍官團；第二，組織炮兵、工兵和通訊兵等特種部隊。到 1935 年 10 月，成立了 10 個軍團。1 年後，又增加了 2 個軍團，到 1937 年 10 月，再增設第 13 個軍團。警察組織也成為武裝力量的一部分。

　　眾所周知，隨著 1914 年出生的首批年輕人被徵召入伍，隨後的幾年中，新兵數量會逐漸減少，那是因為在大戰期間出生率下降的結果。在德國和法國，這種情況都是相同的。因此，1936 年 8 月，德國將服役期限延長至 2 年。1915 年出生的男性約有 46.4 萬人，加上延役 1 年的 1914 年出生的人員，1936 年接受正式軍事訓練的德國男性人數達到 151.1 萬人，這還不包括納粹黨的半軍事組織和勞動營。同年，法國軍隊的兵力，不含後備役，總計 62.3 萬人，其中僅有 40.7 萬人駐紮在法國境內。

　　這些資料，在成為實際數字之前，只不過是警示的幽影。直到 1935 年，法國在增強其陸軍和龐大後備力量方面的努力遠遠未能達到應有的水準，更不用說其強大的盟友了。即便在當時，我們仍可利用國際聯盟的權威作出果斷決策，或許能夠阻止局勢惡化。可以將德國召至日內瓦會議，要求其提供詳細解釋，組織協約國聯合調查團，調查其違反和約、重整軍備和籌組軍隊的情況。如果德國拒絕，則應立即重新占領萊茵河橋頭堡，直至德國完全遵守和約為止。這可能不會引發強烈反抗，甚至不至於流血。如此，第二次世界大戰至少可以被無限期推遲。法國和英國的參謀人員對許多事實和趨勢心知肚明，兩國政府也並非全然無知。然而，法國政府因迷戀政黨政治而頻繁更迭，英國政府則反其道而行，選擇維持現狀，

得過且過，導致殊途同歸。兩國均未採取有力或果斷的行動，儘管這些行動完全合理且合乎條約。法國政府並未因盟國壓力而完全接受裁軍要求，但與英國政府一樣，缺乏膽識，未能有效抵制賽克特所稱的「德國軍事力量的復活。」

第八章　挑戰與回應

第九章
空中和海上的問題

■ 西元 1935 ～ 1939 年

在此必須探討一些對我們未來安全具有重大影響的技術決策。為便於講述，本章節涵蓋從當前到戰爭爆發前四年的全過程。

在喪失空中優勢後，我們很容易受到希特勒的威脅。如果我們曾及時採取行動，建立一支至少是德國在違反條約時空軍規模一倍或半倍的空中力量，我們或許能夠掌握未來的主動權。即便只是與德國空軍旗鼓相當（這無從被視作侵略行為），也能在這些危急時刻增強我們的防禦信心，並為外交活動及進一步擴充空軍提供堅實基礎。然而，如今我們已失去了空中優勢。我們為恢復空中優勢所做的所有努力均告失敗。在上次大戰中，飛機已顯現出重要作用，而在現代社會中，它已被視為一種神奇的武器和主要的軍事力量。大臣們必須設想，若我們與德國獨裁者發生衝突，倫敦面臨毀滅和屠殺的情景將是多麼可怕。雖然類似的考量並非英國獨有，但這些考量確實對我們的政策產生重大影響，其結果也對全球局勢產生深遠影響。

1934 年夏季，林德曼教授致函《泰晤士報》，指出航空研究可能取得重大科學突破。同年 8 月，這篇投稿不僅引起空軍部官員的關注，也促使政府高層重視此議題。9 月，我們從坎城前往艾克斯萊班，與鮑德溫先生進行了一次愉快的會談，他似乎對這個問題表現出極大的興趣。我們請求由高級研究機構進行調查研究。然而，返回倫敦後，由於空軍部的財政困

第九章　空中和海上的問題

難,此事暫時被擱置。1935年初,空軍部成立了一個科學委員會,負責研究未來的發展。我們記得鮑德溫先生根據空軍部的意見,在1933年發表了一篇令人印象深刻的演說,聲稱空中防禦是不可能的,「轟炸機總是可以穿過防線的。」因此,我們對空軍部的委員會失去了信心,認為應該將此問題轉交帝國國防委員會處理。在該委員會中,政府首腦,即國內最有影響力的政治家,將能監督和指導其活動,並確保所需經費到位,不會沒有著落。當時,奧斯汀·張伯倫爵士也與我們同行,我們仍不斷在這個問題上向大臣們進言。

在1935年2月期間,我們親自拜訪了麥克唐納先生,並當面向他陳述了此事。我們之間並沒有原則性的歧見。首相在我強調這個問題對和平的重要性時表示深深的贊同。我指出,消除對平民突襲的恐懼是減輕全球恐慌和憂慮的最佳途徑。那時,麥克唐納先生的視力似乎已經很差,他茫然地凝視著窗外的皇宮廣場,向我們保證他有堅定的決心,以克服來自空軍部的阻力。空軍部極不願意讓外部或更高層的機構干涉他們的事務,因此有一段時間內,事情沒有任何進展。

因此,我於1935年6月7日在下議院提出該問題。我表示:

這個問題的範圍很明確,從本質來看,主要是一個科學問題。它涉及的是如何創造、採用或發現一些方法,使我們能夠讓地面防空部隊掌控天空,從地面上實現對高空飛行器的控制甚至支配……根據我的經驗,只要軍事和政治領導層充分表達這種需求,科學總能提供解決方案。過去,人們曾認為追蹤潛艇是不可能的,但最終還是發明了迫使潛艇無法不露出水面的技術。這個問題未必比擊落入侵的飛機更複雜。許多曾被認為技術上不可能的事物在上次大戰中已被實現。耐心、堅持不懈,特別是在戰爭中的緊迫需求,使人們的思考更加靈活,而科學也因此能夠滿足這些需求……

透過屠殺無辜的婦女和兒童，恐嚇手無寸鐵的平民以迫使敵國屈服的可憎理念，僅在20世紀才被接受和鼓勵。這並非某個國家獨有的問題。一旦研製出一種能夠輕鬆擊落投擲炸彈飛機的地面裝置，各國將感到更為安全，並能消除對再次戰爭災難迫近的恐懼和疑慮……我們不僅擔心大城市的平民遭受攻擊，這方面我們比其他國家更容易受損；我們還擔心造船廠和其他設施遭襲，因為這會使我們的防禦主力——海軍，陷入癱瘓甚至被摧毀。因此，這是為了消除全球疑慮和戰爭的最惡劣根源，同時也是為了恢復英國作為島國的傳統安全感。所以，我們國家和政府的最高領導人應對此問題進行深思熟慮，並利用英國科學和財力所能負擔的所有資源推進這項工作。

　　翌日，正如前一章所述，內閣進行了調整，鮑德溫先生被任命為首相。坎利夫・利斯特爵士（不久後封為斯溫登勳爵）接替倫敦德里勳爵擔任空軍大臣。一個月後的一個下午，我正在下議院的吸菸室時，鮑德溫先生走了進來。他在我旁邊坐下，對我說：「我有個建議。坎利夫・利斯特非常希望你能加入新成立的帝國國防委員會防空研究會，我也希望你能參加。」我回答說，我是批評我們空軍準備狀況的人，我必須保持行動自由。他回應道：「這是理所當然的。除了委員會的機密之外，你當然有絕對的自由。」

　　我提出一個要求：林德曼教授至少要加入技術團隊，因為我需要他的協助。幾天後，首相來信表示：

1935年7月8日

你已經見到了漢基，我感到非常高興。我相信你的信件顯示了你有意參與委員會的工作。

我感到非常欣慰，我堅信你將在這項至關重要的研究中發揮實質性的作用。

當然，你可以像空氣般自由（在此語境中為正確表述），隨時就政

第九章　空中和海上的問題

策、計畫及與空軍相關的所有一般問題展開辯論。

我的邀請並非意圖限制你未來的言論自由，而是出於對老同事的友好表示。

於是，在接下來的四年中，我參與了這些會議，因此對我們這項關鍵的防空工作有了更為詳盡的了解。多年來，我與林德曼保持了緊密的交流，使我對這個問題形成了自己的見解。一旦接受任命，我便立即為委員會撰寫了一份備忘錄，此份文件不包含官方的意見，而是源於我與林德曼的討論、研究以及我個人的軍事理念所獲得的見識。這份文件之所以引人注目，是因為它對1935年7月的狀況提出了獨到的見解。當時，無人預見到無線電可以用於轟炸機的導航。訓練大量飛行員顯然面臨困難。普遍的看法是，大規模飛機在夜間飛行，必然由少數幾架轟炸機的長機引領。在國家面臨生死存亡的四年之前，各種新的研究工作取得了巨大的進展；與此同時，無線電用於轟炸機目標指示在戰術上帶來了極為重大的變化。從那時候起，我在備忘錄中所提到的內容，已被更優良的方案取代，但許多試驗仍是在我任職期間進行的——當然，並非所有的試驗都取得了成功。

1935年7月23日

我以至為謙遜的態度呈上這份備忘錄，因會期將至，倉促成文，但仍期望它能對我們共同的理念有所助益。

在戰術理念與技術可行性之間存在相互的影響與制約，因此，有必要讓科學家了解空軍所需的裝置類型。飛機的設計必須與特定作戰計畫的需求相一致，並能夠確保該計畫可以執行。

在現階段，我們有必要提出一項合理的戰爭假設：英國、法國和比利時結成聯盟，並遭受德國的攻擊。

戰爭一旦爆發，最為關鍵的便是大陸盟國軍隊的動員，這至少需要兩

週時間，因為機械化和摩托化部隊的入侵將造成牽制和延誤。法國和德國的參謀部將集中精力解決軍隊的集結與部署問題。在初期的主要戰鬥中，任何一方都不願意明顯落後。我們可以期望，德國在2、3年內尚未準備好發動這場陸海軍均有重大作用的戰爭，目前德國的海軍仍然微不足道；它尚未掌握波羅的海的制海權，而且其重炮似乎仍然不足。建立海軍、製造重炮以及訓練人員需要數年時間，而非數月即可完成。

德國的絕大部分軍火生產集中在魯爾地區，而該地區又極易遭受敵方轟炸。德國必然意識到，許多關鍵軍用物資的進口（如銅、鎢、鈷、釩、汽油、橡膠、羊毛等）將會中斷。此外，如果無法掌控波羅的海的制海權，連鐵的供應也會大幅減少，因此，德國尚未具備發動長期戰爭的能力。當然，德國正努力克服這些挑戰，例如將部分工廠從邊境遷移至德國中部，進行合成汽油和人造橡膠的生產，並大量儲備軍用物資。看來，在1937或1938年之前，德國不太可能發動一場有勝算的海陸空三軍協同作戰的戰爭，而這種戰爭可能會持續數年，且幾乎沒有盟國的支持。

在戰爭發生後，英、法兩國空軍的首要任務應是摧毀敵方的交通設施，如鐵路、公路、萊茵河的橋梁以及鐵公路的橋梁，並極大限度地破壞敵方軍事集結地帶和軍火庫。其次則是摧毀那些最容易攻擊的軍工廠。幾乎可以確定，自計劃軍事行動開始之時起，若我們集中攻擊這些關鍵目標，便能迫使敵人採取類似策略。否則，法國將可不受阻礙地進行動員，並在大規模地面戰爭中取得主動。如此一來，德國原本預備用來對英、法兩國平民實施恐怖空襲的飛機，將顯得不足且力量分散。

儘管如此，我們仍需預見到，即便是在海陸空三軍協同作戰時，德軍仍可能試圖轟炸倫敦或其他易受攻擊的城市，以檢驗政府和民眾在恐怖考驗下的抵抗決心。此外，倫敦港及對我們艦隊至關重要的造船廠，同樣是首要的軍事攻擊目標。

然而，這種不幸的可能性依然存在，即德國當局可能認為，透過大規

第九章　空中和海上的問題

模猛烈的空襲，可以在數月甚至數週內迫使一個國家屈服。震撼心理的戰術思考對德國人極具吸引力。他們的判斷是否正確則是另一個問題。如果德國政府相信在盟國軍隊完成動員及發動攻勢之前，可以透過空軍摧毀大城市並屠殺平民來迫使一個國家求和，那麼戰爭初期他們極可能單憑空軍發起攻擊。幾乎不必說，若能將英國與法國隔離，英國便成為此類攻擊的理想目標。因為英國的反擊手段主要是空襲報復和海軍封鎖，而封鎖的效果需要一段時間才能顯現。

若我們能限制或阻止城市遭受空襲，那麼以「恐怖」手段削弱士氣的可能性（即使這可能是虛構的）將不復存在，戰爭的勝負仍將由陸軍和海軍決定。我們對防空越重視，就越能遏止純空戰的發生。

我表達了一些看法。請記住，那是在1935年，距離雷達正式用於偵察飛機還有四年多的時間。

委員會的活動保持祕密，我與政府之間的連繫始終未公開。我對政府其他部門的批評和抨擊依舊激烈。在英國，經驗豐富的政治家對此類情況並不感到意外，如同政治觀點上的巨大分歧有時並不妨礙私人友誼一樣，但科學家之間的嫉妒心更為強烈。1937年，技術小組的科學家與林德曼教授之間出現了相當嚴重的分歧。他的同事們對他與我保持親密連繫感到不滿，也不滿於我將他的觀點提交給委員會。他們認為，只有蒂澤德爵士（帝國科學技術學院院長）才有資格向委員會表達他們的集體意見。林德曼因此被要求辭職。他向我提供了一些事實用於討論，這是完全合適的；而這也是我們共同參與這項工作的基本條件。所以儘管他已經離開，我為了公共利益並得到他的完全同意，仍繼續擔任委員；到1938年，我又使他復職，這將在下文中提到。

在1930年代，英國、美國、德國和法國的許多人開始探索利用從飛機和其他金屬目標反射回來電波的可能性。我們稱這種技術為無線電測向

器（R.D.F.），後來被定名為雷達。其功能在於依賴反射的射電波，而非人類的感官如視覺或聽覺，來偵察敵機的位置及距離。在地面上空約 70 英里的高處，存在一層能反射電波的天幕（電離層），這層天幕的存在使得普通的無線電波不會消失於太空，進而令遠距離無線電通訊成為可能。將短促的脈衝波發射到空中，再接收其回波，這是英國科學家多年來，特別是在阿普爾頓教授的帶領下，積極研究的技術問題。

1935 年 2 月，政府研究部的科學家沃森·瓦特教授首次向技術小組闡述了使用射電回波探測飛機的可行性，並建議進行試驗。該小組對此表現出高度重視。當時人們認為，開發能在 50 英里範圍內探測飛機的技術需要五年的時間才能實現。1935 年 7 月 25 日，防空研究委員會召開了第四次會議，這也是我首次參加的會議，蒂澤德在會上提交了一份關於無線電定位的報告。我們進行了初步試驗，證明有必要採取進一步措施。軍事各部門奉命制定計畫，因此成立了一個專門機構，並在多佛至奧爾福德納斯地區設立了一系列試驗站。同時，對於使用雷達探測船隻位置的可能性也展開了探索。

到 1936 年 3 月，沿南海岸一帶的各個站點已經開始建設和裝備，預計將在秋季進行測試。夏季期間，建築工程有所延誤，並且出現了敵方電波干擾的問題。1937 年 7 月，空軍部提出計畫，經防空研究委員會批准，準備投入超過 100 萬鎊的資金，在 1939 年底前於懷特島至提茲河之間設立 20 個站點。同時，我們也在進行偵察進入內陸敵機的試驗。到 1937 年年底，我們能夠跟蹤在 35 英里範圍內 1 萬英尺高空的敵機。對船隻的偵察也有所進展，已證明從空中確定 9 英里以內船隻的位置是可能的。近洋艦隊中有 2 艘船已配備了偵察飛機的裝置，同時飛機測距、高射炮射擊指揮和探照燈定向等試驗也在進行中。所有工作均取得了一定進展。到 1938 年 12 月，計畫中的 20 個新站點，已有 14 個裝上了臨時裝置，從空中能

第九章　空中和海上的問題

夠測定 30 英里以內的艦艇方位。

1939 年，空軍部利用較長的長波無線電（10 公尺）建立了所謂的海岸雷達網，這使我們能夠在 60 英里範圍內發現海面上空接近的飛機。在戰鬥機司令部道丁空軍中將的領導下，建立了複雜精密的電話網路，將所有雷達站連接起來，並在阿克斯布里奇設立了中央指揮站。在那裡，能夠在大地圖上標示觀察到的飛機行動，進而指揮我方飛機的戰鬥行動。同時，還設計了所謂的「敵我辨識器」（I.F.F.），使我們的海岸雷達網能夠將安裝此裝置的英國飛機與敵機區分開來。後來發現這些長波無線電站無法偵察海面低飛而來的飛機，為應對這個威脅，又建造了一組補充站，稱為「低空偵察連鎖站」，使用更短的電波（一公尺半），但其有效範圍較短。

一旦敵機進入內地，我們便只能依賴皇家觀測兵進行偵察。觀測兵僅憑視覺與聽覺，但透過電話交換機的連接，效果卻十分顯著。在不列顛空戰初期，它成為了我們的主要依托。然而，僅僅偵察從海上來的敵機是不足的，雖然這至少能讓我們提前 15～20 分鐘發出警報。我們還必須為我們的飛機導航，以追蹤入侵的敵機，並在英國領空進行攔截。為此，建立了一些「地面指揮截擊站」（G.C.I.）。然而，這些在戰爭爆發時都僅僅處於初步階段。

德國人在 1939 年春季也相當忙碌，當時「齊柏林伯爵」號飛船出現在英國東岸的上空。德國空軍通訊司令馬蒂尼將軍事先在飛船上安裝了特殊的接收裝置，試圖偵查英國是否擁有雷達偵察裝置。這個企圖雖未成功，但若其接收裝置極為高效，「齊柏林」號必定能將我們擁有雷達的情報帶回德國，因為當時我們的雷達站不僅在運作，還偵測到了飛船的活動並推測其意圖。即便德國人接收到我們的雷達脈衝波，也不會感到意外，因為他們已經研製出技術上非常先進的雷達系統，在某些方面甚至超過我們。然而，令他們驚訝的應該是我們在新發明的實際應用上所達到的規模，並

將這些整合成一個綜合的防空系統。在這一方面，我們在全球處於領先地位，英國的成就不僅在於裝置的創新，更是在於實際應用的效果。

防空研究委員會的最後一次集會於 1939 年 7 月 11 日召開。當時，從樸茨茅斯到斯卡帕灣之間布置了 20 個雷達站，這些站點能夠偵測到在 50～120 英里範圍內飛行在 10,000 英尺高空的飛機。一種令人滿意的反干擾裝置和一種簡易的敵我辨識器已經進入量產階段。我們還研發了安裝於飛機上的訊號引導裝置，用於追蹤敵機，並進行試飛。而空中偵察船隻位置的實驗裝置，由於過於笨重，無法安裝在飛機上使用，故轉交給海軍部，以研究是否適合在船上使用。

我還需提及一事。1939 年 6 月，蒂澤德爵士應空軍大臣之邀，請我乘坐一架相當簡陋的飛機，巡視東海岸已建成的各類設施。我們整整飛了一天。我將我的視察觀察報告提交給空軍大臣，現印於下文，因為從中可以了解我們啟動的雷達工程概況。

邱吉爾先生致金斯利・伍德爵士

……在蒂澤德的引導下，我對馬特累斯漢和波德塞進行了一次考察，這次考察既有趣又令人振奮。若我能提出一些想法，或許會有所助益。

這些關鍵的無線電測向站急需得到保護。起初，我們設想可以使用較低的成本建造 2 到 3 倍的偽裝站；然而，經過進一步思考，我意識到或許可以利用煙幕……

這個新裝置的一個明顯缺陷是，當敵機越過海岸後，便超出了無線電測向站的覆蓋範圍，此時只能依賴觀測兵。這種情況似乎讓我們從 20 世紀中葉倒退到了早期石器時代。儘管據說觀測兵的效果也相當不錯。然而，我們必須承認，使用無線電測向器來追蹤已進入內陸的敵機，是一項迫在眉睫的任務。要讓無線電測向站能夠轉向偵查內陸空域，還需要一些時間，並且只有在空中戰場變得擁擠混亂時才可能實現……

第九章　空中和海上的問題

　　無線電測向器的進展，特別是在測距上的應用，無疑對海軍具有極大的價值。這將使海軍無論在何種能見度下，都能與敵人交戰。1914年，德國戰鬥巡洋艦轟擊斯卡巴勒和哈特爾普爾時，如果我們的視野能穿透濃霧，他們的結局將截然不同。我不明白為何海軍部對這項試驗仍不感興趣。蒂澤德也提到，無論晝夜和能見度，都能精確發射魚雷，這對驅逐艦和潛水艇意義重大。我原以為這早已是一項正在進行的重要工作，因為這對我們極為有利。

　　辨識敵友的方法對海軍同樣具有重要的意義，應以此徹底替代存在風險的辨識訊號方式。我相信海軍部對此已經心中有數。

　　最後，我祝賀你已經取得的成就。我們已為這個島國的絕對安全邁出了第一步，然而，僅此一步還不夠，而時間則是緊迫的。

　　在後續內容之中，我將揭示如何利用當時鮮為人知的一些設施，成功抵禦了1940年秋冬季德國對大不列顛的襲擊。毫無疑問，在斯溫登勛爵及其繼任者的領導下，空軍部和防空研究委員會在賦予我們作戰飛機這個關鍵增強方面，發揮了決定性的作用。在1940年，當我肩負起主要責任，而國家的存亡繫於空軍的勝利時，憑藉我長達4年的深入研究和思考，基於詳盡的官方和技術資料，幫助我徹底理解空戰的各項問題。儘管我從未試圖掌握技術細節，這門知識對我極有幫助。我了解棋盤上的每個棋子，知道它們的運作方式，別人和我討論這些時，我也能夠完全領會。

　　在過去這幾年中，我與海軍部的互動頻繁且緊密。1936年夏季，霍爾爵士擔任海軍大臣，他允許該部官員與我自由討論海軍部的事務；由於我對海軍充滿興趣，自然充分把握這些機會。我自1914年在貝蒂時便認識了現任第一海務大臣查特菲爾德海軍上將，與他在海軍問題上的討論始於1936年。我與第三海務大臣兼海軍軍需署署長亨德森海軍上將也有多年的

友情，他負責艦艇的建造和設計。他在1912年是我們海軍中最傑出的火炮專家，當時我擔任海軍大臣，經常觀察戰鬥艦在從承包商處接收炮架前的試炮，我對他的工作給予高度評價。這兩位官員在擔任高位期間，對我非常信任，儘管我們在一些問題上有歧見，我也曾多次嚴厲批評他們已做或未做的工作，但這些工作上的不滿或指責從未影響我們的交往。

關於海軍航空兵應歸屬海軍部還是空軍部的問題，引發了這兩個部和軍種之間的激烈爭論。我支持海軍的立場，並在議會上提出了我的觀點，這使我收到第一海務大臣發來的感謝信。在信中，他詳述了海軍政策的所有問題。湯瑪斯・英斯基普爵士到查特維爾拜訪我時，詢問我對此問題的看法，我為他起草了一份備忘錄，之後這份備忘錄幾乎被英王陛下政府逐字採納。

當政府終於決定重新開始建造戰鬥艦時，我對其設計極為關注。在此之前，皇家海軍的所有主力艦實際上都是在1911年至1915年我擔任海軍部主管期間建造或設計的。除了「納爾遜」號和「羅德尼」號是在第一次世界大戰後建造的。對於軍艦的建造，我常常能夠運用自己的想法，而這些想法源自許多海軍專家的見解，至今我仍持有堅定的看法。

當我得知內閣已批准戰鬥列艦的建造計畫時，我立刻判斷，我們的新戰艦應繼續配備16英寸口徑的火炮，並採用3座各裝有3門16英寸口徑炮的炮塔設計；如此一來，便可在條約規定的35,000噸排水量限制內實現，而這個限制只有我們真正遵守。我與霍爾爵士進行了多次商討和對談。我聽到了一些論點，但並未使我信服，於是我在下議院提出了將裝備14英寸和16英寸口徑火炮的軍艦舷炮齊射時後坐用力進行比較的問題。他們為我個人提供了以下資料：

9門14英寸口徑火炮的軍艦在齊射時，其後坐用力達到6.38噸。

軍艦上裝備9門16英寸口徑火炮的側舷齊射，其後坐用力達到

第九章　空中和海上的問題

9.55噸。

16英寸口徑炮的數值，並非源於「納爾遜」號現有的版本，而是依據美國計劃裝備於其新型主力艦上的一種假想的16英寸口徑炮計算得出的。

我深刻體會到16英寸炮的舷炮齊射後座用力確實具有其優勢。因此，我寫信給霍爾爵士：

爵士：

1936年8月1日

承蒙您對我的意見給予重視，我深感榮幸。乍看之下，這確實有其理由。關於延誤如此之久的問題，我無法參與爭論。這次，唯有英國遭受條約的限制。我堅信，我們能夠建造1艘35,000噸的軍艦，配備3座16英寸口徑炮的3聯裝炮塔，其火力必定遠勝於使用14英寸口徑炮的方案。這不僅可能成為更為出色的軍艦，而且必然被視為更優秀的軍艦。所有人，包括艦上服役者，都會認為它是海軍力量增強的象徵。請記住，德國人在其大炮的每1英寸口徑上取得了遠勝於我們的效果。他們的炮彈比我們的更重，射程更遠，精度更高，因而具備巨大的打擊力。這不僅使得舷炮齊射的後坐用力大幅增加，而且16英寸口徑炮彈的爆炸力顯然遠超14英寸口徑炮彈。如果能穿透裝甲，那麼加強炮彈的爆炸力也是值得的。

另一個問題涉及炮塔的數量：如果3座炮塔可以達到更大的打擊效能，那麼裝備4座炮塔（假設每座重2,000噸）豈不是極大的浪費！若使用3座炮塔，則可以增厚裝甲以抵禦炮火和魚雷，並在甲板上騰出更多空間安裝高射炮群。如果你要求部下提供16英寸炮艦的設計圖，我深信他們會告訴你，16英寸炮艦的布局肯定優於14英寸炮艦。當然，關於射擊控制、炮彈散布等問題，仍會有爭議，而我在這些問題上完全是個門外漢。然而，我認為，使用4發和5發交替齊射，可能會獲得更好的射擊效果。

倘若我處在你的立場上，斷然不會採納 14 英寸的方案。假如海軍部決定建造 2 艘裝備 14 英寸炮的軍艦，而與此同時，日本和美國卻全力以赴地設計 16 英寸炮的軍艦，那麼，我們的海軍部就顯得相當愚蠢。我認為不如延遲一段時間，這樣還可節省 6 個月的建造時間。以每艘 700 萬鎊的成本來特意打造非世界最強的戰鬥艦，簡直不可思議！老費希爾常說：「英國的海軍在海上總是首屈一指。」

然而，這些僅僅是預言而已！對於這一切，我此前已反覆思考，否則我也不敢貿然向你陳述。我必定會根據你的建議與查特菲爾德進行交談。

海軍大臣對我的看法並無任何不滿，我們之間隨後頻繁地交換信件，我也多次與他和第一海務大臣進行了會談。在 1937 年 5 月底霍爾爵士離開海軍部之前，他將兩份由海軍參謀部起草的備忘錄交給我：一份涉及戰鬥艦問題，另一份則關於巡洋艦。海軍部對戰鬥艦設計的理由是：自華盛頓條約簽署以來，英國由於經濟原因一直主張降低排水量和縮小炮的口徑，因此在 1936 年政府最終批准建造新戰鬥艦時，不可能無視 14 英寸口徑炮或 35,000 噸排水量的條約限制。而「英王喬治五世」號級戰鬥艦的設計，不得不在尚不清楚其他國家是否將在不久的將來繼續接受條約限制的情況下開始。實際上，「英王喬治五世」號級軍艦的炮塔直到 1936 年 5 月才開始訂製。如果海軍部將設計的決定推遲到 1937 年 4 月以後，那麼到 1941 年，投入使用的軍艦將僅有 2 艘而非 5 艘。如果屆時外國超越華盛頓條約的限制，那麼 1938 年計劃開始建造並預計於 1942 年完成的軍艦設計，就可以採用更大的噸位和口徑。

如果我們最終必須建造前後對稱的 16 英寸口徑炮艦，同時不犧牲「英王喬治五世」級在結構上的堅固性和其他特性，那麼其排水量必須大幅增加。結果將導致新建的軍艦無法通過巴拿馬運河，除了增加每艘軍艦的造價外，還需擴建我們的船塢。海軍部同意我的觀點，即認為配備 3 座炮塔

第九章　空中和海上的問題

共 9 門 16 英寸口徑炮的軍艦優於 4 座炮塔共 10 門 14 英寸口徑炮的軍艦。他們後來的戰鬥艦設計，都是僅有 3 座「多管炮塔」的軍艦。

在深入研究這份冗長且詳盡的文件後，我意識到我們無法因為要在首批 5 艘戰鬥艦中安裝更大口徑的火炮而導致建造時程延誤。既定的決定已無可更改。然而，我仍建議作為預備步驟，應儘早完成較大口徑火炮及炮塔的設計，並立即準備好所需的工具和裝置，以便即使需要投入相當的費用，炮廠也能順利改制更大口徑的火炮。

在與海軍部討論戰鬥艦設計時，我尚未得知他們那時已經完成設計，並繪製完成裝備 14 英寸口徑炮的 4 聯裝炮塔的草圖，總有 12 門炮。若當時我知曉此事，便會重新審視我的建議。「多管炮塔」這個術語曾讓我產生誤解。3 座 4 聯裝炮塔或許能避免我在採用 4 座炮塔的艦船上觀察到的諸多缺陷。雖然 12 門 14 英寸口徑炮的火力不及 9 門 16 英寸口徑炮，但在金屬重量方面確實有顯著改進。

然而，海軍部的這個政策卻導致了不幸的後果。設計全新的 14 英寸口徑炮的 4 聯裝炮塔，耗費了大量時間。工作剛開始不久，海軍部便決定將重疊於艦首的第 3 座炮塔改為雙聯裝炮塔。結果，數千件複雜的機械部件需要重新設計。這個計畫的更改使得「英王喬治五世」號和「威爾斯親王」號的完工至少推遲了 1 年。此外，我們的新艦火炮數量減至 10 門，使得我之前認為其舷炮齊射時後坐用力不如 16 英寸口徑炮的觀點更具說服力。在此時，美國人成功解決了在 35,000 噸艦體上裝配 3 座 3 聯裝 16 英寸口徑炮塔的問題。法國和德國則採用了 15 英寸口徑炮，法國在 2 座 4 聯裝炮塔上裝 8 門炮，德國在 4 座雙聯裝炮塔上裝 8 門炮。德國人和日本人一樣，並未遵守條約限制，「俾斯麥」號的排水量超過了 45,000 噸，進而具備了一切優勢。唯有我們，在多年後才決定建造 5 艘與海軍命脈和制海權緊密相關的戰鬥艦，結果卻從 16 英寸口徑退回到 14 英寸口徑，而其

他國家則加大了口徑。因此，我們建造的幾艘軍艦，每艘都耗費了5年時間才能完成，且未能達到其應有的更大火力。

1938年6月15日，第一海務大臣帶我前往波特蘭，參觀「潛艇探測器」。這種裝置用於偵測水下潛艇，透過發射聲波進入水中，當聲波撞擊到鋼鐵結構時，便會反射回聲。根據這些回聲可以準確測定潛艇的位置。在第一次世界大戰結束時，這項新技術才剛剛出現。

我們在旗艦上度過了一晚，與海軍總司令富比士爵士進行了深入的交談。次日的整個上午，我們都在反潛艇學校度過，他們為我提供了近4個小時的詳細講解，我獲得了極為詳盡的報告。隨後，我們乘驅逐艦出海，當天下午和晚上，他們為我安排了一次極具趣味的演習。幾艘潛艇分布在附近海域。我站在配有「潛艇探測器」的驅逐艦的艦橋上，另一艘驅逐艦約在半英里外，二者始終保持連繫，我目睹並聆聽了整個過程。這是海軍部的珍貴成果，是他們專注鑽研了一段時間的結晶。此前，我常常批評他們的政策。但這次，我無疑與他們一樣，對他們的成就給予了過高的評價，一時忘卻了海洋的遼闊無邊。然而，在這20年中，若沒有每年投入大量資金，僱用並訓練數以千計的技術熟練官兵進行研究，哪怕成果微不足道，那麼在應對德國潛艇的問題上（後來事實證明是個極為嚴峻的問題），我們或許只能面臨失敗。

我在致查特菲爾德的信中提到：

我經常回憶起你邀請我參觀的那些情形，我堅信國家應該感謝海軍部及其負責人，我相信他們多年來忠誠地投入工作，使我們能夠避開最嚴重的危險之一。

令我訝異的是，「潛艇探測器」發出的訊號清晰且強而有力。我原本以為它的指示會是模糊不清的，未曾料到竟能如此準確地偵測到潛水艇。這種方法和成就是令人驚嘆的。

第九章　空中和海上的問題

「潛艇探測器」本身並未直接征服潛艇,然而缺少它,潛艇更無法實現被征服。

第十章
制裁義大利

■ 西元 1935 年

　　世界和平再度遭受重創。繼英國失去空中優勢之後，義大利也倒向德國。這兩件事的結合，使得希特勒得以沿著他早已決定的惡毒路線推進。我們曾見證墨索里尼在維護奧地利獨立時的貢獻，這對中歐與東南歐意義重大。如今，他卻加入了對立陣營。納粹德國不再孤立。第一次世界大戰的主要協約國之一迅速與其合作。安全的天秤如此傾斜，我感到極為不安。

　　墨索里尼對衣索比亞的野心背離了 20 世紀的道德標準。這種野心屬於過去的黑暗時代，那時白人自認為有權征服黃種人、棕種人、黑種人或紅種人，以其優越的力量和武器壓制他們。在當今的文明社會，人們所犯下的罪行和暴行即使是過去的野蠻人也不敢嘗試的，甚至是他們無法做到的，這種行為不僅是落伍的，而且不可饒恕。更何況，衣索比亞是國際聯盟的成員國。奇怪的是，1932 年主張衣索比亞加入國際聯盟的正是義大利，而當時反對的卻是英國。那時候英國認為衣索比亞的政府性質，以及該地區盛行的暴君統治、奴隸制度和頻繁的部落戰爭等，與國際聯盟的會員資格不符。然而，義大利堅持其立場，最終衣索比亞成為國際聯盟的成員國，享有國際聯盟賦予的一切權利和安全保障。衣索比亞問題確實是考驗這個世界政府機構是否能滿足所有善良之人對其期望的一道課題。

第十章　制裁義大利

　　義大利的獨裁者並不僅僅受領土擴張的欲望驅動。他的政權和安全依賴於威望的維持。40年前，義大利在阿杜瓦遭遇的慘敗，不僅導致一整支義大利軍隊被消滅或俘虜，成為全球的笑柄，令所有義大利人痛心不已。他們目睹英國人在數年後如何雪洗喀土穆和馬祖巴的恥辱。在義大利，報復阿杜瓦的失敗，就像法國收復阿爾薩斯和洛林一樣，極具振奮人心的作用。墨索里尼希望能在不冒巨大風險、不付出高昂代價的狀況下，就可以輕鬆鞏固他的權力，或如他所想的那樣，提升義大利在歐洲的地位，唯一的辦法似乎就是洗雪幾10年前的恥辱，並將衣索比亞併入新建的義大利帝國版圖。但實際上，所有這些想法都是錯誤和卑劣的，但嘗試理解他國的觀點不失為一種智慧成長的機會，因此或許可以記錄這些想法。

　　當我意識到抵抗納粹德國重整軍備的可怕鬥爭正不可阻擋地迅速逼近時，我確實不願看到義大利與我們疏遠，甚至加入對立陣營。毫無疑問，在這個關鍵時刻，若國際聯盟的成員國對另一個成員國的攻擊未受到譴責，這將很快就摧毀國聯作為各國聯合力量的基石，而只有這種團結的基礎存在，才能夠制衡快速復興中的德國力量以及可怕的希特勒所帶來的威脅。故從維護國聯尊嚴中獲得的益處，很可能超過義大利所能提供、保留或割讓的利益。因此，假如國際聯盟準備動用成員國的聯合力量來抵制墨索里尼的政策，我們便有義務真誠地貢獻出自己的一份力量。然而，從各方面來看，英國似乎沒有義務擔任領頭者。面對德國的重新武裝，英國必須考慮到因失去空中優勢而造成的弱點，且更需考慮法國的軍事地位。這其中有一件事是顯而易見且確定的：如果英國擔當領導角色，就不能採取姑息政策，因為姑息對國際聯盟毫無用處，而對英國則極其有害。如果我們認為與墨索里尼的義大利決裂對於維護歐洲的法律和安寧是正當且必要的，那麼我們就必須將其擊敗。擊敗這個較小的獨裁者，或許可以聯合並發揮所有仍具壓倒性優勢的力量，進而使我們能夠遏止那個更大的獨裁

者，防止德國引發第二次戰爭。

這些局勢觀察的感觸，便是本章敘述的前奏。

自斯特雷薩會議以來，墨索里尼對衣索比亞的征服企圖愈加明顯。英國輿論顯然反對義大利的侵略行徑。在我們之中，那些認為希特勒的德國不僅威脅和平還危及人類生存的人，對於被視為一等強國的義大利竟倒向敵對陣營感到憂慮。我記得在一次宴會上，出席者包括羅伯特·范西塔特爵士和達夫·庫珀先生，庫珀當時只是次長。在這次聚會上，人們已經明顯預料到歐洲力量產生平衡轉變的氛圍。有人提出計畫，讓我們當中幾位去見墨索里尼，向他說明如果發動侵略，在英國將導致極為嚴重的後果。此事後來不了了之，但即便成行了也未必能奏效。墨索里尼如同希特勒，認為此時的英國是個被嚇倒、精神萎靡的老婦，即便在最壞情況下，也只是虛張聲勢，根本無力發動戰爭。他的好友勞埃德勳爵注意到，當1933年牛津大學學生發表拒絕「為國王和祖國而戰」的喬德決議時，對他產生了多麼深刻的印象。

1935年7月11日，我在議會中表達了我的擔憂：

我們似乎已經給人留下了這樣的印象：我們像是一隻掛著鈴鐺的羊或是一位引領者，正在引導歐洲輿論，反對義大利對衣索比亞的野心。甚至有人建議我們採取單獨行動。我聽到外交大臣表示，這種說法並無依據，這讓我感到安心。我們必須履行我們的責任，但必須在其他國家都認可的基礎上採取集體行動。我們並沒有強大到可以成為全球的立法者和代言人。我們要履行我們的責任，但在這些問題上，我們不能被要求承擔超出我們責任的事情……

目前，英、義兩國之間的悠久友誼正被一片陰霾籠罩；我認為，這片陰霾很難消散，儘管人人都盼望它能消散。兩國之間有著深厚的交情，而我們不應忽視一件鮮為人知的事實：在上個世紀，義大利加入三國同盟

第十章　制裁義大利

時，特別要求在條約中註明，無論任何情況，同盟條約的義務不得導致與英國的武裝衝突。

1935年8月，外交大臣邀請我和反對黨領袖分別到外交部會面。關於這些磋商的內容，政府已公開披露。霍爾爵士告訴我，義大利對衣索比亞的侵略引發了日益嚴重的憂慮，並詢問我應如何準備應對。在答覆之前，我想更深入地了解由兩位大臣領導的外交部內部的個人立場和觀點，於是詢問艾登的看法。霍爾說：「我去叫他來。」幾分鐘後，艾登帶著微笑出現，態度非常友好。我們進行了愉快的對話。我表示，外交大臣可以透過能夠團結法國的方式，與國際聯盟共同反對義大利。然而，我補充道，他不應對法國施加壓力，因為法國與義大利有軍事條約，並且還需應付德國的威脅；在這種情況下，我不認為法國會採取過激行動。接著，我談到了布倫納山口的義大利軍隊，以及法國南部未設防的防線和其他軍事局勢。

就正常狀況來說，我強烈建議各位大臣避免讓英國充當先鋒，並謹慎避免過於顯眼地走在前列。我之所以這樣建議，顯然是因為德國的威脅以及英國國防力量的削弱讓我感到憂慮。

1935年初，有人發起了一次和平投票，以支持集體安全和國際聯盟盟約。此計畫獲得國際聯盟協會的讚揚，但主要由工黨和自由黨支持的組織推動。提問如下：

和平投票

一、英國是否應繼續作為國際聯盟的成員國？

二、您是否支持透過國際協定來實現全面裁軍？

三、你是否支持透過國際協定全面廢除各國的陸軍和海軍航空兵部隊？

四、國際條約是否應當禁止以私人利益為目的的武器生產及其交易？

五、若有一國堅持攻擊另一國，你認為其他國家是否應聯合採取：

（一）經濟及非軍事手段，或

（二）在必要時動用軍事手段，以迫使其停止侵略？

6月27日公布投票結果：超過1,100萬人表示支持。起初，各部大臣似乎對和平投票有所誤解，其名稱掩蓋了它的真實意圖。它明顯地將裁軍與抵抗侵略這兩個對立命題結合在一起。許多人誤以為這是一部分的和平運動。事實上，恰恰相反，第五個問題提出了積極且勇敢的政策，如在此時實施，定能獲得全國大多數人的支持。塞西爾勳爵及國際聯盟協會的其他領袖在問題提出時，如事實不久後所證實，願意且決心為正義而戰，前提是所有必要行動由國際聯盟倡導。在接下來的幾個月中，他們對事實的判斷發生了顯著變化。實際上，整整一年中，我努力使他們在我稱之為「武力與國際聯盟約並重」的政策上與我達成共識。

整個夏天，義大利的軍艦頻繁穿越蘇伊士運河，大批軍隊和軍需物資被集中在衣索比亞東部邊境。一次在外交部的談話後，突然發生了一件令我意外的怪事。1935年8月24日，內閣決定並宣布，英國將履行條約和國聯盟約的義務。這使得地中海局勢立刻緊張起來。由於外交大臣最近曾徵詢過我的意見，我覺得有必要請他詳細說明海軍的狀況。

邱吉爾先生致霍爾爵士

1935年8月25日

我堅信你會特別小心，以避免外交事務超前海軍部署所導致的重大失誤。我們在1914年時已發現這個問題。

我們的艦隊位置如何？情況是否良好？它們的實力是否足夠強大？是否能夠迅速全面地集結？它們是否安全？是否已經收到了警戒通知？切勿

第十章　制裁義大利

遺忘，你正在面對一個可能不顧一切行事的獨裁者所施加的極大壓力。他很可能以小人之心度君子之腹。在接下來的2週內，他可能會認為你有超出當前內閣預料的計畫。當你討論明確而理智的政策時，他可能會採取武力行動；最好不要在他的路徑上設置誘惑物。

我在報紙上讀到，地中海艦隊正從馬爾他出發，前往勒旺島。考慮到艦隊的安全，離開馬爾他顯然是個明智的決定，因為我知道馬爾他缺乏防空設施。駐紮在亞歷山大港等地的地中海艦隊，根據統計資料（這是我們唯一的依據），在實力上遠遜於義大利海軍。今天，我花了一些時間研究大戰以來兩國在巡洋艦和驅逐艦建造方面的情況。我認為，就現代化巡洋艦和驅逐艦而言，我們的力量甚至不到義大利的一半，更不用提現代化潛艇了。因此，目前必須向海軍部提出的關鍵問題是英國在勒旺島艦隊的狀況。它很可能使我們面臨慘敗。它是否具有足夠的自衛能力？如果需要大西洋艦隊和本土艦隊支援，還必須航行超過3,000英里。在這些艦隊抵達之前，恐怕已經發生許多變故。我不懷疑，也不敢懷疑，海軍部對這種部署是否經過深思熟慮。我希望你能得到他們對這些問題的滿意答覆。

此前，我聽聞有人討論一項計畫：若與義大利爆發戰爭，則將艦隊撤出地中海，僅保衛直布羅陀海峽和紅海。如今，派遣地中海艦隊前往勒旺島，似乎正是該政策的一環。若此為真，我希望此計畫經過深思熟慮。若我們與義大利進入戰爭或半戰爭狀態，而放棄地中海，我們將無力阻止墨索里尼在埃及大舉登陸並奪取蘇伊士運河。唯有法國具備這種力量。若果真如此，海軍部能否確保法國會堅定支持呢？

喬治·勞埃德如今與我看法一致，他意識到局勢嚴重，認為我應將此信轉交給你。我並不期望你提供詳盡的答覆；只希望海軍部的安排確實令你滿意。

外交大臣於1935年8月27日的回應：

你所提出的所有問題，已經並正在進行認真探討，請你放心。你提到

的各種危險，我已全部注意到，我會盡力留心，絕不疏忽。如果你覺得有必要提出建議或警告，請毫不猶豫告訴我。對於這樣的危險局勢，你和其他人一樣了解，目前英國防務的狀況，至少在政府局外人士中，你也和別人一樣熟悉。

艾登先生擔任國際聯盟事務大臣，其地位幾乎與外交大臣相當。他已在日內瓦待了數週。他在此地召集了一次國際聯盟大會，討論針對義大利若侵犯衣索比亞的「制裁」政策。艾登由於被委任此一職務及其性質，使他將關注的重點傾向於衣索比亞問題，而對其他問題關注減少。「制裁」指的是切斷對義大利的所有財政和經濟支持，並將這些支持轉向衣索比亞。對於義大利這樣的國家，一旦開戰，義大利許多必要物資需依賴進口，因此這種制裁對其構成了極大的威懾。艾登的熱情、發言及其提出的原則主導了此次會議。1935年9月11日，外交大臣霍爾爵士抵達日內瓦，並在會上發表演說：

我必須重申，我所代表的政府堅定支持國際聯盟，以及英國人民對集體安全的高度關注。國際聯盟盟約中的理念，尤其是渴望在國際事務中確立法治的決心，已經融入我們的民族良知。英國明確表示，忠誠的對象不是其他任何特定的宣告，而是國際聯盟的基本原則。若非如此，不僅低估了我們的誠信，也玷汙了我們的真誠。國際聯盟為了履行其明確且鮮明的責任，對集體維護盟約的完整性，尤其是對任何無端挑釁的侵略行為之集體反對，給予堅定的支持。而我們英國始終堅定地與國際聯盟並肩同行。

儘管德國的局勢讓我感到極度不安，而英國政府對事件的處理也令我失望，但我始終無法忘懷在里維埃拉陽光下閱讀演說內容時的感動。那篇演說激勵了每一個人，震撼了整個美國。它也在英國聯合了那些勇於倡導正義與實力並重的各派力量。這至少是一種方針。倘若演說者當時意識到他所掌控的力量會如此巨大，恐怕他早已主導全球局勢。

第十章　制裁義大利

這個宣告的巨大效力源於英國海軍的支持；以往對人類進步和自由產生重大影響的許多事業也是如此。國際聯盟似乎是首次也可能是唯一一次擁有一種持久的武器。這便是國際警察的力量，憑藉其至高無上的權威，實施外交與經濟方面的各種壓力或勸說。

1935年9月12日，即這篇演說發表的次日，「胡德」號和「聲威」號戰鬥巡洋艦，以及第2巡洋艦隊和1支驅逐艦隊一同前往直布羅陀。各界普遍認為英國將以行動支持其言論。在國內，這個政策和行動立刻獲得了強而有力的支持。人們有理由相信，英國海軍部對於在地中海所需的艦艇數量必定經過深思熟慮的籌劃，否則不會發表這個宣告，也不會調遣艦隊。

9月底，我在一個具影響力的正統派團體——卡爾頓俱樂部發表了演說。我希望向墨索里尼發出警示。我確信他會看到我的演講稿。我說道：

違背全球的普遍善意，且未掌握制海權，卻派遣一支由25萬名義大利精銳組成的軍隊遠赴2,000英里之外的荒涼海岸。在此情勢下，可能的狀況是展開一連串的戰役，進攻一個民族，而在過去4千年中從未有征服者認為該地區值得征服，這實在是歷史上以國家命運為賭注的空前冒險之舉。

奧斯汀·張伯倫致信於我，表示對我演講的贊同。在回信中，我寫道：

1935年10月1日

我很高興你支持我在衣索比亞問題上的立場，但這個問題讓我感到不安。擊敗義大利將是可怕的行動，代價不菲。多年來，我們一直在請求法國與義大利和解，而現在卻迫使法國在義大利和我們之間做出選擇，這真是奇怪的局面。我認為我們不應該用這種激烈的方式來領導世界。如果我們對這個問題確實有如此強烈的反感，那我們2個月前就應警告墨索里尼。更明智的做法是在初夏時逐漸增強地中海艦隊的實力，以讓他意識到

問題的嚴重性。現在，他會採取什麼步驟呢？如果（在衣索比亞的）戰爭爆發，我預料大眾情緒會大幅高漲。

在1935年10月期間，墨索里尼並未因英國海軍遲來的調動而退縮，反而命令義大利軍隊進攻衣索比亞。10日那天，在國際聯盟的大會上，各主權國家以50比1的票數通過了一項決議，決定對義大利實施集體制裁，並成立一個由18人組成的委員會，繼續為和平解決問題而努力。在此背景下，墨索里尼發表了一項相當尖銳且明確的宣告，他沒有說「義大利將透過戰爭來應對制裁」，而是表示，「義大利將透過紀律、節儉和犧牲來應對制裁」。然而，他同時暗示，他無法容忍任何對其入侵衣索比亞行動的制裁干涉。如果他的事業受到威脅，他將與任何阻擋他的人作戰。他說：「50個國家！50個國家，領頭的僅是一個國家！」這就是英國解散議會並根據憲法舉行大選前幾週的局勢。

衣索比亞的流血事件、對法西斯主義的普遍憎恨，以及國際聯盟提出的制裁，均在英國工黨內部引發了騷動。工會成員，尤其是著名的歐內斯特·貝文先生，在性格上並非和平主義者。堅定的工人階級紛紛表達對義大利獨裁者開戰的強烈意願，要求實施決定性的制裁，必要時動用英國艦隊。他們在激動的集會上發表了激烈而粗暴的演講。貝文先生曾抱怨道：「用馬車搬運蘭斯伯里的良心，從一個會議到另一個會議，實在讓我極為厭煩。」議會中許多工黨成員持有工會的情緒。在更廣泛的層面上，國際聯盟協會的所有領導人都認為他們必須維護國際聯盟的目標。問題涉及到他們和平投票的第五條。這裡有一些原則，如果遵循這些原則，即使是終生支持人道主義的人，也必須準備上戰場，而如果要上戰場，也就需要去殺人。10月8日，蘭斯伯里先生辭去議會工黨領袖職務，由曾屢立戰功的艾德禮少校接任。

然而，此次全國範圍的覺醒與鮑德溫先生的觀點和計畫並不一致。選

第十章　制裁義大利

舉結束數月後，我才逐漸理解「制裁」背後的原則。首相曾表示，制裁等同於戰爭；其次，他決心不再發動戰爭；最後，他決定採用制裁策略。這三者顯然無法調和。在英國的領導和賴伐爾的施壓下，負責制定制裁方案的國際聯盟委員會排除了所有可能引發戰爭的因素。大量商品，包括某些軍用物資，被禁止運入義大利，一份詳盡的禁運清單被擬定。然而，作戰所需的汽油卻毫無阻礙地持續運入義大利，因為眾所周知，禁運汽油意味著戰爭。美國雖非國際聯盟成員，但作為主要石油供應國，其態度雖和善卻不明確。此外，停止向義大利運輸汽油必然也意味著停止向德國運輸。向義大利運輸鋁礦是嚴格禁止的，但鋁礦是義大利少數自給有餘的金屬資源。至於廢鐵和鐵礦的輸入，則出於公眾正義被堅決否決，但由於義大利的冶金工業對這些資源需求有限，而鋼板和生鐵不受限制，這個規定對義大利影響不大。因此，這些看似聲勢浩大的措施，並非能使侵略國癱瘓的真正制裁，而是讓侵略國可以忍受的半吊子的制裁，實際上卻挑動了義大利的戰爭神經。國際聯盟對衣索比亞的援助，原則上不會妨礙義大利的侵略行動。在英國大選時，大眾不知道這些事實，真誠支持制裁政策，認為這是制止義大利侵略衣索比亞的可靠途徑。

　　英王陛下政府從未考慮過動用艦隊。曾有各種流言四起，稱義大利的決死俯衝轟炸機將直撲我們的軍艦甲板，將其炸成碎片。駐紮在亞歷山大港的英國艦隊已得到增強，只需擺開陣勢，便能迫使義大利運輸船從蘇伊士運河撤退，但這樣最終恐怕會挑戰義大利海軍。有人聲稱我們的力量不足以對抗這個敵人。最初我就提出了這個問題，但他人讓我放心。我們的戰鬥艦固然陳舊，而且缺乏飛機掩護，高射炮彈藥也不足。然而，傳言海軍司令因有人質疑其艦隊的戰鬥能力而感到憤怒。顯然，英王陛下政府在首次決定反對義大利的侵略行動之前，已經對所採取的策略進行了詳細研究，並下定了決心。

按照我們現有的理解來看，當時如果採取果斷措施，定能切斷義大利與衣索比亞的連繫，並且在隨後的海戰中，我們也有很大勝算。我向來反對英國採取單邊行動，但既然已經走到這一步，若倒退，其後果將十分嚴重。墨索里尼不敢和一個堅定的英國政府對抗，幾乎全世界都反對他，若他孤身與英國交戰，無異於孤注一擲，因為地中海的海戰可能一開始便是決定性的考驗。義大利如何能打這場戰爭呢？除了在現代輕型巡洋艦上略微占優，其海軍規模僅為英國的四分之一。那支號稱百萬的龐大新徵軍隊，實際上無法作戰。其空軍，無論在數量還是品質上，都遠遜於我們規模不大的空軍。一旦開戰，義大利立刻會被封鎖。在衣索比亞的義大利陸軍將面臨補給和彈藥的短缺。德國此時無法提供有效援助。為了光明正大的目的，可以冒最小的風險給予對方致命一擊，若世上有此機會，便是此時此地。英國政府的勇氣未能與局勢相匹配，這個事實只能用他們對和平的熱愛來解釋。實際上，英國政府對局勢向更可怕的戰爭方向發展產生了推動作用。墨索里尼虛張聲勢的恐嚇居然奏效，從這個談判的過程中，一個極為重要的旁觀者得出了關鍵結論——希特勒早已決意透過戰爭為德國擴張領土，現在他認為大不列顛已然衰落，隨後英國雖嘗試奮起，但對和平及阻止希特勒侵略來說，已為時過晚。在日本，也有深思的旁觀者。

　　一方面，英國逐步凝聚力量以應對當前緊迫的挑戰，另一方面，正在進行的大選卻引發了各政黨間的對立，這兩種相反的狀態同時發展。此情況對於鮑德溫先生及其支持者極為有利。政府在大選中發表的宣言中指出：「國際聯盟一如既往地是英國外交政策的基石。防止戰爭和促進世界和平始終是英國人民的核心利益。國際聯盟正是為實現這些目標而設立的工具，我們依賴它來達成上述目標。因此，我們將繼續竭盡全力維護國際聯盟，保持並提升其效能。儘管當前義大利與衣索比亞之間發生不幸的爭端，但我們一貫的政策不會因此而改變。」

第十章　制裁義大利

另一方面，工黨內部卻爆發了嚴重的分裂。儘管大多數成員傾向於和平主義，但由於貝文先生的積極活動，他贏得了工黨基層的廣泛支持。因此，工黨的正式領導層試圖使各方滿意，提出了2條相互矛盾的路線：一方面，他們要求對義大利獨裁者採取果斷行動；另一方面，他們又譴責重整軍備的政策。於是，1935年10月22日，艾德禮先生在下議院發言時表示：「我們需要有效的制裁，並且要有效地執行。我們支持經濟制裁。我們支持國際聯盟體制。」然而，在同一場演說中，他又提到：「我們不認為囤積大量武器能帶來安全。我們不相信現在有所謂的國防。我們認為，應該繼續裁減軍備，而不是增加武器。」在選舉期間，雙方通常都沒有什麼值得自豪的表現。首相本人當然意識到政府的外交政策得到了越來越強大的支持。然而，不論如何，他已決定在任何情況下都不捲入戰爭。作為一個旁觀者，我認為他急於獲得盡可能多的支持，並在有限的範圍內開始重整軍備。

正當墨索里尼著手進攻衣索比亞並轟炸阿杜瓦之際，英國保守黨在伯恩默思召開大會。面對如此局勢，且臨近大選，我們作為同一政黨的成員，應團結一致。

我全力支持一項全票通過的決議，那就是：

（1）矯正帝國國防力量的重大不足，首先要重塑我們的工業，使其在必要時能迅速轉型為國防工業。

（2）為使英國空軍實力與可抵達中英國海岸的最強外國空軍的攻擊力量相匹敵而進行新的努力。

（3）重組英國艦隊，增強皇家海軍的實力，以保障糧食及生活必需品的供給，並維護大不列顛帝國的完整性。

近年來，我一直對回任官職心生厭倦，且對政府的印度政策持反對態度。然而，隨著國會已經通過即將在數年後實施的印度法案，這個不願從

政的障礙也已經排除。德國的威脅日益加劇，讓我渴望投身於英國軍事機構的運作。我敏銳地感覺到即將發生的事態。惶恐不安的法國和膽怯而熱愛和平的英國，必將很快面對歐洲獨裁者的挑戰。我對工黨態度的轉變表示深切同情，這為建立一個真正的全國團結政府提供了契機。眾所周知，海軍部存在空缺職位，如果保守黨重新上臺，我十分希望能夠擔任這個職務。當然，我非常清楚，鮑德溫先生的幾個主要同僚並不願意我加入政府。我代表一種眾所周知的政策，無論在朝在野，都會全力以赴地推動。如果他們可以排除我，他們必然會感到高興。然而，這在一定程度上還取決於他們是否能保持多數席位。

在大選期間，首相著重強調了重整軍備的必要性，尤其在發言中詳細指出英國海軍存在的不足。然而，在制裁和軍備重整計畫已達成所有近期目標後，他急於安撫國內的和平主義者，以消除他們因其關於海軍訴求而可能產生的恐懼。1935年10月1日，即選舉前兩週，他在倫敦市政廳對和平協會發表演講，承諾道：「我向你們保證，未來不會有大規模軍備。」儘管政府掌握了德國積極備戰的情報，他仍然做出這樣的承諾，確實顯得奇特。因此，首相不僅贏得了支持國家做好未來防禦準備選民的選票，也獲得了相信和平讚美能維持和平選民的支持。

在埃平選區，我針對重整軍備的必要性以及實施嚴格且真實的制裁政策展開了激烈辯論。通常情況下，我支持政府，儘管我對政府的做法不斷提出批評，這令保守黨內的許多朋友不滿。然而，投票結果顯示，我以壓倒性的多數當選。在投票結果宣布時，我認為堅持自己的立場是合情合理的。我說：「鑑於我發表的各次演說，我從你們的投票中感受到，你們希望我以議員身分運用獨立判斷，並希望我按照英國議會最崇高的傳統，自由且無畏地表達基於我知識和經驗的見解。」大選結果是鮑德溫先生獲得勝利。他獲得的票數比其他政黨總和多出247票，並在任職5年後，獲得

第十章　制裁義大利

了大戰結束以來任何首相無法比擬的個人權力。他憑藉嫻熟且幸運的策略應對國內政治，並因其聲望而廣受尊敬，這使他再次贏得信任投票，使那些在印度問題或國防疏忽上反對他的人顯得愚蠢可笑。這個在英國歷史上最不祥且充滿錯誤和缺點的政府，卻受到全國民眾的歡呼。然而，這筆帳終究還是要償還的，新下議院幾乎花了 10 年才將其清償。

當時坊間廣泛流傳我將加入政府，出任海軍大臣。然而，鮑德溫先生的勝利一經宣布，他便急於透過總部宣告，他無意邀請我加入政府。他藉此方式償還了他在大選前幾天向和平主義者代表所欠的債務。當時，報紙對我未被邀入政府一事大加嘲諷。然而，現在看來，我是何等幸運。幾位肉眼無法察覺的天使在我上方庇護著我。

此外，我還有其他令人愉悅的安慰。我不等議會召開，便攜帶畫箱前往溫暖的地區旅行。

鮑德溫先生勝利後，面臨一樁令他頗為棘手的事件。為清晰敘述此事，我們暫且不拘泥於時間順序。他的外交大臣霍爾爵士，在一次難得的溜冰假期中途經巴黎前往瑞士。在巴黎，他與仍擔任法國外交部長的賴伐爾先生會晤，最終在 1935 年 12 月 9 日締結了霍爾 - 賴伐爾協定。現在，看看這個著名事件的背景也是頗有意義的。

英國被視為領導國際聯盟對抗墨索里尼在衣索比亞的法西斯侵略，這個觀念極大地激發了全國的情緒。然而，選舉結果揭曉後，大臣們意識到他們已獲得多數席位，可以繼續執政 5 年，這使他們不得不面對許多棘手問題。問題的根源在於鮑德溫先生所宣稱的「戰爭絕不會發生」和「不會進行大量軍備」。這位傑出的黨務經理人以領導世界反對侵略的名義贏得了選舉，隨後又極力倡導必須不惜代價維護和平。

此外，外交部傳來一股強大的動盪。范西塔特勛爵始終密切關注著希特勒的威脅。在這一點上，他與我志同道合。而今，英國的政策已將墨索

里尼推向對立面，德國不再孤立無援。歐洲四大強國的格局從先前的 3 對 1，演變為 2 對 2。這種國家事務的顯著惡化，使法國倍感憂慮。法國政府早在 1 月間便與義大利締結了協定，隨後又簽署了軍事條約。據信，這項軍事條約可使法國得以從法、義邊界調出 18 個師至與德國接壤的邊境。賴伐爾先生在與義大利的談判中，明確地向墨索里尼表明，法國絕不會主動干涉衣索比亞可能發生的任何事件。法國人有充分理由與英國大臣們爭論。首先，數年來我們一直要求他們削減關係到他們生存的陸軍；其次，英國因領導國際聯盟反對墨索里尼而大受歡迎，並因此贏得選舉勝利，而在民主國家中，選舉至關重要；再次，我們曾締結一個被認為對我們本身十分有利的海軍協定，據稱該協定使我們在海上除了潛艇戰以外已相當安全，可以放心。

那麼法國的戰線狀況如何呢？它應如何部署以抵禦不斷增強的德國軍力？若戰爭爆發，在最初的 6 個月內，英國能派遣的軍隊僅有兩個師，而且還附帶諸多條件，故而他們不應多言。此刻，英國政府出於戰鬥、道德及對世界的熾熱情感，「由 1 個國家領導著 50 個國家」，正與義大利結下不共戴天的仇恨。法國面臨諸多憂慮，只有最愚蠢之人才會對此漠然置之，而在每個國家中這種人並不少見。假若英國動用其海軍力量封鎖蘇伊士運河，並在全面戰爭中擊敗義大利海軍，那麼或許它就有資格在歐洲指手畫腳。然而，事實恰恰相反，英國明確表示，無論發生何事，絕不為衣索比亞而戰。正直的鮑德溫先生：在選區中贏得選票；獲得可靠的執政多數，使其能再度執政 5 年；做出義憤填膺的姿態，但絕不要戰爭，不要戰爭！因此，法國人強烈地意識到，他們不能因英國突然爆發的反義大利情緒而永久與義大利疏遠。何況，他們還記得英國曾在地中海屈服於義大利海軍的挑戰，並且如果法國遭到德國侵犯，英國最初能派出的軍隊最多不過兩個師。在此時，賴伐爾先生的立場自然不難理解。

第十章　制裁義大利

到 1935 年 12 月，一個新的議題浮現。有人私下談論，稱墨索里尼正承受制裁的巨大壓力，並且在一個由 50 個國家領導的聯盟嚴峻威脅下，可能會在衣索比亞事件上妥協。儘管毒氣戰爭對落後的衣索比亞極為有效，但無疑不會提升義大利在國際上的聲譽。衣索比亞人正在被擊敗。據說他們不打算做出重大讓步或割讓大片土地。如果滿足義大利的侵略要求，同時讓衣索比亞保留其帝國五分之四的領土，是否就能實現和平呢？外交大臣途經巴黎時，范西塔特也正好在巴黎，因此參與了此事。但切勿對范西塔特產生誤解；他始終心繫德國的威脅。他希望英、法兩國能夠為應付這一主要威脅建立最強而有力的聯盟，同時讓義大利在他們背後成為朋友，而非敵人。

然而，英國民族偶爾會掀起聖戰激情的高潮。世上沒有任何一國比英國更不會為某種理念或主義而戰，因為它深知從這樣的衝突中絕無實際利益可得。在日內瓦，鮑德溫先生及其大臣們因反對墨索里尼，已使英國的地位大為提升。他們已經邁出了一大步，唯有繼續前進方能在歷史面前獲得救贖。除非他們打算以行動支持其言辭與姿態，否則不如仿效美國，袖手旁觀，靜觀其變。這是一個可供討論的方案，但並非他們所採取的策略。他們已經向千百萬民眾發出呼籲，而這些歷來對政治冷漠且未武裝的民眾給予的回應卻是壓倒一切的聲音，他們高呼：「是的，我們必須為反對邪惡起而行，我們現在就要行動，請給我們武器！」

新一屆的下議院充滿活力。鑑於未來 10 年所面臨的各種挑戰，它必須如此。因此，正當議員們因選舉結果而喜出望外時，他們卻被霍爾爵士與賴伐爾先生在衣索比亞問題上達成協定的消息震驚不已。這場危機差點斷送了鮑德溫先生的政治生涯。它深刻地動搖了議會和整個國家。短短一夜之間，鮑德溫先生從被公認的全國領袖巔峰幾乎跌落到被人譏諷和鄙視的谷底。在這段時期，他在議會中的地位顯得非常可憐。他從未理解為何

人民會為這些煩人的外交問題而憂慮。他們已經有一個擁有多數席位的保守黨，且沒有戰爭。他們還能要求什麼呢？然而，有經驗的領航員已經感受並預測到這場風暴的全部威力。

1935年12月9日，內閣批准了霍爾-賴伐爾計畫，該計畫目的在讓義大利與衣索比亞皇帝共同瓜分衣索比亞的領土。13日，霍爾-賴伐爾建議的全文被提交給國際聯盟。18日，內閣放棄了霍爾-賴伐爾建議，隨後霍爾爵士提出辭職。在19日的辯論中，鮑德溫先生表示：

> 我認為這些提議過於極端。對於人們在這個問題上表現出的情緒，我並不感到意外。然而，我未曾預料到的是，英國人民對我稱之為良知與榮譽的根基擁有如此深厚的情感。每當我遭遇這種情況時，我就意識到某種能夠深刻激發英國公民情感的事件已經發生，並在他們內心深處引發了共鳴，促使他們發表看法。我重新審視自己所做的一切，感到……這些提議不可能獲得英國人民的支持，即便是作為談判的基礎也不行。現在，顯而易見，這些提議已經完全地、徹底地被否定了。本政府顯然不打算將其復活。如果出現什麼風暴，而我又確信自己的立場是正確的，我寧願讓風暴來襲擊我，結果可能是毫髮無損，也可能是被擊倒。如果我在自我反省後發現風暴中有任何跡象表明我曾經做過不明智或錯誤的事情，我將會向它低頭。

下議院接受了該項申辯，危機得以化解。艾登從日內瓦回國後，首相邀請他前往唐寧街10號，共同商討霍爾辭職後的局面。艾登隨即建議由奧斯汀·張伯倫爵士擔任外交大臣，並表示若有必要，他願在奧斯汀的領導下效力。鮑德溫回覆道，他已考慮過此事，且已告知奧斯汀爵士，認為由他掌管外交部並不合適，這或許與奧斯汀的健康狀況欠佳有關。1935年12月22日，艾登正式就任外交大臣。

我和妻子在西班牙的巴塞隆納度過了一個令人興奮的假期。當時，我的一些摯友曾勸我不要回國。他們說，如果我參與這場激烈的衝突，那就

第十章　制裁義大利

是自找麻煩。我們下榻的那家舒適的巴塞隆納旅館，是西班牙左派的聚集地。在我們用餐的那家上等餐廳，經常有成群的青年身穿黑衣，神情激昂地聚會，目光炯炯，討論著即將使數百萬西班牙人陷入死亡危機的政治局勢。回想起來，我覺得自己應該回國。我可能會促使反政府的勢力做出決定並聯合起來，進而結束鮑德溫的統治。或許此時，奧斯汀·張伯倫爵士領導下的政府已經成立。然而，我的朋友們卻警告說：「最好保持距離，如果你回來，民眾會認為你在向政府發起挑戰。」雖然我不喜歡這個建議，但我承認自己目前對當下的英國政局無法有所幫助。於是，我繼續留在巴塞隆納，在陽光下隨意地畫些油畫。後來，林德曼來找我，與我同行。我們乘坐一艘漂亮的汽船，沿著西班牙東岸航行，然後在丹吉爾上岸。在丹吉爾，我遇到了羅瑟米爾勛爵和一群令人感覺愉快的人。他告訴我，勞合·喬治先生在馬拉喀什，那裡的氣候很好。於是我們驅車前往。我在那個迷人的摩洛哥城市沉浸於繪畫樂趣中，直到1936年1月20日，當英王喬治五世突然去世時，我才返回英國。

衣索比亞的抵抗以失敗告終，義大利將整個國家吞併，這在德國輿論中引發了極為深遠的影響。即便是那些原本不支持墨索里尼政策的人，也對義大利在戰爭中表現出的迅速、高效和無情的方式感到震驚。在德國，普遍認為大不列顛已經完全衰落。它與義大利產生了不可化解的仇恨；摧毀了斯特雷薩陣線；在全球失去了威信，這與新德國不斷增長的實力和聲譽形成了鮮明對比。英國駐巴伐利亞的一位代表寫道：「這裡的人們談論英國時所表現出的輕蔑態度給我留下了深刻印象……令人擔憂的是，未來德國在處理西歐問題以及更廣泛的歐洲和全球事務時，與我們談判的態度將會變得強硬。」

1936年5月16日，《慕尼黑新聞》刊登了一篇文章，其中有幾段頗耐人尋味：

英國人傾向於追求一種比我們德國人標準更為舒適的生活方式。這並不是說他們不能進行持久的努力，而是說，只要不影響他們個人和國家的安全，他們總是盡力避免這種努力。他們擁有生產手段和財富，這使得他們與我們大不相同，能夠在大約一個世紀的時間裡自動累積資本。在大戰中，他們起初有些猶豫，但最終展現出驚人的精力。然而，戰後，英國人普遍認為他們應該休息一下。他們全面解除武裝——在民眾生活中甚至比在陸軍和海軍中更為徹底。他們甘願放棄相當於兩大國海軍總和的水準，接受與美國相等的地位。至於陸軍和空軍呢？為了建立地面和空中的防禦力量，英國不僅需要金錢，更需要的是人力，以及為帝國防衛所付出的英國公民的生命。他們的新空軍計畫需要11,000人，但實際上還缺少7,000人。此外，小規模的正規軍也嚴重缺額，缺少約1個師。他們的地方軍（類似於業餘軍人的安息日聖經學校）遠未達到規定的名額，無論如何都不能算作有效的戰鬥力量。不久前，鮑德溫先生親自表示，他無意將募兵制改為徵兵制。

歐洲正面臨一場風暴，這股力量同樣影響著全球。在此情形下，試圖透過猶豫不決來取得成功的策略顯然難以抵擋這股風暴。在英國，幾乎沒有人能從國家利益而非政黨利益的角度出發，對政府的遲疑與模稜兩可表示憤慨，要求其承擔起對帝國在不知不覺中逐漸陷入的危險的責任。英國民眾似乎普遍支持政府所稱的局勢可以逐步改善的觀點，認為透過小規模調整與謹慎策略就能夠恢復平衡……

今日，衣索比亞全境已無可挽回地徹底歸屬義大利。在此情形下，無論日內瓦還是倫敦都堅信，唯有動用特殊力量方能驅逐義大利出衣索比亞，然而我們尚未見到具備此等權力與勇氣的存在。

這些言論無不準確無誤。英王陛下政府曾草率宣稱要捍衛偉大的全球事業，聲稱要引領50個國家向前發展。然而，當鮑德溫先生面對嚴峻現實時，他選擇了退縮。在很長一段時間裡，他們在制定政策時，與其說是

第十章　制裁義大利

基於歐洲局勢的實際情況，不如說是為了迎合國內有影響力的輿論。由於與義大利關係冷淡，他們擾亂了歐洲的均勢，卻對衣索比亞毫無助益。他們讓國際聯盟遭遇了慘痛的失敗，即使沒有對該機構的生命力造成致命打擊，也至少使其受到嚴重損害。

第十一章
希特勒發動攻勢

■ 西元 1936 年

　　1936 年 1 月底，我重返祖國，感受到英國瀰漫著一種新的氛圍。墨索里尼征服衣索比亞所採取的殘酷手段，霍爾 - 賴伐爾談判的影響，國際聯盟的失利，以及「集體安全」的顯著瓦解，這一切不僅使工黨和自由黨的立場發生了變化，還改變了 7 個月前參與「和平投票」的 1,100 萬人所代表善良但無效的公眾意見。所有這些力量如今都準備認真考慮對抗法西斯和納粹暴政的問題。動用武力不再被視為非法的想法，甚至在那些曾以和平主義者自居的許多人心中，逐漸被視為一種決定性的手段，但根據他們的原則，只有在國際聯盟的倡導和批准下才能使用武力。儘管 2 個反對黨仍反對軍備重整的措施，但在相當程度上已經為達成共識打開了大門。若英國政府能順應潮流，或許已經能領導一個團結的民族，以同心協力的精神推動全面的戰備工作。

　　政府固守中庸之策，僅採取消極性的行動，意在求得一時的安穩。他們並未利用國內日益和諧的氛圍，這令我頗為不解。其實，他們本可以藉此機會提升自己的地位，並增強國家的實力。然而，鮑德溫先生對此並無興趣。他迅速衰老，在選舉中大獲全勝，保守黨也在他的掌控之中，因此他感到無憂無慮。

　　一旦希特勒的德國得以重新武裝，而協約國及其他相關國家未能採取

第十一章　希特勒發動攻勢

積極的干涉措施,那麼第二次世界大戰幾乎不可避免。武力決戰的日期往後拖延得越久,我們在第一階段不經過艱苦戰爭就阻止希特勒的可能性,以及在第二階段通過嚴峻考驗取得勝利的機會,都會逐漸減少。1935年夏,德國違背條約恢復徵兵。英國對此表示默許,並且通過另一項協定,允許德國重建海軍,甚至可以按英國的規模建造潛艇。納粹德國祕密且非法地建立了空軍,並於1935年春公開宣稱其空中實力與英國相當。經過長期的祕密準備,德國開始積極製造軍械,如今已是第二個年頭。英國、整個歐洲以及當時看起來遙遠的美國,面對著一個擁有7千萬高效人口的歐洲國家,這個民族以有組織的武力和戰鬥意志為後盾,渴望恢復民族榮光。當他們稍有猶豫時,一個軍事、社會和政治的殘暴政權便驅趕他們向前邁進。

希特勒此時可隨心所欲地行動。他採取的一系列措施,未遭遇歐洲2大自由民主國家的有效抵抗;而在美國,除了目光遠大的總統外,才僅僅開始引起大眾的關注。1935年曾有維持和平的希望,但如今幾乎徹底失敗。墨索里尼在衣索比亞取得勝利,公然對抗國際聯盟,尤其是英國,並獲得成功。他現已經與我們疏遠,並且與希特勒結盟,柏林-羅馬軸心已然成形。事實證明,阻止戰爭或透過類似於戰爭的手段來拖延戰爭的希望已經渺茫。對於英、法兩國而言,除了等待挑戰的到來,只能盡力做好準備。

或許尚有時間建立一種「集體安全」,該安全應建立在各國願意動用武力來執行國際聯盟決議的明確決心之上。各民主國家及其附屬國,無論從現有實力還是潛力來看,都遠比獨裁國家強大,然而與12個月前相比,它們的地位已經被削弱過半。被惰性與懦弱束縛的良好意圖,無法戰勝武裝且堅定的邪惡。對和平的真摯熱愛,絕不能用來辯解將千萬平民捲入全面戰爭的糊塗行為。善意但軟弱的會議中的喝采聲不久將歸於沉寂,

他們的投票結果也將迅速失效。災難正逐漸逼近。

1935 年，德國曾拒絕並破壞西方國家關於東歐羅加諾公約的討論。如今，新的德國宣稱自己是反布爾什維克主義的堡壘，並堅稱絕不可能與蘇聯合作。12 月 18 日，希特勒在柏林對波蘭大使表示，他堅決反對西方與俄國的合作。在此氛圍下，他試圖阻撓和破壞法國與莫斯科直接達成協定的努力。儘管法、蘇條約在 5 月簽署，但雙方均未予以批准。阻止該條約的批准成為德國的首要目標。賴伐爾從柏林方面收到警告，稱如果法國批准條約，法、德關係將不再有進一步接近的可能。隨後，賴伐爾顯然不願堅持條約的批准，但這並未改變事實。

1936 年 1 月，新任法國外長弗朗丹抵達倫敦，參加喬治五世的葬禮。抵達當晚，他在唐寧街與鮑德溫和艾登共進晚餐。他們討論了一旦德國破壞羅加諾條約，英、法兩國將如何應對。當時，法國政府正準備批准法、蘇條約，因此希特勒很可能採取行動。弗朗丹於是向法國內閣和參謀部徵求正式意見。根據他的紀錄，他在 2 月於日內瓦通知艾登，若德國破壞條約，法國的武裝部隊將聽從國聯的指揮。他向艾登建議，希望英國根據羅加諾公約給予支持。

1936 年 2 月 28 日，法國國會批准《法蘇條約》。次日，法國駐柏林大使受命拜會德國政府，詢問關於法、德諒解的廣泛談判可以基於哪些條件展開。希特勒表示需要幾天時間考慮。3 月 7 日上午 10 時，德國外交部長諾伊拉特邀請英、法、比、義四國大使前往威廉街，宣布德國的提議：訂立 25 年協定，在萊茵河兩岸設立非軍事區，簽署限制空軍的條約，並與東、西方鄰國商討互不侵犯條約。

萊茵蘭的「非軍事地帶」是依照凡爾賽條約第 42、43、44 條款設立的。這些條款明確規定，德國不得在萊茵河西岸或東岸 50 公里範圍內設防。在此區域內，德國不允許存在任何軍事力量，不得在任何時刻進行軍

第十一章　希特勒發動攻勢

事演習，或保留供軍事動員使用的任何設施。除此之外，還有透過雙方自由談判達成的羅加諾公約。在該公約中，各締約國單獨及集體地保障德、比和德、法邊界的永久性。公約第 2 條中，德國、法國和比利時承諾不越過這些邊界進行侵略或攻擊。如果凡爾賽條約第 42 或 43 條被違反，此類破壞條款的行為即構成「無故的侵略行為」，被侵犯的締約國可以因他國在非軍事地帶集結軍隊而立即採取行動。此類破壞行為應立刻向國際聯盟報告，而國聯在確認破壞行為屬實後，必須向締約國建議：它們必須向受侵害國提供軍事援助。

1936 年 3 月 7 日中午，希特勒在國會宣布計劃重新占領萊茵蘭，距離他提出 25 年公約僅 2 小時。與此同時，德國軍隊越過邊界，進入該區所有重要的德國城鎮，受到熱烈歡迎，但也憂慮協約國的反應。為迷惑英、美輿論，希特勒聲稱此次占領僅是象徵性行為。在倫敦，德國大使向艾登先生遞交了一項建議，與諾伊拉特當天早上在柏林交予羅加諾各締約國大使的內容相同。這項建議讓大西洋兩岸願意相信的人感到安心。艾登先生嚴肅地回覆了德國大使。如今我們明白，希特勒的和解提議不過是其陰謀的一部分，目的在掩蓋他的違約行為，而此違約的成功對於提升他的威望和推進其計畫的下一步至關重要。

這不僅是對限制德國在戰爭中使用武力之條約義務的破壞，也違背了雙方在和平時期完全自願簽署的羅加諾公約，同時還利用了協約國友好地在規定日期前提前幾年撤出萊茵蘭的舉動。消息一經傳出，立即引發了全球的震驚。由薩羅擔任總理、弗朗丹任外長的法國政府，滿懷慷慨激昂與義憤填膺地進行譴責，並向所有盟國和國際聯盟發出呼籲。在此時刻，法國獲得了「小協約國」的支持，即捷克斯洛伐克、南斯拉夫和羅馬尼亞的效忠。波羅的海國家和波蘭也與法國的體系緊密相連。鑑於英國曾保證保護法國邊界並抵禦德國侵略，而且曾對法國施加壓力促使其提前撤出萊茵

蘭，法國尤其有權要求英國提供援助。如果世上確有破壞條約之事，那麼德國的行為正是如此，不僅破壞了凡爾賽條約，也違背了羅加諾公約，因而各締約國同樣負有條約義務。

對法國而言，這無疑是一個不祥的衝擊。薩羅和弗朗丹立刻想要發起全國總動員。如果他們能夠做到，他們就會動員，以此迫使其他人跟隨他們的步伐。這是法國的生死關頭，但他們似乎無法在沒有英國同意的情況下採取行動。這僅僅是一種解釋，卻不足以讓人原諒。此事關係到法國的生死存亡，任何稱職的法國政府早該堅定地信賴條約義務。在這個動盪的年代，法國政府頻繁更迭，該國部長們不止一次以英國的和平主義為藉口，為本身的和平主義辯護。或許情況確實如此，英國從未鼓勵他們抵抗德國的侵略。相反的，若說他們行動猶豫，他們的英國盟友卻毫不猶豫地對他們施加各種勸阻。在整個星期日，倫敦與巴黎之間電話頻繁，交談時情緒激動。英國政府建議法國人暫時等待，以便在充分考慮後兩國才採取共同行動。好一個退卻的擋箭牌！

倫敦方面的非正式回應同樣顯得冷淡。勞合·喬治急切地表示：「依我看來，希特勒先生的主要過錯並非破壞條約，因為此前存在某些刺激因素。」他繼續說道：「我希望我們能夠保持冷靜。」所謂刺激因素，顯然指的是協約國的裁軍力度尚未達到要求。斯諾登勳爵則寄望於希特勒提出的互不侵犯條約，他指出，希特勒先前的和平建議未被重視，但各國民眾這次不會再允許這樣的提議被忽視。這類言論或許反映了當時英國輿論的誤判，但發表此類言論者未必光彩。英國內閣總是傾向選擇阻力最小的路徑，認為最便捷的方法莫過於敦促法國再次向國際聯盟提出呼籲。

法國國內意見存在顯著的分歧。總體而言，政治家們傾向於動員軍隊，向希特勒發出最後通牒，而將軍們則像他們的德國同行一樣，主張保持冷靜、耐心和延緩行動。我們現在才意識到，當時希特勒與德國最高軍事當

第十一章　希特勒發動攻勢

局之間存在意見分歧。如果法國政府真的動員了近百個師的法國陸軍（當時被錯誤地認為是歐洲最強的陸軍），德國參謀部肯定會迫使希特勒撤回駐軍。這將對他的野心產生抑制作用，可能會對他的統治造成致命打擊。必須記住，即便只憑法國一國之力，沒有其他援助，也可以將德國人逐出萊茵蘭，只要法國採取行動並援引羅加諾公約，就一定能獲得英國的支持。然而，法國行動遲緩，顯得癱瘓無力，進而永遠失去了在不經過大戰的情況下阻止希特勒野心的最後機會。相反，法國政府在英國的鼓動下，將責任推給國際聯盟，而國聯由於前一年制裁的失敗和英、德海軍協定，早已被削弱，失去銳氣。

1936年3月9日星期一，艾登先生與哈利法克斯勳爵及拉爾弗‧威格拉姆前往巴黎。最初打算在巴黎舉行國際聯盟會議，但不久後，威格拉姆奉命轉邀弗朗丹來倫敦，將會議地點改至英國，以便法國能夠順利地獲得英國支持。對這位忠誠的官員來說，這是一項吃力不討好的任務。3月11日，他返回倫敦後立即前來拜訪我，並告知我所有情況。弗朗丹本人於深夜抵達倫敦，並於星期四早上約8點半來到莫佩思大廈我的住處拜訪我。他表示希望英國政府同意兩國同步動員陸、海、空三軍，並稱已獲得「小協約國」及其他國家的支持。他向我朗讀了一張長長的單子，上面列出他收到的各國回覆。毫無疑問，上次大戰中的協約國仍擁有強大實力，只要採取行動，必能取得勝利。當時，儘管我們不清楚希特勒與其將領間發生了什麼，但顯然優勢仍在我們這邊。我當時身為局外人，個人實在無能為力，但我仍祝願我的貴賓能在攤牌時取得圓滿成功，並承諾在我力所能及的範圍內提供協助。當晚，我主動邀請一些同事共進晚餐，並聽取弗朗丹的建議。

當時擔任財政大臣的張伯倫先生是政府中最具影響力的人物之一。他的傳記作者，才華橫溢的基思‧法伊林先生，從他的日記中引用了一段文

字：「1936年3月12日，與弗朗丹會談，我們強調大眾輿論不會支持我們採取任何形式的制裁。他認為，只要我們保持堅定的立場，德國就會在不戰的情況下屈服。我們認為，這種對一個瘋狂獨裁者的評估未必可靠。」後來，當弗朗丹要求至少實施經濟抵制時，張伯倫的回應是建議在談判中建立一支國際軍隊，他同意簽署互助條約，並表示，如果放棄一塊殖民地能換來永久和平，他願意考慮。

與此同時，英國的大多數報紙，以《泰晤士報》和《每日先驅報》為代表，都對希特勒關於簽訂互不侵犯條約的誠意表示信任。奧斯汀·張伯倫在劍橋大學的演講中，卻表達了不同的意見。威格拉姆認為他有責任促使英國的金融界、新聞界、政府人員以及他所能連繫到的洛西恩勛爵等人都與弗朗丹接觸。弗朗丹在威格拉姆的家中，無論遇到誰，都提出如下觀點：「當今世界，尤其是小國，都在關注英國。如果英國現在採取行動，它可以引領歐洲。你們應該制定一個政策，使世界追隨你們，進而可以防止戰爭。這是你們最後的機會。如果你們現在不制止德國，一切都將結束。法國將無法再保障捷克斯洛伐克，因為在地理上這將是不可能的承諾。如果你們不維護羅加諾公約，那麼你們將眼睜睜地看著德國重整軍備，而法國對此無能為力。如果你們今天不使用武力制止德國，即便你們與德國建立了暫時的友好關係，戰爭仍然不可避免。就我個人而言，我不相信德、法之間可能存在友誼；兩國關係永遠處於緊張狀態。然而，如果你們放棄羅加諾公約，我將不得不改變我的政策，因為再也沒有其他辦法。」這些話是勇敢的。如果付諸實踐，將更加鏗鏘有力。

洛西恩勛爵發表了一個觀點：「德國不過是回到了自己的後院。」這反映了英國人特有的看法。

在我得知情勢不妙並與威格拉姆進行了一次交談後，我建議弗朗丹先生在返國前尋求與鮑德溫先生會面。這次會面在唐寧街進行。首相以極其

第十一章　希特勒發動攻勢

客氣和有禮的態度接待了弗朗丹先生。鮑德溫先生表示，儘管他不太熟悉外國事務，但他能準確掌握英國人民的情感。人民所渴望的是和平。弗朗丹先生隨後在書中提到，他當時回應鮑德溫先生，維護和平的唯一方法就是在目前還有可能的情況下制止希特勒的侵略。法國並不希望將英國拖入戰爭，也不要求實質上的援助；它本身就可以執行這種可謂純粹的警察行動，因為根據法國的情報，駐紮在萊茵蘭的德軍接到命令，若遇到武力抵抗便要撤退。弗朗丹當時強調，法國對其盟國的要求僅是讓其能夠自由行動。這段話顯然不實，根據羅加諾公約，法國有權採取合法行動，英國怎能加以限制？英國首相再三表示，英國無法接受戰爭風險。他又詢問法國政府打算如何行動。關於此點，卻沒有明確的答覆。據弗朗丹所述，這時鮑德溫先生說道：「你的看法或許正確，但若你的警察行動即便只有1%的可能引發戰爭，我也無權讓英國參戰。」稍作停頓後，他又補充道：「英國並未處於參戰狀態。」這句話目前尚未得到證實。弗朗丹先生返回法國時，他堅信不疑的是：第一，除非英國展現堅定的意志力，否則他那內部分裂的國家將難以團結一致；第二，英國絕對不會採取行動，甚至沒有採取行動的強烈願望。由此，他錯誤地得出一個可悲的結論，認為法國唯一的希望在於與發動侵略的德國達成妥協。

儘管如此，考慮到近期我觀察到弗朗丹的態度，無論他之後犯了什麼錯誤，我認為在未來的歲月裡，我有義務盡力協助他。1943年冬至1944年，戴高樂政府在阿爾及爾拘捕他時，我曾利用我的影響力來保護他。對於此事，我請求並獲得了羅斯福總統的支持。戰後，弗朗丹被告上法庭。我的兒子倫道夫曾在非洲戰爭中多次與弗朗丹會面，因此被傳喚作證。我非常欣慰地得知，他的辯護以及我為弗朗丹撰寫的支持信，對法庭最終宣判他無罪發揮了作用。軟弱雖可導致災難，但並非叛國。然而，無論如何，法國政府無法推卸其主要責任。如果克里蒙梭或龐加萊在世，鮑德溫

先生早已失去自由選擇的機會。

英、法對德國違背凡爾賽條約和羅加諾條約的軟弱態度，讓希特勒得以控制萊茵蘭，這對威格拉姆而言是個沉重的打擊。他的妻子後來寫信告訴我：「法國代表團離開後，威格拉姆回到了家。他坐在一個他從未坐過的角落，對我說：『戰爭現在是不可避免的了，而且必將是史無前例的最恐怖戰爭。我想我可能看不到了，但你一定會經歷。等著炸彈落在這座小房子上吧。』他的預言讓我感到無比恐懼，他接著說道：『這些年來，我的努力全都白費了，我失敗了。我無法讓英國人民意識到這個生死攸關的時刻。也許是我不夠堅定，沒能讓他們明白。溫斯頓・邱吉爾一直都明白這一點，他是個堅強的人，他一定會堅持到底。』」

我的朋友在遭受這次打擊後，似乎一直未能恢復過來。他對此事過於看重。畢竟，一個人若確信自己的職責所在，就能繼續奮鬥，冒著愈來愈大的風險，直至生命的終結。威格拉姆的敏銳理解力對他敏感的天性產生了過度的影響。他於1936年12月不幸去世，他的離世對外交部是無法彌補的損失，也影響了英國的命運，終使英國陷入悲慘境地。

當希特勒成功重新占領萊茵蘭後，與將領們會晤時，他已經能向他們證明他們的恐懼毫無根據，並展示他的判斷或「直覺」如何凌駕於普通軍人之上。將領們對他俯首稱臣。他們都是善良的德國人，自然樂見自己的國家地位迅速在歐洲獲得提升，看到昔日的敵人如此分裂和馴服。這一幕無疑極大的提升了希特勒在德國最高權力階層中的聲望和權威，也鼓舞了他，使其能夠進一步邁步，進行更大的嘗試。他向全世界宣稱：「德國的領土野心已經完全滿足。」

法國目前深陷於矛盾之中，戰爭的恐懼和因避免衝突而感到的寬慰情緒都十分強烈。思考簡單的英國報紙用這樣的言辭來安撫同樣思考簡單的英國人：「歸根結柢，這不過是德國收回他們自己的領土罷了。比如說，如

第十一章　希特勒發動攻勢

果約克郡脫離英國 10 年或 15 年，我們的感受會如何呢？」沒有人深思，德國軍隊未來若進攻法國，他們的前線已經推進了 100 英里。也沒有人擔心這意味著向歐洲的「小協約國」等國家展示法國不願開戰，即使願意，英國也會制止。這個事件增強了希特勒在德國的統治力量，反而使那些曾經試圖限制他的將領們的愛國情懷蒙上羞辱，使他們顯得愚蠢可笑。

直到現在我才意識到，在這個緊張時期，那些高級官員已經在討論我的前途。首相面臨持續的壓力，最終決定設立一個新的部門——不是國防部，而是國防協調部。內維爾・張伯倫的傳記作者對此事有所記載。對政府影響深遠的奧斯汀・張伯倫曾經認為並表示，將我排除在政府之外是「極大的錯誤」。霍爾爵士此時已康復歸來。鑑於他在霍爾-賴伐爾協定危機中承受免職的順從態度，呼籲他復職的聲音很高。首相認為最好由內維爾・張伯倫擔任這個新職，並讓他的兄長奧斯汀・張伯倫擔任財政大臣。內維爾・張伯倫意識到他即將繼任鮑德溫為首相，因此拒絕了這一建議。法伊林先生寫道：「保守黨可能不願意讓霍爾立即復職。如果這個新部門由邱吉爾領導，那無疑會讓那些以邱吉爾不參與政府作為反軍國主義保證的自由黨人和中間派感到恐慌，而且這等同於無視那些負責解釋黨意之人的意見；此外，一旦鮑德溫退位，豈不是又要引發一場關於繼任者的爭論嗎？」

據我們所知，整整 1 個月的時間裡，這些極為微妙且重大的問題被認真地評估。我自然明白這些事情正在進行。1936 年 3 月 9 日的辯論中，我特別注意不讓對政府政策的嚴厲而善意的批評有所減弱。大家認為我那次演說非常成功。我對新部門的設立及其權力感到不滿，但我願意接受這個職位，因為我相信這能發揮我的知識和經驗。顯然（根據法伊林的說法），3 月 7 日德國軍隊進入萊茵蘭，對我的任命產生了決定性的負面影響。希特勒顯然不希望我擔任這個職務。9 日當天，鮑德溫先生選擇湯瑪

斯·英斯基普爵士來擔任這個新職。他是一位能幹的律師，優點是他不為人知，且對軍事問題一無所知。首相的選擇令報紙和公眾大為驚訝。對我來說，這次明確並似乎是最終地將我排除在防務工作之外，對我而言無疑是一個沉重的打擊。

我必須謹慎，在這些接踵而至的重要討論和辯論中保持冷靜。於這些場合中，我常常處於顯著的位置。我必須控制情緒，展現出冷靜、公正和超然的態度。在自我克制的過程中，時刻牢記國家安全問題是一個最佳且簡單的原則。為平復情緒並集中精神，我將從凡爾賽條約至今的所有歷史撰寫成一個大綱。我甚至已經完成了第一章，其中部分內容可以直接無須修改地納入本書。然而，隨著事務繁忙，以及日常寫作以維持在查特維爾的愉快生活，我的計畫進展緩慢。此外，到1936年底，我專注於撰寫《英語民族史》，事實上，這本書在戰爭爆發前已完成，並將於日後出版。撰寫一本內容豐富的鉅著，猶如身邊有一位朋友和伴侶，時常帶來慰藉和歡愉。與之相伴，可以在心中開啟一個新奇廣大的興趣領域，因而更覺得引人入勝。

鮑德溫先生自然有足夠的理由運用他所有的權力來對抗一個曾無情揭露其錯誤的人。此外，作為一名精明的黨務領導，他時刻關注黨內多數，以確保在2次選舉之間能有一個穩定的時期。他並不需要我這種可能引起不安的支持。他無疑地認為在政治上已經給予我致命一擊，而我也認為他或許的確成功了。行動的結果，無論是明智或愚蠢，善意或惡意，往往難以預料！然而，正是這種不可預見和無窮無盡的變化，使得人生的戲劇不至於乏味。鮑德溫先生當時和我一樣不知，他實際上幫了我一個大忙。他讓我避免捲入隨後3年內閣的所有妥協和失職；如果我當了大臣，戰爭爆發時，我就必須對注定被證明極其不足的國防工作承擔直接責任。

我曾經歷過一些表面上看似不幸的事件，但最終結果卻對我有利。這

第十一章　希特勒發動攻勢

種情況並非首次——或許也不會是最後一次。

我依然期盼，法國向國際聯盟的申訴能夠形成對德國的國際壓力，推動國聯決議的執行。

法國（我在1936年3月13日寫道）已向國際法庭提出訴訟，要求公正裁決。如果國際法庭裁定法國勝訴，但未能提供令其滿意的措施，這將證明國聯盟約是虛假的，集體安全是空談。如果無法為受害者提供合法的補救，那麼，未來寄望的國際法和國際合作的整個理論將蒙上恥辱，顯得無效。它將立即被一種依靠國家結盟和集團的制度所取代，完全依賴自己的武力。另一方面，如果國際聯盟能夠對這個現已成為侵略者的全球最強國家之一實施法律約束，那麼，國聯的聲望將大大提升，並自此成為公認的國際最高權力機構，可以決定和約束各國之間的爭端。如此，我們或許可以藉此機會實現我們長久以來的理想。

然而，這是一種冒險行為，任何人都不應輕視。如何才能降低危險呢？這裡有一個簡單的方法：即建立一個在道德和實力上足以控制一切的力量以支持國際法。如果雙方實力相當，戰爭可能在數週內爆發，無人能預測其發展趨勢、捲入者多寡或最終結局。然而，若國際聯盟掌握的力量比侵略者強大4、5倍，和平解決的機會將大大增加。因此，每個國家，無論大小，都應根據國際聯盟的盟約履行自己的職責。

在此關鍵時刻，國際聯盟可倚靠的力量究竟為何？它是否擁有執法人員來落實其裁決，抑或僅僅是一個在高調宣言中被譏諷的空洞象徵？令人不解的是，國際聯盟從未具備能夠施展足夠威懾力的時機。如今，全球執法力量的組成已然近在咫尺。匯聚於日內瓦的各大國均已整裝待發。這些國家的利益與責任不僅要求它們捍衛公共法律，甚至在必要時加以實施。機遇稍縱即逝。我們是在邁入新時代，還是重返舊日？當下應果斷決策。

這些話對於當時與我及幾位保守黨朋友合作的部分自由黨和工黨人士而言，聽來頗為悅耳。這使那些憂心國家安全的保守黨人得以與工會主義

者、自由黨人士，以及一年前參加和平投票的愛好和平的男女團結起來。若英王陛下政府能透過國際聯盟採取堅定果斷的行動，他們必能領導一個團結的英國民族，勇敢無畏地進行最後的努力以避免戰爭。

關於德國重占萊茵蘭的討論，直至 1936 年 3 月 26 日才啟動。在此期間，部分時間被國際聯盟行政院於倫敦召開的會議占用。會議結果建議德國將希特勒指控法、蘇協定的案件提交海牙國際法庭，但在談判期間，不得在萊茵蘭增加駐軍。若德國拒絕這一要求，英國和義大利將基於羅加諾公約承擔的義務採取必要措施。然而，義大利的承諾並不可靠，因為墨索里尼早已與希特勒密切往來。德國也意識到本身實力足以拒絕任何限制其在萊茵蘭軍事部署的條件。因此，艾登先生堅決主張英、法、比三國進行參謀會談，以便為未來可能根據羅加諾公約採取的聯合行動做好準備。這位年輕的外交大臣發表了一篇勇敢的演說，贏得議會熱烈的掌聲。奧斯汀・張伯倫勳爵和我都發表了長篇演說支持他。然而，內閣對此並不熱衷，因此即便是艾登要求批准的參謀會談，也難以實現。通常這類會談不具外交籌碼的意義，只是祕密或非正式地進行。經過 3 週的談判和抗議，唯一的實際成果便是召開了參謀會談，而這也是協約國對希特勒破壞條約並實際占領萊茵蘭的唯一回應。

在我的演講中，我提到：

回顧我們過去 5 年的外交政策，我們感到不甚滿意。這 5 年無疑是充滿災難的時期。我並非將此期間世界上所有不幸事件的責任都歸咎於英國政府……然而，我們確實目睹了人類前景出現了最為陰暗、最為令人震驚的變化。如此劇變在短短數年內發生，實屬前所未見。5 年前，人們普遍感到安全；5 年前，人們對和平充滿希望，期待有一天和平與正義將在世界上盛行，那時人類將享受科學為各個階層帶來的寶貴成果。5 年前，若有人提到戰爭，不僅被視為愚蠢和罪惡，幾乎還被視為瘋狂……

第十一章　希特勒發動攻勢

　　侵犯萊茵蘭一事之所以嚴重，乃因荷蘭、比利時和法國均因此受到威脅。國務大臣提及德國甚至在談判期間也不願暫停防禦工事的建設，這令我極為不安。我推測在極短的時間內，他們定會在該地建成一道防線，而此防線一旦具備防禦工事，將對歐洲局勢產生巨大影響。這道防線將形成一道橫亙於德國門戶的障礙，同時使其能夠隨意向東面和南面進攻。

　　英、美兩國起初並未意識到德國在萊茵蘭設防的嚴重後果。1936年4月6日，當政府要求對外交政策進行信任投票時，我再次提及此事：

　　希特勒已經違背了多項條約，並在萊茵蘭部署了軍隊。他現今在那裡駐紮部隊，並計劃長期駐守。這一切事實顯示，納粹政權在德國國內和周邊國家中獲得了新的聲望。然而，情況不僅如此，德國當前或即將在萊茵地區進行設防。設防當然需要一定時間。起初，我們意識到，德國最初修建的僅僅是普通的野戰工事。然而，有人知曉，德國可以逐步加強這些工事，使其非常完善，最終建成類似興登堡防線的完美防禦體系，包括許多鋼筋混凝土堡壘和地下設施。了解這種情況的人會明白，野戰工事與永久性防禦工事之間的區別僅在於程度，從挖掉第一塊草皮開始，就可以一直進行下去，直至建成極為完善的防線為止。

　　我深信，在最短時間內，德國與法國的整個邊界將被構築成盡可能堅固的防禦工事。經過3到6個月，一定會形成一道非常堅固的屏障。那麼，這在外交和策略上將產生何種影響呢？……在法國邊界上出現一道堡壘防線，可以令德國在這一戰線上節省兵力，並將其主力轉向突破比利時和荷蘭……現在我們來審視東線，萊茵蘭設防的影響可能在東線更加直接。雖然這對我們不是直接的威脅，但卻是一個更為緊迫的威脅。當這些防禦工事完成後，隨著工程的日趨完善，中歐的整體形勢也會隨之改變。波羅的海各國、波蘭、捷克斯洛伐克，以及南斯拉夫、羅馬尼亞、奧地利和其他國家，在這個龐大軍事工程完工之時，必定會受到決定性的影響。

　　我這篇警告中的每一個字句，皆已陸續且迅速地被驗證。

在德國占領萊茵蘭並建造針對法國的防禦工事後,下一步顯然是將奧地利併入德意志帝國。以 1934 年 7 月暗殺奧地利總理陶爾斐斯為開端的事件,將在後續章節中詳述。我們現已知曉,1936 年 5 月 18 日,德國外交部長諾伊拉特曾向美國駐莫斯科大使布利特坦誠表示,德國政府計劃在完全吸收萊茵蘭之前,不會在外交上採取任何積極措施。他解釋說:在德國完成與法國和比利時接壤的防線之前,政府不僅不會支持,甚至會阻止奧地利境內納粹黨的起義。對於捷克斯洛伐克,他們將採取平和的政策。他表示:「一旦我們的防禦工事完工,中歐各國將意識到法國無法再進入德國領土。屆時,這些國家的外交政策將會發生改變,一個新的集團將會出現。」諾伊拉特還告訴布利特,奧地利的年輕人已經逐漸轉向納粹,納粹黨對奧地利的統治已不可避免,這只是時間問題。然而,關鍵在於完成與法國接壤的防線,否則,如果德國與義大利發生衝突,法國可能會攻打德國。

1936 年 5 月 21 日,希特勒在德國國會發表演講,宣稱:「德國無意亦無願干涉奧地利內政,或兼併奧地利,或促成德奧合併。」同年 7 月 11 日,他與奧地利政府簽署了一項條約,承諾不會以任何方式影響奧地利內政,尤其不對奧地利的國家社會主義運動給予任何積極支持。然而,這個諾言發表不到 5 天,德國便祕密指示奧地利境內的國社黨擴大並加強其活動。同時,希特勒命令德國參謀部起草占領奧地利的軍事計畫,以便在時機成熟時立即行動。

第十一章　希特勒發動攻勢

第十二章
西班牙內戰

■ 西元 1936 ～ 1937 年

　　在這一章節中，我願意闡述數年來我一直奉行並將繼續遵循的英國關於歐洲政策的基本原則。1936 年底，保守黨外交委員會邀請我發表一場祕密演講，這次演講最清楚完整地表達了這些政策原則。

　　回顧英國四個世紀以來的外交政策，始終致力於抵抗歐洲大陸上最強大、最具侵略性和霸權傾向的國家，尤其防止低地國家落入這些霸權國家的控制。從歷史角度來看，在這四個世紀之中，儘管人事、環境和局勢發生了諸多變化，但這個目標始終未變，這無疑是世界各民族、國家或人民歷史中最顯著的特徵之一。此外，無論何種情況下，英國總是選擇較為艱難的道路。無論是對抗西班牙的菲利普二世，還是在威廉三世和馬爾巴羅的領導下反對路易十四，抵禦拿破崙，之後又對抗德國的威廉二世。當時，若英國加入更強大的一方，分享勝利果實，既輕鬆又極具吸引力。然而，我們總是選擇較為艱難的道路，與較弱的一方結盟，共同打敗並挫敗大陸上的軍事霸主，無論其人或其國。這個做法不僅保衛了歐洲的自由，也促進了歐洲充滿活力和多樣化的社會發展。經過這四場至關重要的戰爭後，英國以更高的聲譽和不斷提升的帝國地位屹立於世界，低地國家的獨立也得以保全。這是英國外交政策中無意識的卓越傳統。如今，我們的思想基於這個傳統。我不知道有何事件曾經改變或削弱我們祖先所奉行的正

第十二章　西班牙內戰

義、智慧、勇氣和謹慎。我也不知報在人性中出現過何種變化使他們結論的可靠性受到任何削弱。在軍事、政治、經濟或科學領域，我更不知道有何事讓我們感到能力會不及他國。我從來不知道有何事會使我懷疑我們無法在這條道路上繼續前進。我之所以冒昧提出這個具有普遍意義的命題，是因為我相信接受這個命題能使其他一切問題變得簡單而明瞭。

請注意，英國的政策並不在意哪個國家試圖主宰歐洲。問題不在於它是西班牙、法蘭西王國、法蘭西帝國、德意志帝國還是希特勒政權。這項政策與國家的身分或其統治者無關；唯一關注的是，誰是最強大或具有支配力量的暴君。因此，我們無需擔心被指責親法反德。如果情況改變，我們同樣可以親德反法。這是我們遵循的國際政策原則；它不是基於偶然因素，或因主觀意願與否，或是其他情感來決定的權宜之計。

這引發了一個疑問：究竟哪個國家在今日是最強大的，並試圖以暴力和危險手段統治歐洲？在此時此刻，或直到1937年上半年，法國陸軍是歐洲最強的，但無人畏懼法國。眾所周知，法國只希望不被打擾，其陸軍僅為自衛而設。眾人皆知，法國人熱愛和平，並對鄰國存有恐懼。他們勇敢、堅定，且珍視和平，但對本身狀況感到不安。他們是一個自由的國家，實行自由民主的議會制度。

相對而言，德國並不畏懼其他國家。它正以史無前例的規模推動軍備擴張。這個行動由一小群自鳴得意的冒險者所領導。在專制統治下，經濟愈發困難，不滿情緒不斷上升。他們很快將面臨在經濟崩潰與內亂或發動戰爭之間做出抉擇，而戰爭的唯一目的和結果，若成功，則將出現納粹統治下的德意志化歐洲。因此，我認為歷史正在重演，為了拯救我們的國家，必須再次聯合歐洲各國力量加以遏止、壓制，並在必要時挫敗德國的霸權。因為，請相信我，如果西班牙、路易十四、拿破崙或德皇威廉二世在我們的協助下成為歐洲的最高統治者，那麼他們成功後也會掠奪我們，

使我們淪落到卑微與貧困的境地。我們應當以維護大英帝國的存續和維持這個島國的偉大尊嚴為最高責任，而不應被理想化的世界幻想所誤導，因為那只會讓別國以更糟糕的統治權力進入我們的土地，掌控我們的命運。

在這個階段，國際聯盟這個廣泛的理念及其至關重要的機構已成為關鍵因素。國際聯盟實質上是英國的構想，與我們此前的所有方法和行動高度契合。此外，它與普遍的是非觀念以及我們一直遵循的、以遏止主要侵略國為基礎的和平理念完全一致。我們所期望的是法治，是各國之間和各國之內的自由。在過去，我們榮譽、偉大和文明的締造者們正是為了這個目的而戰鬥，並歷經艱辛贏得勝利。英國人民極其珍貴的理想是國際法的法治，以及基於法律和正義進行耐心討論以解決國家之間的爭端。我們不能低估這些理想對現代英國民主政治的巨大影響。幾個世紀以來，這些種子已經在勞動人民心中播撒，深深扎根，就如他們對自由的熱愛一樣堅定。我們不能忽視這些理想，因為它們是這個島國本質的精髓。因此，我們相信，支持和增強國際聯盟將被證明是維護我們島國安全的最佳方式，也是維護我們向來認為與我們利益息息相關的偉大人類事業的最佳方式。

我的三個主要論點是：首先，我們必須抵制未來的霸權或潛在的侵略者；其次，現今在納粹統治下的德國，軍事力量龐大且發展迅速，無疑將成為上述的這個角色；最後，國際聯盟應採取最有效的方式團結眾多國家，以凝聚各國國內人民的力量來遏止未來的侵略者。我對這些核心論點的呈現抱有最大的敬意，供各位參考，其他問題將由此推演而來。

提出和理解某些普遍原則往往比實際應用這些原則更為容易。首先，我們必須重視與法國之間的強大聯盟。這並不意味著我們必須對德國持有不必要的敵對態度。緩和這兩國之間的緊張關係是我們的職責，也符合我們的利益。就法國而言，我們要實現這個目標並不難。法國與我們一樣，是一個議會民主國家，堅決反對戰爭，並且在防務工作中同樣面臨許多障

第十二章　西班牙內戰

礙。因此，我認為我們應該視與法國在防務上的聯盟為一項根本任務。在當前形勢如此嚴峻和危險的情況下，其他一切事務都必須退居次要地位。那些擁有明確理論體系並對此深信不疑的人，在應對瞬息萬變和不可預測的事件時，總是比那些短視且憑日常見聞衝動行事的人更具優勢。最關鍵的是如何決定行動的方向。就我個人而言，我主張建立一個武裝的國際聯盟，盡可能吸納更多國家參與，以英、法兩國為核心，抵禦潛在的侵略國。讓我們全力以赴建立這一個偉大的國際機構吧！如果這項工作超出我們的能力範圍，或者因為其他國家的軟弱或錯誤而最終失敗，那麼，我們至少要確保英國和法國這兩個倖存的歐洲自由國家能同舟共濟，擁有充分而確實的希望度過任何風暴的襲擊，再次安全抵達港口。

如果將英、法陣營中再加入美國，並將潛在的侵略者更名，或將國際聯盟更換為聯合國，將不列顛海峽替換為大西洋，將歐洲擴大為全世界，那麼，我的這個見解在當今或許仍具適用性。

希特勒自1936年3月強占萊茵蘭至1938年3月吞併奧地利，期間隔了整整2年。這個時間間隔超出了我的預期。事情的發展完全如我所預料和指出的順序，只是在連接2次災難事件之間的間隔時間稍長。在這段時間裡，德國並未虛度。萊茵蘭的防禦工事，或稱「西牆」的建設進展迅速，一道規模宏大且為永久或半永久性的防線不斷成形。德國陸軍在完善的徵兵制度基礎上建立完成，並有充滿熱情的志願兵作為增援。德國陸軍不僅在數量上不斷增加，而且在組織的成熟度和能力上也每月提升。德國空軍不僅在數量上保持對英國空軍的優勢，且優勢正逐步擴大。德國的兵工廠全力生產，機器日夜運轉，鐵錘晝夜敲擊，使整個工業體系轉變為一個兵工廠，將全體國民融為一部紀律嚴明的戰爭機器。在國內，希特勒自1936年秋開始推行4年計畫，重組德國經濟，以便能在戰爭中可以更大程度地實現自給自足。在國際上，他建立了在《我的奮鬥》中所提到德國外交政策

需要的「強大聯盟」。他與墨索里尼達成協定，形成了羅馬-柏林軸心。

直到1936年中期，希特勒在推行侵略政策和破壞條約時，並非依仗本身的實力，而是利用英、法兩國的不團結和懦弱，以及美國的孤立狀態。他的每一個初步行動都是孤注一擲，他明白自己無法承受對方的堅定反抗。強占萊茵蘭和在萊茵蘭設防是他最大的賭博。結果都取得了極大的成功。他的對手過於優柔寡斷，不敢迎接挑戰。當他在1938年採取第二個步驟時，他的威脅已不再是虛張聲勢。此時他的侵略行為已有武力支持，並且可能是占優勢的武力。當法、英兩國政府意識到這種可怕的變化時，為時已晚。

我始終密切關注我們的戰備事宜。我與國防協調大臣英斯基普爵士保持著良好的關係，並在私下盡力支持他。應他的請求，我在1936年6月6日撰寫了一份備忘錄，建議成立一個供應部。然而，直至1939年春，幾乎三年過去，政府仍未採取有效措施成立供應部，也未計劃對軍火生產進行緊急處理。

1936年7月底，西班牙的議會政府逐漸衰落，而共產主義或無政府主義的革命運動愈發高漲，最終引發了一場蓄謀已久的軍事叛亂。根據列寧親自制定的共產主義理論，共產黨人應協助所有左翼運動，扶持弱勢的憲政、激進或社會主義政府上臺，然後從內部進行破壞，最終從他們手中奪取政權，建立馬克思主義國家。實際上，西班牙的事態發展如同俄國克倫斯基時期的重演。不同之處在於，西班牙未因對外戰爭而損耗實力，軍隊保持相對團結。除了共產黨的陰謀，另有一場祕密策劃的軍事叛亂。這兩股勢力都未採用合法手段行事。西班牙的各個階級不得不考慮國家的前景。

當時，共產黨對這個衰敗的議會政府進行干涉，擾亂了社會的正常秩序。雙方展開暗殺行動。共產主義勢力異常猖獗，以至於他們可以在街頭

第十二章　西班牙內戰

或床上抓捕政敵並予以處決。馬德里及其周邊地區頻繁發生此類暗殺事件，其中索特洛的暗殺事件達到高潮。他是保守派領袖，地位類似於1914年大戰前英國政治中的卡森爵士。這個罪行成為軍方將領採取行動的訊號。佛朗哥將軍1個月前曾致信西班牙陸軍部長，明確表示，如果政府無法在日常生活中維護法律保障，軍隊將進行干涉。過去，西班牙的軍事首長們曾多次發表宣言。聖胡爾霍將軍因飛機失事去世後，佛朗哥將軍舉起叛亂的旗幟，贏得了軍隊，包括普通士兵的支持。教會方面，除了黑袍教派這一支例外，幾乎所有的右派和中間派系都支持他。他迅速成為幾個重要省分的首領。某些西班牙水兵殺死長官並加入傾向於共產黨的組織。共產黨在文明政府垮臺時奪取政權，並按照其黨意行事。殘酷的內戰開始了。掌權的共產黨人對政敵和富人採取了相應措施。佛朗哥部隊以更大規模進行報復。西班牙人以驚人的精神從容就義，雙方都有許多人被槍決。軍校學生頑強地保衛托雷多的阿爾卡薩爾軍事學院，激戰不止。此時，佛朗哥軍隊由南向北推進，在每個共產黨村莊留下復仇的痕跡，最終趕到那裡解圍。這是歷史學家應關注的一段插曲。

　　在這場衝突中，我持中立態度。我自然不支持共產主義。如果當時我是西班牙人，他們可能會殺掉我、我的家人和朋友，所以我怎麼可能支持共產黨呢？然而，我確實認為，英國政府本身有許多事務需要處理，因此不宜干涉西班牙的問題。法國提出了不干涉的方案，讓雙方在沒有外部援助的情況下進行對抗。英國、德國、義大利和俄國等國政府都贊同這個方案。結果是，現已由極端革命派控制的西班牙政府，雖然擁有黃金，卻無法透過正當交易程序購買軍火。一個更為合理的做法是，按照正常程序，承認雙方處於交戰狀態，就像我們在西元1861至1865年的美國內戰中所做的那樣。所有大國都採取或正式同意不干涉的政策。英國嚴格遵守了協定。然而，以義大利和德國為一方，以蘇聯為另一方，都背棄了他們的承

諾，不斷地為這場衝突推波助瀾。尤其是德國，它透過空軍轟炸了未設防的小城鎮格爾尼卡，進行試驗性的恐怖空襲。

在法國，勃魯姆先生於1936年6月接替薩羅內閣，籌組了新政府。該政府在議會中面臨來自共產黨支持者的壓力，要求對西班牙政府提供軍用物資援助。空軍部長科特先生原本對法國空軍的實力關注不多；此時法國空軍逐漸衰退，他卻祕密以飛機和軍事裝置支援西班牙共和國軍隊。對此，我感到極度不安，因此在1936年7月31日致信法國大使科爾賓：

我竭力堅持以往的立場，但我面臨一個巨大的挑戰，即德國提議各個反共國家聯合。如果法國向當前的馬德里政府提供飛機等武器，而德國和義大利則支持另一方，那麼，我確信，這裡的主導力量必然會傾向於與德、義兩國親近，而疏遠法國。我告訴你這些，希望你不要介意，這僅僅是我個人的看法。我不想聽到英國、德國和義大利聯手反對歐洲共產主義的消息。這是最糟糕的情況。

我堅信，嚴守中立並嚴厲反對破壞中立的行為，是當前唯一正確且安全的途徑。若內戰陷入僵局，或許有朝一日國際聯盟可能會介入以終止恐怖行徑。然而，即使如此，我認為這也未必奏效。

還有一件事情需要在此記載。1936年11月25日，各國駐柏林的大使被邀請至德國外交部，諾伊拉特先生向他們宣布了德國與日本政府所商定的反共產國際公約的細節。該協定目的在透過聯合行動抵制共產國際在締約國境內、外的國際活動。

在整個1936年，全國與議會的焦慮情緒不斷增加，尤其是對於國防航空的擔憂。11月12日，在議會中對首相的答辯進行辯論時，我對鮑德溫先生未能兌現他的承諾提出了嚴厲批評。這個承諾是：「本國任何一屆政府，特別是現任的聯合政府，將確保英國的空軍實力和威力不遜於任何能夠攻擊英國海岸的國家。」我說道：「政府根本沒有下定決心，或者他們

第十二章　西班牙內戰

根本無法讓首相下定決心。因此，他們一直陷於一種奇怪的矛盾之中：決定不作決定，決心不下決心，堅定地猶豫不決，頑固地動搖，竭盡全力地無所作為。就這樣，月復一月，年復一年，這些對英國的偉大也許至關重要的寶貴時光，都被浪費掉了。」

在一場極為精采的演講中，鮑德溫先生這樣回答我：

我欲以最坦誠的態度向本院陳述，我與邱吉爾先生的分歧始於1933年。1931至1932年間，我們面臨財政危機，儘管反對黨對此不以為然。除此之外，還有其他因素。我想提醒本院，我在多次發言中，以及在不同場合，竭力捍衛民主原則，我曾說過，民主制度總是比獨裁制度落後兩年。我堅信這句話的正確性。在此問題上，情況正是如此。我以驚人的坦率向本院表達個人觀點。你們會記得，當時日內瓦正舉行裁軍會議。你們會記得，當時全國瀰漫著一種或許比戰後任何時候都更為強烈的和平主義情緒。你們會記得，1933年秋的富勒姆選舉中，聯合政府以約7,000票之差失去了一個議席，原因正是和平主義的問題。我作為一個大黨的領袖，境遇並不理想。那時，富勒姆選舉中所展現的情緒正在全國蔓延，我曾自問，在未來一、兩年內，是否有機會讓這種情緒轉變，使國家授權政府重整軍備？若當時我去對人民說，德國已在重整軍備，所以我們也必須重整軍備，誰能想像在那時，這個和平的民主國家會立即在此號召下團結一致呢？依我看，我無法想像還有什麼能比這更確定地導致我們在選舉中失敗的事情了。

這無疑是一種令人震驚的坦白，揭示了他那毫無遮掩的動機，甚至顯得不合禮儀。首相竟公然表示因懼怕選舉失利而不履行國家安全職責，這的確在英國議會史上極為罕見。鮑德溫先生顯然並非出於想繼續掌權的低劣動機，他在1936年確實有退休的意願。他之所以選擇這個政策，是因為懼怕工黨一旦執政，所採取的行動可能比他的政府還要少。工黨反對防務措施的所有宣告和投票都有據可查，但這不足以成為鮑德溫先生合理化

其行為的藉口，也對英國人民的傳統精神不夠公允。去年，他因對空中力量的誤判而率直認錯並大獲成功，但這次不行。整個議會為之震動。這確實給人留下極為負面的印象，若非一樁意外事件插入，可能會對當時健康日漸衰退的鮑德溫先生造成致命打擊。

當時，英國的各個政黨中皆有人預見到未來的危機，紛紛要求採取確實措施以保障國家的安全與自由，而這些正受到極權主義的衝擊及政府自滿現狀的雙重威脅。我們的計畫是迅速而大規模地重新武裝英國，同時完全承認並利用國際聯盟的權威。我將這個政策稱為「武力與國聯盟約並重」政策。我們對鮑德溫先生在下議院的表現非常不屑。運動的高潮是在艾伯特會堂的一次集會。1936年12月3日，各政黨的眾多領袖匯聚於此，其中包括深信國家面臨危機的強大保守黨右翼、國際聯盟和平投票的領導者、多個大工會的代表，包括在大罷工時與我對峙的工會主席華特‧西特林爵士，以及自由黨及其領導人阿奇博爾德‧辛克萊爵士。當時，我們已經感受到，不僅我們的觀點開始獲得重視，而且逐漸占據了上風。就在此時，英王決定與其摯愛的女子結婚，這個事件迅速蓋過其他所有事務，立刻引發了遜位危機。

在我發表感謝致辭時，場內有人高喊：「國王萬歲」，隨即引發了長時間的歡呼。我立即闡明了我個人的立場：

今晚另一件重大事件在我們心中縈繞。片刻之後，我們將齊聲高唱「上帝保佑國王」。我會以我畢生最真摯的熱情來演唱這首歌。我希望並祈求，避免匆忙做出無法挽回的決定，讓時間和輿論表達他們的意願，確保人們所珍視的獨特人格不至於與其深愛的人民永遠分離。我希望議會能夠在這些重要的憲法問題上發揮其作用。我深信我們的國王會接受英國和英帝國首次表達的意見，英國人民也不會對王位繼承者缺乏寬容和體諒。

第十二章　西班牙內戰

隨即爆發了一場短暫但極為激烈的爭論，此處無需詳述。我自愛德華八世年幼時便已結識他，1910 年，我以內政大臣的身分在一場盛大集會上宣讀了冊封他為卡納芬城威爾斯親王的詔書。我感到有責任對他保持最高的個人忠誠。儘管在那個夏天我已經預感到即將發生的事，但從未干涉或與他通訊，直至他在苦惱中請求首相允許與我商談。鮑德溫先生正式同意；我接到通知後立即前往貝爾維德堡謁見國王。在他退位前，我始終與他保持連繫，竭力勸告國王與人民保持耐心，不要倉促行事。我對此無怨無悔——實際上，我別無選擇。

首相無疑展現了他對英國民眾情緒的敏銳洞察力。他精準地捕捉並表達了全國的強烈願望。在處理遜位問題時，他表現出極高的技巧，使他的民意在短短兩週內從谷底攀升至巔峰。有好幾次，我似乎是唯一在下議院與其對抗甚至激怒他的人。儘管行動上我沒有受到敵對情緒的不當影響，但多次幾乎無法讓人聽到我的聲音。我曾在「武力與國聯盟約並重」政策的號召下集合了各種力量，並視自己為這些力量的起點，如今卻分崩離析。而我在輿論中遭受重大打擊，幾乎普遍認為我的政治生涯已然結束。然而，其後在戰爭期間，曾經對我如此敵視的下議院，竟然在漫長而艱苦的戰爭歲月中持續接受我的領導，並給予我極大的支持，直到最終戰勝所有敵人，這實在令人驚奇。這證明，始終遵循良心行事，才是唯一明智而安全的途徑。

一位君主退位，另一位君主繼位。直至 1937 年 5 月底，國內及整個帝國，人們的心中充滿了關於各地為新君主舉行盛大而莊嚴的效忠儀式和聖禮的消息。國外事務和我們的國防已經不再引起公眾的關注。我們的島國彷彿與歐洲相隔萬里。1937 年 5 月 18 日，新君主登基的次日，我收到新王陛下的一封親筆信，如今我獲准將其記錄於此。

尊敬的邱吉爾先生：

我深感謝意，因你寄來了一封如此親切的信件。我了解你一直以來都是，並且仍然是我親愛兄長的忠實支持者。你對自他於 12 月離世後所面臨的各種複雜問題所表現出的同情與理解，讓我感動至深，實難以用文字表達。我深知作為君主所肩負的重大責任與艱辛。你的祝福信讓我倍感鼓舞。你是英國傑出的政治家之一，忠誠地為國家服務。希望國內與帝國的善意與期望能夠成為全球的榜樣。

請相信我，

你的真誠的

喬治（國王、皇帝）

1937 年 5 月 18 日

於伯克郡，溫莎，大花園，皇宮

當時我已經沒有任何影響力，然而仍獲得如此寬厚的對待，令我終生難以忘懷。

喬治六世繼位後，1937 年 5 月 28 日，鮑德溫先生選擇退休。由於他長期擔任公職，他順理成章地被授予伯爵頭銜和嘉德勳章。他放下了他所累積和謹慎維護的權力，儘管他很少實際使用它。在人們感激與尊敬的熱烈氛圍中，他告別了他的職位。關於他的繼任者，毫無疑問，財政大臣內維爾·張伯倫將在過去 5 年中，不僅承擔了政府的主要職責，還是一位極其能幹且有能力的大臣。他才華出眾，且出身於歷史名門。一年前，我在伯明翰曾引用莎士比亞的話，稱他為「國家事務的駄馬」，他接受了這個稱呼，認為這是對他的讚美。我並不期待他與我合作，在此時此刻，他與我共事恐怕是不明智的。在應對當前重大問題上，我們的觀點差異甚大，不過，我樂見一個有活力和才幹的行政人才掌權。他擔任財政大臣時，曾提出徵收少量國防稅的財政建議，未獲保守黨支持，更遭反對黨抨擊，麻

第十二章　西班牙內戰

煩不斷。他一上任首相,我便發表演說,目的在於讓他從難堪的境地中解脫,且不損其尊嚴。我們之間的關係,無論在公事還是私事上,始終保持冷淡、隨意和禮貌。

張伯倫先生對內閣的調整極為有限。在陸軍部事務上,他過去曾與庫珀先生存有歧見,但這次他卻出人意料地提拔庫珀先生為海軍大臣這個極為重要的職務。庫珀先生早年在外交部任職。首相顯然不清楚這位新任海軍大臣對歐洲局勢的看法。而讓我驚訝的是,霍爾爵士剛剛獲得實施海軍計畫所需的鉅額資金,竟願意離開海軍部去擔任內政大臣。看來,霍爾認為在廣泛的人道主義意義上,監獄改革將在不久的將來成為熱門話題。他的家庭與著名的伊麗莎白·弗賴有連繫,因此他對監獄改革懷有深厚的感情。我不妨在此對鮑德溫和張伯倫兩位首相做一番比較評估。我很早就認識他們,並曾在他們手下工作過。鮑德溫是個相對聰慧且理解力較強的人,但缺乏細緻的行政能力。他對國際事務和軍事領域不甚熟悉,對歐洲知之甚少,且所知的內容並未引起他的興趣。但他對英國的政黨政治有深刻的理解,在相當程度上反映了我們這個島國民族的一些優點和許多缺點。作為保守黨領袖,他參加過 5 次大選,其中 3 次獲勝。他善於等待事態發展,並能在不利的批評下保持冷靜。他特別擅長使事態朝有利於他的方向發展,且具備果斷決策的能力。他讓我想起歷史上關於羅伯特·沃波爾爵士的印象,當然如今沒有 18 世紀的腐敗現象;他們兩人主宰英國政治的時間幾乎同樣長。

內維爾·張伯倫先生是一位極為聰明能幹、固執且自信的人物。他與鮑德溫不同,他自認為對歐洲乃至全球的局勢洞若觀火。我們現在所看到的是在他深信不疑的政策範圍內所表現的精細與高效,而不是模糊但頑固的直覺。他無論擔任財政大臣還是首相,都嚴格限制軍事開支。在他的任期內,他是所有緊急措施最強烈的反對者。他對當代國內外政界人物都有

明確的判斷，並認為他完全能夠應付他們。他心中懷有這樣的期望：作為一位偉大的和平締造者而名垂青史。為此，他準備不顧現實繼續奮鬥到底，哪怕讓他和他的國家面臨極大的風險。可惜他捲入了超出他所能估計的洪流，遇到了他毫不退縮卻無法抗衡的風暴。在大戰爆發前的幾年中，我想，基於我對鮑德溫的了解，與他共事可能比與張伯倫共事要順利些；然而，除非迫不得已，他們都不願意與我合作。

在1937年的某一天，我與德國駐英國大使里賓特洛甫進行了一次會面。當時，我每兩週發表一篇文章，其中一篇提到他的某些演說遭到了誤解。我當然在公共場合見過他。如今，他詢問我是否願意拜訪他，與他交流一番。他在德國大使館樓上的一間大房內接待了我。我們交談超過兩個小時。里賓特洛甫以非常禮貌的方式接待了我。我們廣泛討論了歐洲的大局，包括軍備與政策問題。他向我表達的主要觀點是，德國尋求與英格蘭的友誼（在歐洲大陸，人們仍時常稱我們為「英格蘭」）。他說他原本可以成為德國外交部長，但他請求希特勒派遣他到倫敦來，以便詳細說明締結英、德協約甚至是聯盟的可能性。德國將維護大不列顛帝國的偉大和廣闊的領土。他們或許會要求歸還德國的殖民地，但這顯然並不重要。德國所需的僅僅是英國不干涉其向東歐的擴張。它必須為其不斷成長的人口尋找生存空間，因此必須合併波蘭和但澤走廊。白俄羅斯和烏克蘭對7千萬人口的德國未來生存至關重要。對不列顛聯邦和帝國的要求，僅僅是不干涉。牆上掛著一幅大地圖，大使幾次帶我到地圖前，闡述他的計畫。

聽到這些話後，我立刻表示，我堅信不列顛政府不會讓德國在東歐為所欲為。儘管我們與蘇聯的關係確實不佳，並且與希特勒一樣厭惡共產主義，但他可能非常清楚，即便法國得以保全，英國也不會對歐洲大陸的命運如此置若罔聞，以至於讓德國主宰中歐和東歐。當我講這番話時，我們正站在地圖前，里賓特洛甫突然轉身離開。隨後他說：「如果是這樣，戰

第十二章　西班牙內戰

爭就無法避免了。別無他法。元首已下定決心。沒有什麼可以阻止他，也沒有什麼可以阻止我們。」於是我們回到座位坐下，那時我不過是一名普通議員，只是略有名聲。我認為有必要對德國大使說——事實上，我清晰地記得我說：「你提到戰爭，當然，這將是一場全面的戰爭。不要低估英國。這是一個很奇特的國家，外國人很少能理解它的思維。不要根據當前政府的態度來判斷。一旦有崇高的事業展現在英國人民面前，這個政府和英國民族將會採取出人意料的行動。」我再次強調：「不要低估英國。它是很聰明的。如果你們迫使我們參與另一次大戰，英國將會團結整個世界來反對你們，正如上次大戰那樣。」聽到這，大使激動地站起來，說：「啊！英格蘭或許很聰明，但這次它不會讓全世界反對德國。」我們轉而談論輕鬆的話題，隨後沒有發生值得記錄的事情。這次談話在我記憶中留存，因為當時我向外交部進行了彙報，我覺得可以在此記錄下來。

後來，當里賓特洛甫面對戰勝者對他一生的審判時，他竟然恣意曲解了這次談話，還要求傳喚我作證。假如我真的被傳去作證，我所言的也僅是我現在寫下的這些內容。

第十三章
德國武裝起來了

■ 西元 1936～1938 年

在戰爭、外交政策及其他事務中,抓住決定性核心至關重要,儘管選擇可能繁多且複雜。美國軍事理論家提出了「全面策略目標」這個術語。起初,我軍官員對此感到詫異,然而,隨著時間的推移,其內在智慧逐漸顯現並被廣泛接受。顯然,這是一項法則,其他重要事務都應服從於此。如果不遵循這個簡單原則,將導致混亂無序和徒勞無功的行動,甚至可能使情況惡化。

就我而言,早在聽聞這個術語之前,我便毫無疑問地遵循此原則行動。在 1914 年至 1918 年的戰爭中,我目睹並感受到的那個可怕德國,如今卻突然重新掌握了全部軍事力量,而勉強取得勝利的協約國們,卻只能目瞪口呆,束手無策,每每想到此,我便心神不寧。因此,我不斷利用各種機會,運用我對下議院及部分大臣的影響,敦促我們加強戰備,並為不久將再次成為我們共同目標的事業尋求盟友和夥伴。

某日,一位在政府中任職於高度機密領域的友人造訪查特維爾莊園,與我在游泳池中暢游。當日陽光明媚,池水溫暖。我們的話題圍繞著未來的戰爭,但他尚未完全相信戰爭的不可避免。送他出門時,他忽然激動地轉身告訴我:「德國人每年花費 10 億英鎊於軍備擴張。」當時我心想,應當讓議會與英國公眾知曉此事實。於是,我開始著手調查德國的財務狀

第十三章　德國武裝起來了

況。當時德國每年制定並公布預算,但僅從那些繁雜的數字中,很難了解真相。1936年4月,我透過2條途徑展開調查。其一是依靠2位在英國尋求政治庇護的德國人,他們不僅極為能幹,而且擁有堅定的信念。他們深入理解德國預算數字所隱含的細節及馬克的價值等。同時,我諮詢了斯特拉科斯契爵士,請他協助查明真相。斯特拉科斯契是「聯合公司」的負責人,該公司資金充裕,擁有一批精明且忠誠的工作人員。這家位於倫敦的公司其中有一些專才花費數週的時間專注研究此問題。不久,他們提交了一份精確且詳盡的報告,顯示德國每年的軍事開支確實在10億英鎊左右。與此同時,那2位德國避難者以完全不同的推理方法,也獨立得出相同結論。按1936年的幣值計算,每年10億英鎊!

於是,我便擁有了兩套資料,可以據此提出我的主張。在辯論的前一天,於議院的休息室,我與當時仍任財政大臣的內維爾·張伯倫先生交談。我對他說:「明日我將質詢你,德國每年在戰備上投入10億英鎊,是否屬實,我將要求你給予明確的答覆,要麼證實,要麼否認。」張伯倫回答:「我不能否認,若你提出此問題,我將予以證實。」我必須將我所說的話記錄下來:

依據德國官方公布的資料,從1933年3月底至1935年6月底的主要開支為:1933年將近50億馬克,1934年約80億馬克,1935年接近110億馬克,總計240億馬克,約20億英鎊。請注意這些數字,3年間的比例為5、8、11。這些資料準確地展示了軍火生產擴張所需的支出遞增情況。

我直接向財政大臣提出質疑:

他是否知曉,德國在戰備方面的直接和間接開支,包括策略性公路的建設在內,1935年度可能已達8億英鎊,而這個支出比例在本年度是否依然如此。

張伯倫先生回答:政府尚未收到德國官方的數字,但依據我們掌握的

情報，我認為沒有理由去質疑我尊敬的朋友在提問中所引用的數字適用於任何一年時過於誇大，儘管他本人也會承認其中不可避免地存在猜測成分。

我將 10 億鎊更改為 8 億鎊，以便掩蓋我的祕密情報，同時使陳述更為穩妥。

為了徹底釐清英、德兩國的軍備對比，我嘗試了幾種方法。在一次祕密會議上，我曾要求展開辯論，然而遭到了拒絕，他們稱這會引發不必要的恐慌。我的提議獲得的支持寥寥無幾。所有祕密會議都不受媒體的歡迎。隨後，在 1936 年 7 月 20 日，我詢問首相是否願意接見一個由樞密院顧問官及幾位能向他提供所知事實的人士組成的代表團。索爾斯伯利勳爵建議上議院也組織類似的代表團共同與首相會面。首相答應了。我親自向艾德禮先生和辛克萊爵士提出請求，但工黨和自由黨均不願派出代表。於是，在 7 月 28 日，鮑德溫先生、哈利法克斯勳爵和英斯基普爵士在下議院的首相辦公室接見了我們。與我同行的有幾位保守黨議員及無黨派的著名人士。奧斯汀·張伯倫為我們做了介紹。

這是一件重大事件。我認為，這在英國政治歷史上是前所未有的。一群卓越的人士，無私奉獻，終身致力於國家事務；他們代表著保守黨中不可忽視的重要聲音。如果工黨和自由黨的領導者也加入我們，可能會造成一種緊張的政治局勢，迫使政府採取補救措施。連續 2 天晉見首相，每天 3～4 小時，我常說鮑德溫先生善於傾聽，他以極大的興趣和注意力聆聽。與他同在的還有帝國國防委員會的參謀人員。第一天，我用了 1 個小時 15 分鐘進行發言，闡述了當時的形勢。

在文章的最後，我提到：

首先，我們正身處英國史上最為危急的時期。其次，為了化解當前困境，與法蘭西共和國結盟是唯一的出路，除此之外別無他法。如果英國海

第十三章　德國武裝起來了

軍與法國陸軍攜手，再加上兩國聯合空軍在法、比邊界附近進行活動，以及英、法兩國展現的全部實力，這將形成一種足以拯救我們的威懾力量。這無疑是我們最大的希望。具體而言，我們必須消除一切障礙以增強實力。無法預防所有潛在的威脅。我們必須專注於最重要的事情，即使在其他方面有所損失……關於進一步的建議，我們必須優先發展空軍。我們必須不惜一切代價培養優秀青年成為飛行員。應從各個方面採取各種手段激勵他們，無論採取何種引導方式。我們必須簡化並加快飛機製造，以最大規模進行，並毫不猶豫地與美國或其他國家簽訂合約，盡量採購各種飛機原料和裝置。我們正面臨英國從未遭遇的危險——即便是潛艇戰的高峰期（1917年）也未曾如此。

我滿懷憂慮地思索：時間飛逝。如果我們遲遲不加強防禦，可能會被強敵阻撓，無法完成這項任務。

財政大臣未能出席，這讓我們感到非常失望。鮑德溫先生的健康狀況顯然在逐漸惡化，眾所周知，他即將退休。關於他的繼任者，大家心裡都有數。不幸的是，內維爾·張伯倫正在享受理所應得的假期，未能出席，因此錯過了直接聽取保守黨議員提供的情況。在這次代表團中，有他的哥哥以及許多他珍視的朋友。

大臣們對我們所提的重要意見似乎開始進行認真考慮，但直到1936年11月23日議會休會後，鮑德溫才邀請我們聽取一份全面分析局勢的報告。英斯基普爵士呈現了一份坦率且出色的報告，未掩飾英國面臨的嚴峻形勢。然而，他的核心觀點是：我們的評估，尤其是我的言論，對未來過於悲觀。他表示政府正進行最大努力（確實如此）以求補救，但當前的狀況尚未迫使政府採取緊急措施；採取此類措施將擾亂工業，引發普遍恐慌，暴露問題所在。在這些限制內，政府已經盡可能採取行動。對於他的陳述，奧斯汀·張伯倫表達了我們的共同看法：我們的憂慮並未因此消除，

我們無法感到滿意。隨後，我們便告辭離去。

我不認為在 1936 年底時，局勢有可能得到補救。然而，透過不懈的努力，我們仍然可以而且應該取得更顯著的成就。儘管這些努力未必能直接影響希特勒，但對德國的影響將是深遠的。然而，最重要的事實仍然是：德國在空軍方面的力量上已經超越我們，並在整個軍備生產領域領先，即便考慮到我們陸軍的需求較少，且可以依賴法國的陸軍和空軍，我們依然處於劣勢。我們已經無法使空軍超越希特勒或重新取得制空權。如今，德國擁有歐洲最強大的陸軍和空軍已是不可逆轉的事實。我們可以透過非凡的努力來改善我們的處境，但無法進行根本性的改變。

這些令人擔憂的結論，政府並未給予認真反駁；這無疑影響了他們的外交政策。若要對張伯倫先生擔任首相後，在慕尼黑危機前後所下達的決定作出正確評價，必須充分考慮這些結論。當時我只是一個普通議員，沒有擔任任何官職，我竭力呼籲政府，使其做出超乎尋常的努力，積極備戰，即便引起全球恐慌也在所不惜。在這樣做之時，我無疑會將事情說得更為嚴重。我強調我們落後了兩年，而在 1938 年 10 月，我又主張與希特勒決戰，這可能被視為自相矛盾。但我仍然相信，我用盡一切方法敦促政府是正確的做法，而在 1938 年，我們即將看到，如果那時對希特勒開戰，無論從哪個角度來看，都比 1939 年我們最終不得不參戰更為有利。關於這個問題，下面還有更詳盡的敘述。

正如我們之前提到的，內維爾・張伯倫在繼鮑德溫之後不久便成為首相，而我們的敘述也必須推進到 1938 年。斯溫登勛爵是一位極為精明能幹的空軍大臣，他在內閣中長期擁有顯著影響力，能夠獲得必要的資金和便利。公眾對英國防空的擔憂不斷加劇，到了 5 月分達到了頂點。儘管斯溫登勛爵在空軍的擴充和改進上做了許多有價值的工作，但這些努力無法立竿見影，而且政府的整體政策在各方面都缺乏魄力和緊迫感。我仍然忙

第十三章　德國武裝起來了

於研究英國空軍的建設計畫，支持我的人數日益增加。那時斯溫登犯了一個錯誤：他接受了爵位並成為上議院議員，這使他無法在下議院為自己和空軍部辯護。從前排政府席位中挑選出來的發言人未能平息日益高漲的恐慌和不滿。在一次不幸的辯論後，空軍大臣必須是下議院議員已成為理所當然的事情。

5月12日上午，在防空研究委員會中，我們這群由科學家、政治家和官員組成的團隊，正專注於各項技術問題的研究。此時，空軍大臣接到通知，要求他前往唐寧街。他讓我們繼續討論，自己則立即離開了。之後，他再也沒有回來，因為張伯倫先生已經將他免職。

在25日的激烈辯論中，我竭力將已經離任大臣的能力和努力與公眾對政府的普遍不滿區分開來：

> 最近發生的事件對政府一貫宣告的可信度造成了影響。下議院在我國空軍狀況問題上被誤導，首相本人也未能倖免。他顯然一直被誤導。請回顧他在3月分發表的宣告，當時他提到我們的軍備：
>
> 「英國正在建構的這種龐大且幾乎令人震驚的實力，對全球輿論產生了一種安撫和穩定的效果。」
>
> 我常常向下議院發出警告，指出我們的空軍計畫已經落後於其他國家，但我從未攻擊過斯溫登勳爵。我從未認為他是應該被責備的人——更不是唯一應受責備者。批評政府的人往往在大臣被迫辭職後發現他們以前未曾注意到的優點，但我或許可以引用我3個月前所說的話：「將我們的缺點歸咎於任何一個大臣，或歸咎於斯溫登勳爵，是不公正的。他確實是一個極為能幹且全心全意為增強我們的空軍實力而付出努力的人；如果沒有時間表的限制，如果沒有其他地方的情況對比，他所取得的成就將是輝煌的……」
>
> 政府未能兌現對我們的承諾，這個重大責任應由最近5年來，即自德

國公開積極重整軍備以來，統治並領導這個島國的人承擔。我絕不會對斯溫登勳爵進行苛刻的質詢。今天，我欣然聽到首相對他的讚美。他理應得到我們的同情。他曾獲得首相的信任和友誼，並得到了議會的廣泛支持；然而，如今他卻在我認為空軍擴充過程中最不幸的時期被迫離職。數個月之後，我們可能會生產出相當數量的飛機，但他仍需為他在這段對他而言尤為不幸的時期之施政紀錄負責。幾天前，我讀到偉大的馬爾巴羅公爵的一封信，其中寫道：「在戰鬥正酣時換將，這將是致命性的打擊。」

我將談話引向我們的防務事宜：

我們目前正處於公開宣布擴軍的第三年。如果一切順利，為什麼會存在如此多的缺陷？例如，為何警衛隊在訓練時使用手槍而不是機關槍？為何我們的本土防衛隊仍然如此不完善？這一切是否都是按照計畫進行的？鑑於我們的武裝力量規模如此之小，為什麼我們的本土防衛隊不能與正規軍同時裝備？對英國工業而言，這似乎不應是難事。除了軍火生產，英國工業在任何領域都比德國工業更具靈活性且產量更高。

近日，有人向陸軍大臣詢問高射炮的現狀。陸軍大臣表示，第一次世界大戰期間 3 英寸口徑的舊式炮已經進行了現代化改造，而新型炮（我們的新型炮不止一種）正在「超出預定計畫」地生產。然而，我們的計畫究竟是什麼？如果計畫規定每月生產 6 門、10 門、12 門、20 門炮或其他可能的數字，那麼這個計畫顯然很容易達到，也很容易超越，但這樣的計畫是否符合我們的需求呢？一年前，我曾提醒下議院注意德國公布的高射炮發展情況——單是機動炮兵就有 30 個團，每個團有 12 個炮兵中隊，總共約 1,200～1,300 門炮，此外還有 3,000～4,000 門固定炮。這些炮都不是 1915 年的產品，而是 1933 年以後製造的。

難道這還不能讓下議院對德國這些進展的規模有一個概念嗎？儘管我們不需要像大陸國家那樣龐大的陸軍，但在防空方面，我們的需求與它們完全一致。我們同樣容易受到攻擊，甚至可能更容易受到攻擊。我們的政

第十三章　德國武裝起來了

府總是以「百」來計算高射炮，而德國現在已經以「千」來計算了……

我們常常將陸軍、海軍和空軍的生產分開來思考，然而實際上，各軍種的軍械供應已成為技工、原料、廠房、機器與技術裝置供應和分配的共同問題。這個問題只能透過一個集中管理的機構進行全面協調並以經濟的方式解決。然而當前我們卻表現出效率低下，機構重疊，進而導致大量浪費。為何英國熟練的飛機製造業需耗費9萬人力，卻僅達到德國11萬工人產量的一半或三分之一呢？這難道不是一種異常現象嗎？我們竟然無法製造出更多的飛機，實在令人難以置信。只要有一張辦公桌，一塊空地，資金和勞動力，我們理應在18個月內生產出大量飛機，但自鮑德溫勳爵決定將空軍擴充三倍以來，現在已經是第34個月。

新任空軍大臣金斯利·伍德爵士邀請我繼續留在防空研究委員會。如今，天空愈顯陰暗。我深感需要林德曼在若干技術問題上提供解釋，並渴望獲得他的建議和支持。因此，我寫信給他，表達我對他協助的迫切需求，否則難以繼續。經過我的積極爭取，林德曼被安排進入委員會，我們的合作得以恢復。

一直到1940年6月法國簽署停戰協定之前，無論是在戰爭時期還是和平時期，無論是以個人身分還是作為政府首腦，我始終與那些經常更替的法蘭西共和國總理和主要部長保持著相互信任的關係。我非常渴望了解德國的擴軍情況，希望將法國方面的評估與我自己的判斷進行對比。因此，我寫信給我所熟識的達拉第先生。

邱吉爾先生致達拉第先生

1938年5月3日

我非常感謝你的前任勃魯姆先生和弗朗丹先生，他們提供了關於德國空軍力量的評估，尤其是近年的實力。如果你能告知你們目前的觀點，我將不勝感激。我手頭有一些已被證實為可靠的資料，但我非常希望能有其

他來源的消息以便進行交叉驗證。

您在英國的訪問取得了巨大的成功，這讓我感到非常欣慰。我期望兩國的參謀之間能夠展開磋商。我已經向我們的部長們極力強調召開此類會議的必要性。

1938年5月11日，達拉第先生在回信中提供我一份長達17頁的文件，這份文件是「經過法國空軍參謀部深入研究後的成果。」我將這份重要文件遞交給英國相關部門的朋友審閱，他們經過詳盡研究後表示：「這與英國空軍參謀部根據本身情報得出的獨立見解在主要方面是一致的。」法國對德國空軍規模的評估略高於英國的估計。至6月初，我已經獲得相當多的權威意見，並在此背景下給達拉第先生寫了另一封信。

邱吉爾先生致達拉第先生

1938年6月6日

我已經從法國大使館的武官處收到您提供的寶貴情報，深表感謝。請放心，我會非常謹慎地利用這份情報，以維護我們共同的利益。

目前英、法兩國的參謀部對德國空軍的評估與我個人見解一致。然而，我傾向於認為德國飛機製造廠的產量可能超過預估數字。所報告的數字僅代表提供給德國空軍的軍用飛機，而不包括出口和交付給佛朗哥將軍的飛機。截至1939年4月1日，德國空軍可能擁有300個中隊；到1940年4月1日，這個數字可能增至400個中隊。

我亦渴望將我對德軍的評估與我從英國情報中得出的判斷進行對照。因此，我繼續說道：

我冒昧地附上一份簡短的摘要。這是我從多個管道收集來有關德國陸軍當前及未來實力的情報。若我得知此材料與你們的評估大致吻合，將對我大有幫助。若你認為有任何錯誤，只需用鉛筆註明數字即可。

第十三章　德國武裝起來了

摘要

截至今年6月1日，德國陸軍共編制了36個正規師和4個裝甲師，全部按照戰時標準滿員。非裝甲部隊正在迅速擴充，並計劃將其力量增加至3倍，目前可能已經達到2倍。現有的70多個炮兵師顯然尚未完全裝備齊全。軍官短缺是德國陸軍面臨的問題。然而，到1938年10月1日，預計師級編制將不少於56個，加上4個裝甲師，總計將會有60個裝備齊全的師。此外，還有約相當於36個師的訓練後備軍，已配備核心人員編制，若要將其納入現役部隊，只需增加軍械、輕武器和少量大炮。這還未包括奧地利的兵力。根據最高推算，奧地利可提供相當於12個師的未武裝兵員，他們隨時可以從德國軍火庫獲得武器裝備。此外，還有許多如邊防軍、民防隊等編外組織，相對而言，這些組織並未配備武器。

1938年6月18日，我收到了達拉第先生的回信：

得知我在6月16日信中附上的資料與你的資料一致，我感到非常愉快。

在你6月6日的信中附上的摘要，裡面提到了德國陸軍的狀況，這也與我的了解一致。然而，需要指出的是，在德國的36個正規作戰師中，已有4個師實現了完全摩托化，另外2個師也即將實現全面摩托化。

事實上，依據我們在戰後從德國文件中獲得的資料，1938年夏季我們取得的這份德國陸軍狀況的報告極為精確。這份報告是由個人單線收集，其精確程度令人驚訝。這表明，在我為英國擴軍進行的一系列長期鬥爭中，我並不缺乏充足的情報支持。

這本書中多次提及法國的空軍。有段時期，法國的空軍飛機數量是我們的2倍，而當時德國根本不被允許擁有空軍。直到1933年之前，法國空軍一直在歐洲的地位顯赫。然而，希特勒掌權的那一年，法國政府逐漸對空軍失去興趣，且未予以支持。他們不願意投入資金，以致工廠生產能

力減弱,同時也未再繼續設計現代化的新型飛機。法國實施每週40小時工作制,因此產量無法與德國的戰時緊張工作狀態相比。所有這些情況大約與先前討論到的英國空中優勢喪失同時發生。事實上,西方協約國有權建立其認為對維護安全有必要的空軍優勢,但它們忽視了這一個重要武器;而另一方面,德國雖按條約規定不得建立空軍,但實際上卻將其空軍打造成為外交手段乃至是最終進攻的尖銳武器。

1936年及其後幾年,法國的「人民陣線」政府採取了多項措施,確保陸軍和海軍的作戰準備。然而,空軍方面卻缺乏相應的努力。直到1938年2月,居伊·拉尚布林先生擔任空軍部長時,才採取有效措施復興法國空軍。然而,此時距離戰爭爆發僅僅不到18個月。法國顯然無法阻止德國陸軍的逐年壯大與成熟,也無法大幅增加自己的陸軍。令人費解的是,他們竟然任由空軍持續衰退而無人問津。我當然無法為友國和盟國的官員承擔責任或進行指責,但在法國追查「罪人」時,或許可以在這個方面進行一些追究。

英國全國以及新當選的議會因感受到德國的威脅,隨之而來的德、義聯合威脅逐漸顯現,這使我們政府精神為之一振。他們如今變得非常願意,甚至渴望採取一切必要的措施,而這些措施若在2年前實施,便可避免當前的困境。儘管他們的態度有所改變,但反對者的力量和任務的艱鉅性也在不斷增加。許多人認為,在我們放任德國占領萊茵蘭之後,除了戰爭之外已無其他方法可以阻止希特勒。這或許會成為後代人的評判。然而,我們本可以採取許多措施來更好地準備自己,以減輕我們的風險。對於未曾發生的事情,又有誰能確切地說清楚呢?

第十三章　德國武裝起來了

第十四章
外交大臣艾登的辭職

■ 西元 1937 ～ 1938 年

在英國的內閣中，外交大臣具有獨特的地位。其重要而崇高的職責令他倍受尊敬。然而，在處理分內事務時，他通常需要接受整個內閣，或至少是內閣中主要成員的監督。他有責任讓他們知曉外交相關事務的進展。根據慣例，他必須在內閣中傳閱他的公務電報、駐外使節的報告以及他與外國使節或其他重要人物的談話紀錄。至少在我擔任內閣職務期間，這個做法始終如是。尤其是首相，保有稽核權，能夠透過內閣或親自掌握外交政策的主要方針，至少不能對他隱瞞。任何外交大臣若無首相的持續支持，難以有效開展工作。為確保職務的順利運作，首相與外交大臣不僅在基本政務原則上需達成一致，甚至在觀點和性情上也應保持高度協調。如果首相本人對外交事務尤為關注，那麼兩者之間的合作顯得更為關鍵。

艾登在鮑德溫任內擔任外交大臣。鮑德溫以追求和平與寧靜的生活而聞名，並不積極介入外交事務。張伯倫則與此相反，他希望對政府各部門實施強而有力的掌控。他在外交事務上持有堅定的觀點，剛上任時便聲稱自己有與外國使節討論外交事務的當然權利。因此，他上任首相後，使外交大臣的地位發生了一種雖微妙但明顯的變化。

此外，兩人之間在態度和觀點上存在著一種明確的分歧，儘管最初並未顯露。首相希望與歐洲的兩位獨裁者維持友好關係，並認為與他們妥協

第十四章　外交大臣艾登的辭職

是最好的方式,最好避免採取任何可能冒犯他們的舉動。而艾登曾在日內瓦呼籲各國聯合反對希特勒,因而獲得聲譽。如果由他自己決定,他甚至可能採用發動接近戰爭邊緣的政策或更激進的手段來制裁獨裁者。他是英、法協約的堅定支持者,才剛剛積極的主張英、法兩國舉行參謀會談。他渴望與蘇聯建立更緊密的關係,意識到希特勒的危險和威脅。他對英國軍備及外交反應的不足感到憂慮。可以說,除了他作為負責官員的身分外,我與他的看法幾乎一致。因此,我一開始就察覺到,如果國際局勢進一步惡化,內閣中的這兩位重要人物之間可能會產生意見分歧。

此外,首相的外交立場似乎得到了哈利法克斯勳爵的堅定支持。我與哈利法克斯的友誼始於 1922 年,那時他是我在勞合·喬治內閣中殖民部的次長。儘管我們在政治觀點上存在歧見,但這並未影響我們之間的私人關係。尤其是在他擔任印度總督期間,我們曾就其相關政策展開過激烈且持久的爭論。對於他的了解,我深知我們之間存在著一條明顯的分界線。我也察覺到,他與艾登之間似乎也存在著類似的隔閡。整體來看,若張伯倫在組閣時就任命哈利法克斯為外交大臣,或許更為明智。若艾登被指派至陸軍部或海軍部,可能更合適,而如此安排首相在外交部門就能有一位志同道合的夥伴。在艾登與張伯倫的合作過程中,這種不利的局勢逐漸惡化。

在這些令人焦慮不安的歲月中,范西塔特爵士一直擔任外交部的首席官員。他與霍爾-賴伐爾條約的意外關聯影響了新任外交大臣艾登先生及許多政界人士對他的看法。此時,首相愈發依賴主要工業顧問威爾遜爵士,幾乎凡事都與他商量,甚至包括許多不在其專業範疇內的問題。首相認為范西塔特持有反德立場。實際上,范西塔特確實如此,因為沒有人比他更清楚地意識到或預見到德國威脅的增長,也沒有人比他更願意為了應付德國的威脅而讓其他一切考慮為此目標讓步。外交大臣發現,與卡多根

爵士合作更加得心應手，卡多根也是一位聲望卓著且能力出眾的外交官。因此，到 1937 年底，范西塔特已經知曉他將被調職，而在 1938 年 1 月 1 日，他被任命為「政府首席外交顧問」這個特設職位。這個新頭銜對外界來說是一種升遷，且看似確實如此，但實際上，管理外交部的整體責任已不再由他負責。他依舊保留原有的辦公室，但外交部的電文現在必須連同該部的詳細意見先交給外交大臣，然後才由他審閱。范西塔特不願擔任駐巴黎大使，而在一段時間內繼續保持這種超然的地位。

1937 年夏至年底，首相與外交大臣在策略與目標上的分歧日益加深。促成 1938 年 2 月艾登先生辭職的一系列事件，皆按邏輯順序逐步浮現。

最初的分歧起源於英國與德國及義大利之間的外交關係。張伯倫先生選擇向這 2 位獨裁者懇求。1937 年 7 月，他邀請義大利大使格蘭迪伯爵來到唐寧街的首相官邸。艾登先生知曉此次會晤，但並未參與其中。會談期間，張伯倫先生表示希望改善英國與義大利的關係。格蘭迪伯爵建議，作為初步措施，若首相能親筆寫信給墨索里尼進行個人呼籲，或許有助於局勢發展。張伯倫先生當即動筆。然而，他未通知離首相官邸僅幾步之遙的外交大臣便將信件寄出。此信並未產生明顯效果。由於義大利加大對西班牙的干涉，兩國關係反而更為惡化。

張伯倫先生認為自己肩負著一種獨特且個人化的使命，務必要與義大利和德國的 2 位獨裁者建立友好關係，並且相信他有能力實現這個目標。對於墨索里尼，張伯倫同意承認義大利對衣索比亞的征服，以此作為解決兩國糾紛的基礎。對於希特勒，他準備在殖民地事務上做出讓步。同時，他顯眼地表現出不願改善英國軍備狀況，也不願在參謀部或政治方面與法國密切合作。反觀艾登先生，他堅信若要與義大利達成和解，必須將包含西班牙內戰在內的地中海問題全面解決，並需事先獲得法國的充分理解。在商討這個全面性解決方案時，是否承認義大利在衣索比亞的地位顯然是

第十四章　外交大臣艾登的辭職

一個重要的談判籌碼。在外交大臣看來，尚未開始談判便放棄這個條件，顯得過於急切，實為不智之舉。

至1937年夏季，這種分歧愈發顯著。張伯倫先生認為外交部阻礙了他與德、義兩國談判的嘗試，而艾登先生則認為他的上司在試圖接觸獨裁者時，尤其是在英國軍備極度薄弱的此刻，表現得過於急切。實際上，這兩者之間的觀點存在著一種深度的實際和心理上的分歧。

儘管我與政府之間存在諸多歧見，但我對外交大臣懷有深深的同情。在我看來，他似乎是當時政府中最為堅定和勇敢的成員之一。儘管他過去在擔任外交大臣政務祕書和次長時，做過許多我曾經嚴重批評且至今仍然不滿的事情，但我確實了解他的本意並不壞，而且他對問題的根本有清晰的理解。由他主導的外交部每次舉辦宴會時，他都會邀請我參加，我們之間也經常透過信件交流。這種行為自然無可厚非。按照長久以來的慣例，外交大臣通常會與當時政治上重要的人物保持連繫，廣泛討論各類國際事務。艾登先生只不過是在延續這種傳統罷了。

1937年8月7日，我致信告知他：

西班牙的問題打斷了我們的思緒。我認為，當前最關鍵的任務是讓勃魯姆像我們一樣保持中立。即便德國繼續支持叛軍，而蘇聯以金錢資助政府一方，我們仍需採取中立立場。如果法國政府提供助力用來反對叛軍，這將成為德國人及親德派的絕佳擴張機會。如果你有時間，請閱讀我在星期一《旗幟晚報》上發表的文章。

在這篇文章中，我寫到：

最激烈的爭論往往發生在雙方都認為自己正確的情況下。在西班牙，一方是貧困落後的無產階級，他們熱切地想要推翻教會、國家和私有財產，以建立共產主義的統治政權。另一方是愛國的、信仰宗教的資產階級勢力，他們在許多省分的農民支持下，在軍隊的領導下逐步建立軍事獨

裁，以期恢復秩序。雙方都抱著破釜沉舟的決心，向對方施以殘酷無情的屠殺；令人心寒的仇恨一發不可收拾；雙方在信仰和利益上都勢不兩立。這一切都意味著無論哪一方獲勝，失敗一方的積極分子很可能被無情地全部消滅，進而展開一個專制統治時期。

到1937年秋，我與艾登在反對軸心國干涉西班牙內戰的問題上，雖然透過不同途徑，卻達成了一致。只要他採取果斷行動，即便規模不大，我在下議院總是支持他。我清楚他在內閣中與某些同僚和首相之間的摩擦。我知道，如果不受限制，他會採取更大膽的措施。8月底，我們在坎城多次會面，一次我在坎城到尼斯間半路的一家飯店請他和勞合・喬治共進午餐。我們討論了許多問題，包括西班牙衝突、墨索里尼的背信棄義和對西班牙內戰的干涉。最後，自然也談到德國勢力日益增長的陰影。我當時認為，我們三人的看法完全一致。外交大臣的職務對他與首長及同僚的關係，自然避而不談，這個微妙問題未在談話中提及。他的態度無疑是正確的。然而，我可以斷言，他在這個重要職位上並不快樂。

不久，地中海局勢更趨緊張。艾登以果斷而巧妙的手段處理了這個危機，最終得以解決。此次事件的解決過程證明了我們所堅持的方針是正確的。事情的起因在於一批商船被所謂的西班牙潛艇擊沉。然而，這些潛艇實際上並非西班牙的，而是義大利的，這完全是一種海盜行為，立即引發知情者採取行動。1937年9月10日，地中海各國在尼翁召開會議，外交大臣由范西塔特和第一海務大臣查特菲爾德勳爵共同出席。

邱吉爾先生致艾登先生

1937年9月9日

在你之前的信中，你提到希望在啟程前往日內瓦前拜訪我與勞合・喬治。今天我們已會面。現將我們的看法呈上，供你參考。

現在是敦促義大利重新履行其國際義務的時候了。地中海地區出現了

第十四章　外交大臣艾登的辭職

潛艇的海盜行為；它們在完全不顧船員生命安全的情況下擊沉了多國的商船。這些暴行必須予以制止。為此，地中海各國應達成協定，將其潛艇避開若干指定的商業航線。在這些航線內，應由英、法海軍負責潛艇的搜索，如偵察器在這些航線上發現任何潛艇，即應視為海盜，並予以追蹤擊沉。我們應以最禮貌的方式邀請義大利參加，但若其拒絕，我們就應該告訴它：「我們打算如此行事。」

同時，鑑於與義大利建立友好合作關係至關重要，法國應明確表示，若義大利不參與協定，法方將開放法、義之間的庇里牛斯山邊界，允許各類武器進入。如此一來，義大利將不得不面對這樣的現實：在地中海航線上從事海盜活動的潛艇勢必會被清除；反之，若拒絕加入協定，義大利也無利可圖，因為法國將開放邊境。我們認為這個策略至關重要。這種鼓勵義大利加入地中海國家行動的聯合壓力，加上若其固執己見將面臨巨大風險且毫無益處的事實，幾乎可以肯定會對墨索里尼產生影響，只要他意識到英、法兩國的認真態度。

看來，今年德國似乎無意發動一場大戰。若希望未來在某些事務上與義大利建立良好關係，現在就必須解決這個問題。當前我們面臨的危險在於，墨索里尼可能認為可以透過敲詐和恐嚇達到目的，他相信我們最終只會發表幾句空洞的宣告，最後還是會退讓。為了維護歐洲的和平，現在應當展現出一個堅定的立場。如果你認為能夠採取這樣的行動，我們願意向你保證，無論局勢如何變化，在全國和下議院，我們都會堅定地支持你。

對我而言，當萊茵蘭非軍事化被破壞後，你毅然堅持與法國進行參謀部級會談，那是一個關鍵時刻。我認為你現在又處於同樣重要的關頭。勇敢的選擇即是安全的選擇。

如若您認為這些建議有助於英國及和平的利益，請隨意在私人或公開場合使用此信函。

此外，這封信我曾向勞合・喬治朗讀，他對信中所述內容完全贊同。

尼翁會議簡潔而高效地達成了成果。會議決定籌組英、法聯合巡邏艦隊，以阻止潛艇的滋擾。艦隊接到明確指令，任何遭遇到的潛艇將被毫不猶豫地擊沉。最終，義大利也不得不同意這個規定，隨之海上暴行立即不再發生。

艾登先生致邱吉爾先生

1937 年 9 月 14 日

　　或許你已經注意到，我們在尼翁會議上採取的策略，其中至少部分與你信中所提建議相符。我希望你會認同，會議的結果是成功的。在這裡，似乎情況確實如此。實際上，重要的政治現實是，我們在會議中強調英、法合作的有效性，西歐這兩個民主國家在歐洲事務中仍然發揮著決定性作用。我們最終達成的計畫是與法國共同起草的。我必須承認，他們與我們的合作非常出色。他們準備提供的海軍合作程度讓我們驚訝。可以公平地說，如果算上他們的空軍支援，我們的實力就大致相當了。

　　我承認，我們在會議上的成就只是西班牙問題之中的一個面項。然而，它大大提升了我們在國際間的聲望，而現今正是我們急需提高聲望的時刻。地中海沿岸各小國的態度同樣令人滿意。在土耳其幾乎是肝膽相照的友好領導下，這些小國表現得十分出色。查特菲爾德與每個人的接觸都取得了極大的成功。我感覺到，尼翁會議因其簡練而富有成效，對恢復我們在相關地域上的地位作出了相當大的貢獻。我希望你也有同感。

　　至少此次會議已經激勵了法國人和我們，讓我們齊心協力應付我們極具挑戰性的任務。

邱吉爾先生致艾登先生

1937 年 9 月 20 日

　　感謝你在繁忙之際抽空致信。我確實應向你道賀，因為這是一個重要的成就。能夠以嚴厲而有效的手段讓一個惡棍屈服，同時又不冒戰爭的風

第十四章　外交大臣艾登的辭職

險，這無疑是個難得的成果。我相信下議院對會議的結果必定非常滿意。

我很欣慰得知張伯倫始終支持你，而非像小報所言那樣，在背後制約你。我希望你務必堅定地維護你已獲得的有利條件。墨索里尼只認強權，如同他在地中海所面對的那樣。自從我們能夠利用法國的基地起，那裡的整個海軍局勢就已經徹底改變。義大利絕不能抵擋英、法兩國的強力聯合行動。因此，我希望能讓墨索里尼為自己所犯的大錯所造成的外交困境自尋出路。現今地中海的局勢是我們為無懈可擊的目標聯合對抗他而形成的，而這個局面，本是他應竭力避免的。現在他自作自受。英、法兩國海軍的合作已然開始，我希望這種合作能無限期地持續下去，雙方的海軍與空軍繼續共享裝置。這種合作在未來處理巴利亞利群島爭端時將會有用。義大利繼續在地中海設防以對抗我們，這是對大英帝國的重大威脅，未來必須加以因應。現在我們的部署越持久，這種局勢的危險性就越小。

伯納德・巴魯克來電告知，他正在記錄與美國總統會談的成果（繼我們在倫敦的談話之後）。我毫不懷疑，總統對獨裁國家的言論受到了我們討論的影響。我相信關稅和貨幣問題也必定進行了探討。

艾登先生致邱吉爾先生

1937 年 9 月 25 日

感謝你 9 月 20 日的來信，你關於尼翁會議的鼓勵讓我深感欣慰。你對會議局勢的總結是：「能夠以嚴厲而有效的手段迫使惡棍屈服而不引發戰爭風險，實在是一個難得的成果。」我認為這個結論已經充分說明了局勢。墨索里尼在策略上過於冒進，他必須受到制裁。80 艘英、法驅逐艦加上強大的空中力量在地中海巡邏，這個壯觀場景無疑對歐洲的輿論產生了深遠的影響。從我收到的報告來看，德國也對此事實予以重視。今年秋季，我們必須在相當程度上採取防禦策略。在此時刻，我們能夠以這種方式維護兩國的地位，使我和德爾博斯都感到寬慰。我們面臨的困難仍然很多，軍事上當然還未達到我所期待的強大，但尼翁會議已經幫助我們改善

了地位，進而爭取到更多的時間。

我完全同意你對當前英、法在地中海合作形勢的重視。法國的立場，與賴伐爾執政時期相比，顯然有了根本性的變化。法國海軍參謀部確實全力協助，並對聯合艦隊做出了重大貢獻。我相信，我們的海軍部對此印象深刻。此外，你提到兩國互相利用對方基地的好處，這確實極具價值。至於義大利加入協定，無論其最終形式如何，都無法改變局勢的本質。

尼翁會議雖屬偶然，卻彰顯出英、法聯手若以堅定姿態和決心動用武力，能對獨裁者的心理與政策產生何等深遠的影響。在此階段，尚不能斷言此種策略必能阻止戰爭，但至少可推遲其爆發。事實證明，各種形式的「綏靖政策」只會助長侵略，並強化獨裁者對其國民的掌控；而西方民主國家只需採取任何果斷的反擊行動，便能立即緩解緊張局勢。此規律貫穿整個1937年。1937年之後，局勢與條件則截然不同。

1937年10月初，我受邀出席外交部為南斯拉夫總理斯托亞丁諾維奇舉辦的宴會。餐後，我們起身四處走動交談。當我與艾登閒聊時，哈利法克斯勛爵興沖沖地走來，告知他收到戈林的邀請，將前往德國打獵，有望藉此機會與希特勒會面。他表示已與首相商議，首相認為此乃極好之事，因此已經接受邀請。我當時感到艾登對此消息略顯驚訝與不悅，但整體氛圍依舊愉快。於是，哈利法克斯以「老獵手」之身分訪問德國。納粹報紙對他表示歡迎，稱其為「哈拉里法克斯」勛爵。「哈拉里！」原是歐洲大陸獵人間的呼喊。經過幾次獵宴款待後，他終於被邀請至貝希特斯加登，與德國元首進行非正式且低調的會晤。然而，此次會晤並不成功，實在很難想像有比這兩人更難以相互理解的了。一方是來自約克郡高派教會的貴族與和平愛好者，成長於英國舊式生活中彼此和善的環境；他曾參軍，且是位優秀軍官。對方則是出身貧困、因國家戰敗而充滿仇恨與復仇心態的惡棍，瘋狂地欲使日耳曼種族稱霸歐洲乃至全球。此次會晤除了漫無邊際的

第十四章　外交大臣艾登的辭職

空談之外，毫無成果。

值得在此一提的是，里賓特洛甫曾兩次邀請我拜訪希特勒。早在 1907 年和 1909 年，我曾分別以殖民地事務部次長和牛津郡義勇騎兵少校的身分，應德皇之邀赴德觀摩演習，但如今的形勢截然不同。劇烈的鬥爭正在進行，而我在其中扮演著一定角色。若我獲得英國國家的正式授權，我會樂於與希特勒會面。然而，以個人身分去會見他，則可能使我和我的國家陷入不利境地。若我對獨裁者東道主表示贊同，那便是在欺騙他；若表示反對，又必定會激怒他，並可能被指責為破壞英、德關係。因此，我婉拒了這 2 次邀請。在這些年當中，凡是曾會見過德國元首的人要麼陷入窘境，要麼自陷困境。恐怕沒有人比勞合‧喬治更徹底地被矇騙了。他將與希特勒交談的情景描繪得極為興奮，令今日讀者不禁發笑。希特勒無疑有一種迷人的魅力，容易使來訪者對他產生力量與權威的誤解，除非以對等的身分相會，否則還是保持距離為佳。

在 1937 年 11 月，艾登對於我們在軍備擴充方面的緩慢進展日益感到焦慮。11 日，他與首相進行了會晤，試圖表達他的擔憂。張伯倫先生聽了一陣之後，便不願再繼續聽下去，建議他說：「回去吃片阿斯匹靈吧。」哈利法克斯從柏林返回後，報告稱希特勒告訴他，殖民地問題是英、德之間唯一尚未解決的問題。他認為德國人並不急於解決，目前沒有立即舉行和平談判的可能性。他的結論是消極的，態度則顯得被動。

1938 年 2 月，外交大臣感覺自己在內閣中幾乎處於孤立境地。首相獲得了強而有力的支持來反對他的觀點及政策。許多重要的閣員認為，外交部的政策過於危險，甚至具有挑釁性質。另一方面，一些較年輕的閣員則非常願意了解他的觀點，但其中有些後來卻表示不滿，聲稱艾登沒有對他們坦誠相待。然而，艾登絕對無意組織小集團來反對領袖。參謀長們也無法給予他任何援助，實際上，他們勸告他要謹慎，並多考慮局勢的危險

性。他們不願與法國人過於接近，以免承擔超出我們能力的義務。他們認為俄國清黨後的軍事實力已經不值得期待了。他們認為，處理我們的問題時，必須假設將面對三個敵人——德國、義大利和日本——可能聯合進攻我們，而我們幾乎沒有其他國家的幫助。我們可能需要利用法國的空軍基地，但在最初階段我們無力立刻派出軍隊。即便是參謀部這樣極其謹慎的建議，在內閣中也遭到了強烈的抵制。

然而，真正的分裂源自於另一個新問題。1938年1月11日晚，美國副國務卿威爾斯造訪了在華盛頓的英國駐美大使，攜帶著羅斯福總統給張伯倫先生的一份機密文件。總統對國際局勢的日趨惡化深感憂慮，他提議邀請一些國家的代表前往華盛頓，共同探討當前糾紛的根源。然而，在採取這個步驟之前，他希望與英王陛下政府進行磋商，了解他們對這個計畫的看法，並強調不要將這個建議的性質和內容透露給其他政府。他請求英國政府最遲在1月17日前回覆，並指出他的建議只有在「英王陛下政府熱忱贊助和全面支持」後，才會向法國、德國和義大利政府提出。這是一個重大但無法預見結果的舉動。

英國大使林賽爵士將此絕密文件遞交倫敦。他附上意見稱：從個人角度看，總統的計畫確實是緩解國際緊張局勢的誠摯努力，若英王陛下政府不予支持，過去2年英、美合作的努力將化為烏有。他懇切地敦請英國接受這個提議。外交部於12日收到此一電報，當晚即抄錄並送達正在鄉間休假的首相。次日清晨，首相返回倫敦，並根據指示向美國總統發出覆電。此時，艾登先生正在法國南部短暫休假。張伯倫先生的覆電大意為，他感謝羅斯福總統的信任，以此方式與他商討總統所提出緩解歐洲緊張局勢的計畫；然而，他希望闡明自己與德、義兩國努力達成協定的立場，特別是對義大利方面。他表示，「英王陛下政府，就其本身而言，若認為義大利確實願意為恢復信任和友好關係作出貢獻，我們願意在法律上承認

第十四章　外交大臣艾登的辭職

義大利對衣索比亞的占領，並且在可能的情況下，先獲得國際聯盟的同意。」電文繼續說，首相提出這些事實的目的，是讓總統考慮其建議是否與英國的努力相牴觸。因此，暫緩提出美國的計畫更為明智。

總統收到這個答覆，甚感失望。他表示將在1月17日回信給張伯倫先生。1月15日晚，外交大臣返回英國。他的歸國並非因為首相的催促，首相認為即便他不在，相關事務也能正常進行。他是因為外交部中忠誠於他的官員敦促而回國。警覺的卡多根在多佛港迎接他。艾登先生長期以來努力促進英、美關係，聞此消息後，心中不安。他立即發電報給林賽爵士，希望減輕張伯倫先生冷淡答覆的影響。總統的回信於1月18日上午送達倫敦。信中提到，鑑於英國政府正在考慮直接談判，他同意暫緩提出他的計畫，但他指出，英國政府打算承認義大利在衣索比亞的地位，使他深感憂慮。他認為這種承認將對日本在遠東的政策及美國的輿論產生極為不利的影響。當國務卿科德爾‧赫爾先生將此信交給駐華盛頓的英國大使時，他更加強調：「這種承認必將引發厭惡情緒，並可能激起或加深對替他人火中取栗的顧慮。這將被視為英國在歐洲進行不良交易，而犧牲美國在遠東地區的利益。」

總統的信件在內閣的外交委員會多次會議中被反覆審議。艾登先生成功推動內閣對先前立場的顯著調整。多數閣員認為他對此一結果感到滿意，然而，他並未明確表示他的真實不滿。經過這些會議討論後，1月21日晚，兩封公函被發往華盛頓。信中大意為，首相熱忱歡迎總統的建議，但若美國的提議在各方面反應不佳，英國政府不願承擔失敗的責任。張伯倫先生想要澄清，我們並未無條件接受總統的方案，因為此方案顯然會激怒歐洲的兩位獨裁者，也會刺激日本。英王陛下政府也感覺總統未充分理解我們在法律承認問題上的立場。第二封信實際上是闡述我們對此事的立場。我們願意給予這種承認，只是作為尋求與義大利爭端解決方案的一部分。

英國大使在 1 月 22 日將信件呈交給美國總統時，與副國務卿威爾斯先生進行了對話，並向英國政府彙報。他提到威爾斯先生表示，「總統認為承認問題是兩國必須共同吞下的苦藥丸，他希望我們一同面對。」

羅斯福總統提議利用美國的影響力，促使主要的歐洲國家聚集，共同商討全面解決方案的可能性，這無疑將使美國的強大力量參與其中，即便只是作為試探。然而，這項提議卻被張伯倫先生拒絕。他的態度清楚地反映了英國首相與外交大臣之間截然不同的觀點。在隨後的短時間內，這種分歧仍然局限於內閣內部，但這個裂痕卻是根本性的。張伯倫的傳記作者法伊林教授對此段插曲的評論頗具趣味，他寫道：「張伯倫深怕兩個獨裁者會無視建議，或者將民主國家結成聯盟視為發動戰爭的藉口。然而，當艾登回到英國後，他表示寧願冒此風險，也不願失去美國的好感。這顯現出辭職的初步跡象，但最終找到一個折中方案……。」可憐的英國！日復一日地享受自由與無憂無慮的生活，它在議會那些冗長而文雅的空談中，徬徨地走向它原本試圖避免的方向。除了一些忠實可敬的例外，最有影響力的報紙的重要文章依舊在安撫人心；英國的行為彷彿假設全世界與它同樣隨意，沒有謀算且心地善良。

外交大臣顯然不能因為張伯倫先生拒絕美國總統的提議而辭職。羅斯福先生試圖讓美國涉足歐洲這個烏雲密布的舞臺，確實在美國國內政治上承擔了巨大的風險。若有任何來往電文的部分被洩漏，美國的孤立主義者必然會猛烈抨擊總統。然而，如果美國在充滿敵意和恐懼的歐洲局勢中現身，那將是延緩甚至阻止戰爭的最佳途徑。就英國而言，這幾乎是生死攸關的問題。如今沒有人能在事後評估這對奧地利局勢的演變以及慕尼黑局勢的影響。我們必須承認，拒絕美國的建議——實際上確實是拒絕了，也就失去了透過非戰爭手段拯救世界免於暴政的最後機會。眼光短淺且對歐洲局勢不熟悉的張伯倫先生，竟然自大到拒絕來自大西洋彼岸的援手，

第十四章　外交大臣艾登的辭職

如今看來仍讓人震驚。一位正直而能幹的好人，肩負掌握國家命運的重任，卻在這件事件中表現得毫無章法，甚至缺乏自己的見解，實在令人遺憾。即便到了今天，人們依然難以理解當時是什麼心態促使他採取那樣的外交立場。

我將在隨後討論慕尼黑危機期間關於與俄國合作建議的處理過程。當時，我們不僅忽視了本身的防務，還竭力削弱法國的防務，結果導致這兩個大國的關係逐漸疏遠，而這兩個大國的最大努力正是確保我們和他們本身的生存所需。如果當時英國人了解並理解這些情況，歷史可能會截然不同。然而，當時的日子似乎一天天平穩度過。10 年後的今天，讓過去的經驗為未來提供指導吧。

1938 年 1 月 25 日，艾登先生前往巴黎與法國展開磋商。此時，他對未來的信心必定已然削弱。如今，一切取決於與義大利接觸的成功與否。對此，我們在致美國總統的回信中曾加以強調。法國政府竭力向艾登先生表達，西班牙問題必須作為全面解決與義大利關係的其中一部分；對此，艾登表示完全同意。2 月 10 日，首相和外交大臣會見了格倫迪伯爵。格倫迪當時宣稱，義大利原則上已經準備好開始談判。

1938 年 2 月 15 日，有消息傳出，奧地利總理許士尼格被迫接受德國的要求，任命納粹要員賽斯‧英夸特為內政部長和公安部長，加入奧地利內閣。此重大事件並未能化解張伯倫先生與艾登先生之間的緊張關係。2 月 18 日，他們再次與格倫迪伯爵會面，這也是他們在公務上最後一次合作。義大利大使既不願討論義大利對奧地利的立場，也不願考慮英國提出撤回在西班牙志願軍（實際上是義大利 5 個師的正規軍）的計畫。格倫迪要求在羅馬舉行一般性會談。首相對此早有意向，而外交大臣則強烈反對這個舉措。

接下來的過程是冗長的磋商與內閣會議。目前，關於這個事件，唯一

被認可的詳細記述是《張伯倫先生傳》這本書。根據法伊林教授所述，首相向內閣表示，「到目前為止，若非艾登辭職，便是我辭職。」這段話是法伊林從獲得許可查閱的若干日記和私人信件中引用的：「我認為必須明確表達我的立場，我無法接受任何相反的決定。」法伊林寫道：「儘管存在一些保留意見，內閣還是一致同意首相的觀點。」我們並不清楚這些話是在何時何地的漫長會議中被提出的，但最終，艾登先生果斷地遞交了辭呈，理由是不贊同在此階段及當前情況下舉行羅馬會談。艾登的同僚們對他的辭職感到極為震驚，法伊林先生指出他們「深感震動」。他們未曾意識到外交大臣與首相之間的矛盾已經達到了不可調和的地步。顯然，若他們知曉此事會導致艾登的辭職，這將演變為一個更大且更具爭議性的問題。然而，他們專注於討論引發爭議的問題本身。那一天會議剩餘的時間被用來竭力勸說外交大臣改變心意。張伯倫先生對內閣的困惑感到憂心。「看到我的同僚如此震驚，我提議暫時休會，明天再繼續。」但艾登認為再多的解釋也無濟於事。到了 20 日午夜，他的辭職最終被批示下來。首相表示，「在我看來，他的辭職是極具榮耀的。」哈利法克斯立即被任命為新任外交大臣。

外界自然已經知曉內閣出現了嚴重的分歧，儘管具體原因尚未明瞭。我早已聽聞一些傳言，但謹慎地未告知艾登先生。我希望他在充分準備好自己的立場之前，無論如何不要辭職，以便讓議會中的許多支持者有機會揭示問題。然而，政府的支持度當時如此強大和高高在上的態度，以致這場鬥爭只能在內閣的密室中，並直接由 2 個人來正面解決。

1938 年 2 月 20 日深夜，我坐在查特維爾莊園的那間老房間裡（正如我如今常常坐在那裡一樣）。我接到了一個電話，告知艾登已經辭職。我不得不承認，我的心情瞬間沉重無比。失望的情緒如同暗流般湧上心頭。在我漫長的一生中，經歷了無數的起伏榮辱。在即將到來的戰爭時期，甚

第十四章　外交大臣艾登的辭職

至在戰時最為黑暗的日子裡，我從來未曾為睡眠問題所困擾。在 1940 年的危機中，儘管肩負重任，以及在接下來的 5 年裡，常常面臨令人焦慮和極其棘手的局勢，但在一天工作結束後，我仍能一躺下便入眠 —— 當然，若有緊急情況會被叫醒。我總是睡得很香，醒來時神清氣爽，沒有任何不適，胃口極好，早上送來早點盒裡的食物，我總是狼吞虎嚥地吃掉。然而在 1938 年 2 月 20 日這個夜晚，唯有這一夜，我徹夜未眠。從午夜到天亮，我躺在床上，心中充滿憂慮和不安。我眼前浮現出一個堅韌的年輕人，他堅定地迎擊那漫長而緩慢的憂鬱潮流。這股潮流毫無主見，輕易屈服，錯誤估計，衝擊力微弱。若由我來處理他的事，肯定會與他大相逕庭；但此刻，在我看來，他代表了英國民族的全部希望；這個偉大而古老的民族曾對人類做出諸多貢獻，未來也將繼續貢獻。然而此時，這個人卻離開了他的職位。我凝視著陽光緩緩穿過窗戶，在內心深處彷彿看到了站在我面前「死神」的影像。

第十五章
強奪奧地利

▎西元 1938 年 2 月

在現代社會，即便國家在戰爭中戰敗，通常仍能保全其國家架構、主權實體及機密文件。然而，在這次衝突中，戰爭被打到極致，我們獲取了大量資料，深入了解了敵方的內情。憑藉這些資料，我們能夠相對精確地驗證當時的情報和行動。如今，我們已經明瞭，希特勒在 1936 年 7 月如何指示德國參謀部準備一旦時機成熟便占領奧地利的軍事計畫，該計畫被稱為「奧托計畫」。一年後，在 1937 年 6 月 24 日，他再次發出特別指令，將該計畫具體化。同年 11 月 5 日，他向軍事指揮官透露了未來的策略。德國需要更多的「生存空間」，理想是在東歐——波蘭、白俄羅斯和烏克蘭獲得領土。為此，勢必引發一場大戰，並伴隨消滅該地區現有居民的計畫。德國必然要面對兩個「可憎的敵人」——英國和法國，這兩個國家「絕不會容許一個立於歐洲中心的德國巨人」。為了充分利用德國在武器製造上的優勢，以及由納粹黨激發並代表的民族熱情，德國必須在敵人尚未準備充分之時，抓住時機發動戰爭。

諾伊拉諾伊拉特、弗里奇，甚至勃洛姆堡，這些受到德國外交部、參謀部和軍官團觀點影響的人，當聽到這個政策時，感到極為震驚。他們認為這項計畫所需承擔的風險過於龐大。他們承認，因為元首的果敢，德國在任何軍備方面確實領先各協約國。德國陸軍日益強大，而法國內部的腐

第十五章　強奪奧地利

敗和英國的缺乏決斷力，都可能成為有利因素。事情進展順利，再等待 2 年又有何妨？他們需要時間來建立完善的作戰機構；元首只需不時發表和解性演說，就能讓那些沒用的、頹廢的民主國家自顧不暇。然而，希特勒對此建議並不採信。他的直覺告訴他，勝利不是透過絕對穩妥的途徑獲得的，必須冒險，必須突然躍進。過去的成功，包括重整軍備、恢復徵兵、重占萊茵蘭，以及與墨索里尼統治的義大利接近，都令他得意非凡。如果等待一切就緒，可能會錯失良機，為時已晚。歷史學家和其他不必應付日常事務的人，或許可以輕易地說，如果希特勒在繼續擴充實力的 2、3 年之後才採取行動，他可能早已掌控全球命運。不過，事實並非如此。在人類或國家的生命中，並不存在絕對的安全。希特勒決定迅速行動，要在其巔峰時期發動戰爭。

勃洛姆堡因婚姻上的錯誤決定導致他在軍官團中的影響力減弱，最先被解除職務；不久後，在 1938 年 2 月 4 日，希特勒也拔除了弗里奇的職務，親自掌握了武裝部隊的最高指揮權。元首不僅在國家政策上，同時也在軍事機構中取得了直接的控制權。因為他認為自己一個人不僅具備了足夠的天賦和巨大的權力，而且又能對他人施以可怕的懲罰，所以，他總是不斷在政府及軍隊等領域中充分施展其個人意志。他當時的權力與拿破崙在奧斯特利茨和耶拿-奧爾施泰特戰役後的權力相似；當然，他沒有拿破崙那樣親自馳騁戰場並贏得重大戰役的榮耀。他的榮耀來自政治和外交的勝利；他周圍的人和追隨者都明白，這些勝利完全是他個人的成果，源於他的判斷力和果敢行動。

希特勒渴望將奧地利併入德國，除了他在《我的奮鬥》中明確表達將所有條頓種族納入帝國的決心之外，還有兩個原因。若奧地利歸於德國，不僅打開了通往捷克斯洛伐克的門戶，也拓寬了通往西南歐的道路。自 1934 年 7 月奧地利總理陶爾斐斯被奧地利納粹暗殺以來，針對奧地利政府

的顛覆活動從未中斷，手段包括金錢、陰謀和暴力。隨著希特勒在其他地方的成功，尤其是在德國國內和與協約國關係上的成就，奧地利的納粹運動愈發壯大，但併吞奧地利的進展需循序漸進。名義上，巴本奉命與奧地利政府保持最友好的關係，促使奧地利政府正式承認奧地利納粹黨為合法組織。當時，墨索里尼的態度對希特勒仍有約束力。陶爾斐斯遇害後，墨索里尼飛往威尼斯會見並安撫在此避難的奧地利總理遺孀，義大利軍隊在奧地利南部邊境集結。然而，到1938年初，歐洲國家的力量平衡和價值標準已經發生關鍵性變化。若法國試圖突破面前那條日益堅固的齊格菲防線，恐怕需要付出巨大犧牲。德國的西部防線已經固若金湯。無效的制裁對墨索里尼的權力毫無影響，反而激怒了他，將他推向德國陣營。他可能會想起馬基維利的名言：「人所必報的是小仇，而非大仇。」尤其是西方民主國家似乎屢屢被看透，只要暴力是不直接威脅他們，他們便會妥協於暴力。此時，巴本在奧地利政治結構中進行巧妙活動，許多奧地利的重要人物在他的壓力和陰謀下屈服。由於動盪局勢，對維也納極為重的要旅遊業受到嚴重干擾。恐怖分子的不時騷擾和炸彈襲擊使奧地利共和國脆弱的生存命脈岌岌可危。

德國認為時機已經成熟，可以促使最近合法化的奧地利納粹黨領導人參與維也納內閣，以便掌控奧地利的政策。1938年2月12日，正值希特勒獲得德國最高軍事統帥權的第8天，他召見了奧地利總理許士尼格，命其前往貝希特斯加登。奧地利總理遵從命令，與其外交部長施米特同行。如今，我們看到了許士尼格的記述，其中包括以下一段對話。希特勒曾提及奧地利邊境的防務。所有這些防禦工事僅僅可能需要透過必要的軍事行動加以克服，進而將會引發戰爭與和平的重大問題。

希特勒：只需我下達一道命令，那些在你們邊界上的可笑防線將在一夜之間崩潰。你真的認為能夠阻擋我的軍隊超過半小時嗎？或許我會如同

第十五章　強奪奧地利

春日的暴風一般在一夜之間突襲維也納，那時你將真正領會到其中的滋味。我非常希望奧地利不必遭受此命運，因為這將導致無數人喪生。軍隊之後，褐衫隊和「奧地利兵團」也會隨之而來！沒有人能阻止他們復仇，連我也不能。你是否希望奧地利成為第二個西班牙？這些情況，如果可能，我希望能夠避免。

許士尼格：我會評估必要的狀況並決定是否停止在德國邊界的防禦工事建設。當然，我明白您可以長驅直入奧地利，但總理先生，無論我們是否願意，這樣的舉動將導致流血。我們在世界上並非孤立存在。此類行動可能會引發戰爭。

希特勒：在現在這個時刻，我們坐在舒適的椅子上自然容易侃侃而談。然而，在這背後，包含許多痛苦與鮮血的事實。許士尼格先生，你願承擔這個責任嗎？你不要相信世上有人能阻止我的決策！義大利嗎？我已經與墨索里尼取得默契：將與義大利保持最親密的關係。英國嗎？英國不會為奧地利動一根手指⋯⋯法國嗎？算了吧，兩年前，我們以少量部隊進駐萊茵蘭──那時我冒了極大的風險。如果當時法國軍隊進駐萊茵蘭，我們也許早已被迫撤退⋯⋯但如今，對法國而言，這樣做已經為時已晚。

首次會談於上午 11 點舉行。午餐過後，奧地利代表被召至一間小房間內，會晤里賓特洛甫和巴本，接收一份書面最後通牒。所有條件均不可商議，要求包括任命奧地利納粹黨人賽斯・英夸特為內閣保全部長，對在押的奧地利納粹黨人實行大赦，並將奧地利納粹黨正式合併進入政府發起的「保衛祖國協會」。

稍後，希特勒會見了奧地利總理。「我再重申一次，這是最後的機會。我希望在 3 天內落實這個協定。」在德國約德爾將軍的日記中，有如下記載：「許士尼格和施米特再次承受最嚴峻的政治和軍事壓力。」到了晚上 11 點，許士尼格簽署了這個「協定草案」。是巴本陪同許士尼格乘坐雪

橇穿過白雪覆蓋的公路返回薩爾茨堡。途中，巴本向他解釋：「是的，元首是怎樣的，現在你已親身體驗。但下次你再來時會感到更舒適。可以說，元首是非常有魅力的。」

1938 年 2 月 20 日，希特勒於國會發表演說：

我非常欣慰地向各位紳士報告，近日來，我們與一個因諸多原因與我們關係緊密的國家達成了進一步的諒解。德國與日耳曼的奧地利已攜手並肩，這不僅是因為兩國同屬一個民族，還因為它們共享悠久的歷史與共同的文化。鑑於實行 1936 年 7 月 11 日協定時遇到的困難，形勢迫使我們努力消除在實現最終和解道路上的誤解與障礙。若未能如此，顯然，無論是有意還是無意，終會導致無法忍受的局面，可能引發極其嚴重的災難。我很高興地向你們保證，我們的觀點與應我之邀來訪的奧地利總理看法完全一致。我們的目標是兩國努力緩和彼此間的緊張關係；其方法是在現有法律框架內，使信仰國家社會主義的公民能夠享有與其他在日耳曼的奧地利公民同等的法律權利。相關的細節，還需透過頒布大赦以及在政治、個人、經濟等各方面的友好合作，實質性地促進和平與更深的了解，這些都是 1936 年 7 月 11 日協定及其補充內容的範疇。在此，我願在德國人民面前，向奧地利總理表達我誠摯的感謝；他基於完全的理解與熱忱的誠意接受了我的邀請，與我共同努力，以便我們能夠找到一條滿足兩國最大利益的途徑；因為，歸根結柢，這關乎整個日耳曼民族的利益，不論我們出生於何地，我們皆為日耳曼的後裔。

要找到比這個更典型的詐欺和虛偽的例子實屬不易。我之所以引用它，是因為它在宣傳統戰方面確有獨特之處。奇怪的是，在任何自由國家中，有識之士本應早已對希特勒的這些言論嗤之以鼻。

我們暫且回到前一章提及的英國嚴峻局勢。1938 年 2 月 21 日這一天，英國下議院就外交大臣艾登先生與其副手克蘭伯恩勳爵的辭職展開激烈辯

第十五章　強奪奧地利

論。克蘭伯恩是一個內心纖細而不外露的人，對艾登非常忠誠和信任，願意與他共進退。艾登顯然無法公開提及羅斯福總統的建議以及該建議遇到的挫折。義大利問題上的分歧僅是次要的。艾登表示：

我已經提到了導致我和同事之間出現裂痕的直接分歧，但若我聲稱這是一個孤立事件，那就不誠實了。它並非是單一的問題。近幾週，一項與義大利毫無關聯但在外交政策中極為重要的決定才是核心分歧所在。

他在總結中指出：

我不相信，若讓外國誤以為我們在持續的壓力下屈服，就能促進歐洲局勢的緩和……在我看來，進步首先依賴於民族的特質，而這種特質必須透過堅定的精神來展現。我堅信我們具備這種精神。如果不展現這種精神，我認為這對英國和世界都是不公的。

艾德禮先生提出了一個犀利的觀點。艾登先生的辭職，在義大利被宣稱為「墨索里尼的又一場重大勝利」。「全球都在談論此事，『看看我們領袖的力量多麼強大，英國的外交大臣都已辭職』。」

次日，我才發表演說，期間我對2位辭職的大臣給予了高度評價。我也附和艾德禮先生的批評，並指出：

上週對於獨裁者們而言是一個極其圓滿的時刻——堪稱他們未曾經歷過的最佳一週。德國的獨裁者已經將他的鐵腕伸向一個歷史悠久的小國，而義大利的獨裁者也終於在與艾登先生的長期對抗中獲得了勝利的結局。墨索里尼現已取得勝利，這一點毋庸置疑。不列顛帝國的所有威嚴、力量和主權都未能使前外交大臣所承載的任務成功，這些任務是由全國人民和議會的公意委託給他的……這代表著此事的一部分已經結束，即那位受英國人民和議會委託、肩負某種職務的英國人最終卸任，而義大利的獨裁者在國內急需成就的時刻獲得了徹底的勝利。在全球各地，無論是何種政體，只要是英國的朋友，都感到沮喪，而英國的對手則歡欣鼓舞……

英國外交大臣的辭職或許可能成為歷史的一個轉捩點。俗話說，大衝突通常源於小事，但不會因微不足道的理由而爆發。前外交大臣堅持我們早已忽視的傳統政策。首相及其同僚則選擇了另一種新政策。舊政策的核心是在歐洲建立法律秩序，並透過國際聯盟建構有效的防禦機制來遏止侵略者。新政策是否認為，透過在情感、自尊及物質上作出重大而影響深遠的讓步來與極權國家妥協，就能維持和平呢？

某日，哈利法克斯勳爵發表看法，稱歐洲正陷於混亂之中。引發混亂的區域，主要是那些由議會制政府統治的地方。我們對於那些大獨裁者所引發的動盪卻毫無所知。他們明白自己的需求，且無法否認的是，迄今為止，他們每一步都實現了其目標。對全球安全造成的最嚴重且大部分不可逆轉的損害，發生在1932至1935年之間……對我們而言，第二次採取行動的良機是在1936年初，德國重新占領萊茵蘭之時。如今我們獲悉，若當時英、法兩國在國際聯盟的主導下採取果斷立場，便能立即迫使他們從萊茵蘭撤退，且無需流血；其影響可能使德國軍隊中較為謹慎者恢復應有地位。而德國的那位政治領袖也不會因此獲得巨大的聲望，使他得寸進尺。如今，我們正面臨他的第三次行動，但此機會已不如以往那般有利。奧地利現已遭受奴役，我們也無法確定捷克斯洛伐克是否會遭遇同樣的命運。

歐洲大陸的局勢持續變化。墨索里尼派人傳達了一個消息給許士尼格，他表示贊同奧地利在貝希特斯加登的立場，認為該決定既正確又機智。他承諾義大利在奧地利問題上的立場不會改變，並明確表達了個人友誼。1938年2月24日，奧地利總理在議會發言，表示歡迎與德國解決爭端，但同時尖銳地強調，若有超出協定具體規定的情況，奧地利絕不接受。3月3日，他透過奧地利駐羅馬的武官遞交給墨索里尼一封密函，告知義大利領袖他計劃舉行公民投票，以增強奧地利政府在國內的政治地位。24小時後，他收到駐羅馬的奧地利武官的回電，描述了與墨索里尼會

第十五章　強奪奧地利

面的情況。在對話中，領袖表現得很樂觀，他認為局勢將會好轉。羅馬和倫敦之間的緊張關係很快就會緩和，這無疑將減輕當前的壓力……至於公民投票的問題，墨索里尼警告說，「這是一個錯誤，如果投票結果令人滿意，人們會說是偽造的；如果結果不佳，政府將難以維持；如果結果不明確，投票將毫無意義。」然而，許士尼格已決意推進。3月9日，他正式宣布：1938年3月13日星期日，奧地利全國各地將舉行公民投票。

起初一切平靜，賽斯・英夸特似乎默默地接受了這個提議。然而，3月11日清晨5點半，許士尼格被電話鈴聲驚醒。維也納警察局在電話中告知：「1小時前，德國薩爾茨堡邊界被封鎖，德國稅務人員已經撤離。鐵路交通也已中斷。」他收到的第二份報告來自駐慕尼黑的總領事，電報中稱當地德軍已經開始動員，假設目標為奧地利！

上午稍晚時分，賽斯-英夸特匆匆趕來，聲稱剛接到戈林的電話，要求在1小時內宣布取消公民投票。若在規定時間內未給予答覆，戈林將視為賽斯-英夸特失去自由通話的能力，並將採取適當措施。許士尼格在接到官員的報告後，意識到軍警並不完全可靠，於是告知賽斯・英夸特，公民投票將被延期。15分鐘後，賽斯・英夸特再次前來會見許士尼格，手中握有戈林的答覆，記錄在一張電文紙上：

只有在奧地利總理立刻辭職，並在2小時內任命賽斯・英夸特為總理，局勢才能得以挽救。若未能在此時限內實行，德軍將入侵奧地利。

許士尼格立刻去會見米克拉斯總統，遞交辭呈。在總統辦公室時，他收到了義大利政府發來的加密電報，內容表示他們沒有任何意見。年長的總統態度果斷，他表示：「在最終決策的關鍵時刻，只剩下我獨自面對了。」他堅決拒絕任命一位納粹黨成員為總理，並決意迫使德國人採取他們早已準備好的可恥暴力行動。

約德爾將軍在1938年3月10日的日記中生動地記錄了德國的反應：

許士尼格未經與其閣員磋商，便突然下令於3月13日星期日舉行公民投票。這是執政黨在毫無計畫與準備下企圖獲取絕大多數的策略。元首決定不能容許此事發生。當晚，即3月9日至10日夜，他召見戈林，並從開羅召回奧林匹克委員會的賴歇瑙將軍。舒伯特將軍及格萊斯－霍斯頓諾部長也被命令前來，後者本與地區領導人伯克爾在萊茵蘭選帝侯領地。凱特爾將軍於凌晨1點15分將情況通報相關部門。上午10點，他驅車前往總理府。10點15分，我隨後前往總理府，將「奧托計畫」原有草案交給他。13時，凱特爾將軍通知作戰參謀總長及卡納里斯海軍上將。里賓特洛甫因事滯留倫敦，諾伊拉特暫代外交部事務。元首準備向奧地利內閣遞交最後通牒，並致信墨索里尼，解釋其採取行動的理由。

翌日，即3月11日，希特勒下令德國武裝部隊對奧地利展開軍事占領，經過長期研究和周密準備的「奧托計畫」開始實施。在緊張的整日中，米克拉斯總統始終以堅定的態度拒絕賽斯·英夸特和奧地利納粹黨領袖的要求。在戰後紐倫堡戰犯審判中，希特勒與他派往義大利的特使黑森－卡塞爾的菲利普親王之間的通話紀錄曾被用作證據。這段對話頗為引人注目：

菲利普親王：我剛從威尼斯宮歸來。領袖對整個事件表現得極為友善。他向您致以問候。他已經從奧地利方面得知此事，因為許士尼格將消息告訴了他。那時他曾表示，這（即義大利出兵干涉）完全不可能，可能只是一種威嚇，這種事不可行。因此告訴他（許士尼格）事態既然不幸發展到這一步，也就無可挽回。接著墨索里尼說道，奧地利對他而言毫無意義。

希特勒：請將此事告知墨索里尼，我絕不會忘記他的支持。

菲利普親王：沒錯。

希特勒：無論發生何事，我將始終銘記於心。我依然願意與他簽署一

第十五章　強奪奧地利

份性質截然不同的協定。

菲利普親王：是的，我已經將這一點告訴他了。

希特勒：一旦奧地利問題得到解決，我願意與他同舟共濟，共度難關；無論發生什麼情況。

菲利普親王回答道：「是的，我的元首。」

希特勒：聽我說，我願意簽署任何協定——即便我們被捲入戰爭，我也不再畏懼軍事上的困境。你可以告知他，我的確非常感激他，這一點我將銘記於心，永不忘懷。

菲利普親王回答道：「是的，我的元首。」

希特勒：無論何種情形，我都不會遺忘。假如他某天需要幫助或面臨危險，他可以放心，無論局勢如何，即便全世界與他為敵，我都會堅定地和他站在一起。

菲利普親王回答道：「是的，我的元首。」

1943年，希特勒從義大利臨時政府的掌控中營救出墨索里尼。他確實履行了自己的承諾。

進軍維也納始終是這位奧地利下士的夙願。1938年3月12日那個星期六的夜晚，奧地利首都的納粹黨原先計劃舉行火炬遊行，迎接這位英雄征服者，然而軍隊並未如期抵達。僅有3名巴伐利亞的軍需官乘火車抵達維也納，負責為入侵的德軍安排營房。這3名不知所措的軍官被大眾抬起遊行，以此填補空缺。隨後，延誤的原因逐漸曝光。德國的戰爭機器蹣跚而行，轟鳴著越過邊界，臨近林茨時竟停滯不前。儘管天氣和道路狀況良好，但大部分坦克故障，摩托化重炮兵也出現問題。從林茨到維也納的道路上，重型軍用車輛堵塞了交通。希特勒特別鍾愛的第4軍團司令賴歇瑙將軍被認為該對此事負責。這個事件也顯示了德國陸軍在重建階段尚未成熟的現狀。

當希特勒駕車經過林茨，目睹交通堵塞的狀況時，他憤怒不已。輕型坦克在混亂的道路上艱難前行，終於在星期日清晨零散地抵達維也納。裝甲車和摩托化重炮則必須透過火車運輸，這才得以準時趕到並參加儀式。希特勒在興奮或驚恐的民眾中駕車進入維也納的照片廣為人知。然而，這一個神祕且光榮的時刻背後卻隱藏著不安的事實。實際上，德國元首對其軍事機器設備的明顯不足感到憤怒。他訓斥了他的將領，而將領們也向他反駁。他們提醒希特勒，他未聽取弗里奇關於德國尚未具備承擔大戰風險的警告。最終，表面上的秩序依舊維持，正式的慶祝和遊行如期舉行。在星期日，隨著大量德軍和奧地利納粹黨人占領維也納，希特勒宣布解散奧地利共和國，並將其全部領土併入德國。

　　里賓特洛甫先生此刻正準備離開倫敦，回國擔任外交部長。張伯倫先生特意在唐寧街10號設午宴為他餞行，我與妻子應邀出席。席上約有16位賓客。我妻子坐在桌子一端，緊挨著卡多根爵士。正當宴會進行到一半時，一名外交部信差走進來，遞給卡多根一封信。他拆開信封，專注地閱讀。隨後，他起身繞過桌子，將信遞給首相。儘管卡多根的動作並未顯露出任何異狀，我仍注意到首相似乎有些心神不寧。不久後，卡多根取回信件並坐下。據我後來得知，信中內容是希特勒已向奧地利發起進攻，德國的機械化部隊正快速向維也納推進。宴會依然如常進行，沒有絲毫中斷。不久，張伯倫夫人從丈夫那裡接收到某些暗示，便起身說道：「讓我們到客廳喝咖啡吧！」我們陸續步入客廳，對於我或其他一些人而言，張伯倫夫婦顯然希望盡快結束這場宴會。眾人皆懷著不安的情緒，閒散地站著，只待與貴賓告別。

　　然而，里賓特洛甫夫婦似乎對周遭的氛圍毫無察覺。相反地，他們與主人夫婦熱切交談了約30分鐘。有一會兒，我與里賓特洛甫夫人交談，以告別的語氣說道：「我希望英國與德國能保持友好關係。」她嚴肅地回

第十五章　強奪奧地利

應：「請注意不要破壞兩國的友誼。」顯然，他們完全清楚事態的發展，但他們認為拖住首相，讓他無法處理公務和接聽電話，是個不錯的策略。最終，張伯倫先生對大使說：「抱歉，我必須去處理緊急事務。」說完便立即離開了房間。里賓特洛甫夫婦仍未離去，因此我們大多數人找藉口回家。我猜測他們最終也離開了。這是我在里賓特洛甫被執行絞刑前與他的最後一次會面。

侵略奧地利的殘忍行徑以及對維也納這座美麗城市的征服，連同影響其聲譽、文化及其對歐洲歷史的貢獻，令我深感震驚。於這些事件發生的次日，即1938年3月14日，我在下議院中表示：

3月12日事件的嚴重性，絕非誇大其詞。歐洲正面臨一場經過精密策劃的侵略計畫，這個計畫在時間上安排得當，逐步推進。現如今，不僅對我們，對其他國家而言，也只剩下一條選擇：要麼像奧地利那樣屈服，要麼趁我們還有機會採取有力措施來消除威脅；如果無法消除，就設法面對……如果我們坐視事態發展，那我們目前可用於保衛安全與和平的資源又會放棄多少呢？多少盟友會因此離開我們呢？我們還要眼睜睜看著多少潛在的盟國被推入那可怕的深淵呢？虛張聲勢的恐嚇還要得逞多少次，使其背後的力量不斷累積，成為真正的實力呢？……舉例來說，2年後，德國陸軍肯定會比法國強大得多，所有小國將紛紛從日內瓦撤離，轉而向日益壯大的納粹制度表示敬意，盡可能為自己爭取更好的條件，那時，我們又會變成什麼樣子呢？

我接著說：

維也納曾是舊奧匈帝國及西南歐各國的交通樞紐，如今多瑙河的一部分已被納粹德國掌控。德國控制維也納後，便能在公路、航運和鐵路上對整個西南歐實施軍事和經濟的統治。這將如何改變歐洲的格局？對國際均勢和小協約國會造成何種影響？關於小協約國這一個國家集團，我需加以

說明。若分別看這三國，它們是中等國家，但聯合起來便形成一個強大的力量。它們透過緊密的軍事協定聯結，成為一個軍事大國。羅馬尼亞有石油，南斯拉夫有礦產和原料，且兩國擁有龐大軍隊，軍火主要由捷克斯洛伐克提供。捷克斯洛伐克在英國人看來或許有些陌生，但它是一個充滿活力的小型民主國家。其陸軍規模比我們大 2、3 倍，軍火供應是義大利的 3 倍。儘管如此，它仍然是生機勃勃的民族，擁有條約賦予的權利，設有防禦工事，並展現出強烈的生存和自由意志。

捷克斯洛伐克此時無論在經濟或軍事上皆處於孤立狀態。依據條約，漢堡雖為對外貿易之通道，但隨時可能遭到封鎖。目前，通往南歐及經南歐至西南歐的鐵路與水路交通隨時可能中斷。貿易可能被迫繳納毀滅性的過境稅，即一種足以致其對外貿易於絕境的稅收。此國所處地段乃是前奧匈帝國境內的最大工業區。除非在即將舉行的談判中就捷克斯洛伐克交通安全保證達成協定，否則該國與外界的交通將被切斷或即將被切斷。從南斯拉夫來的原料供應及在當地建立的自然市場連繫也會立即被中斷。上週五晚間的暴行，結果可能會大大窒息這個小國的經濟生活。在所謂小協約國的核心，已經打入一個楔子。這些小國在歐洲享有不受侵擾生活的權利，正如我們任何人在我們家鄉有不受侵擾地生活的權利一樣。

目前，俄國人已發出警告。1938 年 3 月 18 日，他們提議召開會議以商討當前局勢。他們希望探討在德國對和平構成重大威脅時，如何在國際聯盟的框架內履行法、蘇協定，即便只是商討一個綱要。倫敦和巴黎對此建議的反應相當冷淡。法國政府因其他事務而感到焦慮不安。國內的飛機製造廠爆發了嚴重的罷工，佛朗哥的部隊正深入共產黨控制的西班牙地區。張伯倫對此表示懷疑，態度低沉。他極不同意我對於未來危險的看法，以及防範這些危險所提倡的方法。我一再主張，唯有成立法、英、蘇聯盟，方能有望制止納粹的侵略。

法伊林先生向我們透露，首相在當年 3 月 20 日曾致信給他的姐姐，

第十五章　強奪奧地利

表達了他當時的感受：

> 溫斯頓所謂的「大聯盟」設想，其實在他提及之前我已深入思考……我與哈利法克斯進行了討論，並將這個構想提交給三軍參謀長和外交部專家進行研究。這個構想無疑極具吸引力；在未進一步探究其可行性之前，似乎有充分的理由支持。可是一旦進入具體分析，其吸引力便驟然消退。只需一覽地圖便知，若德國欲征服捷克斯洛伐克，法國或我們皆無力相救。因此，我放棄了對捷克斯洛伐克提供保證的想法，並且鑑於法國與其有條約義務，我們也無法對法國作出任何保證。

無論如何，這至少是一個決定。這個決定基於錯誤的推理。在現代大國或聯盟之間的戰爭中，保護某個區域並非僅憑該地區的本身努力。這牽涉到整個戰線的力量對比。尤其在戰爭尚未爆發且尚可避免之時，情況更是如此。「三軍參謀長和外交部專家」當然無需多慮便能告知首相，英國的海軍與法國的陸軍不可能駐紮在波希米亞山區的陣地上，置身於捷克斯洛伐克共和國與希特勒入侵部隊之間。確實，地圖上清晰可見。但若德國明確知道越過波希米亞邊境必將引發全歐洲的大戰，即便在當時，或許還有可能阻止或推遲希特勒的下一次進攻。不到一年，捷克斯洛伐克的策略價值已經完全喪失，希特勒的權勢和聲望幾乎翻倍，而此時他卻魯莽地向波蘭提供保證，難以想像張伯倫先生在私下所言的，出自內心的推理竟是如此錯誤！

1938年3月24日，首相在下議院闡述了他對俄國動議的觀點：

> 英王陛下政府認為，蘇聯政府所建議的行動，其間接而不可避免的結果，將加強成立排他性國家集團的趨勢。對英王陛下政府而言，這種集團的成立對歐洲和平的未來必然有害。

然而，首相不能逃避面臨的嚴峻現實是：當時存在「國際信任的重大障礙」，政府遲早需要明確說明英國在歐洲的責任。我們在中歐將承擔什

麼責任呢？「如果戰爭爆發，參戰的國家恐怕不止那些有法律義務的國家。戰爭的範圍將延伸至何地？哪些國家會被捲入其中？這一切都難以預料。」此外，需要注意的是，「排他性國家集團」雖然有其弊端，但不採取這種方式便會讓侵略者各個擊破，這個理由就無從成立。而且，這種觀念忽略了國際關係中的道義問題。事實上，國際聯盟及其憲章依然存在。

首相的方針現已清晰界定：「在外交上同時對柏林和布拉格施壓，對義大利則採取安撫策略，對於法國的義務則進行嚴格限制的解釋。要實施前兩點，對最後一點的解釋必須謹慎而準確。」

現在請讀者向西移步至「綠島」。「到蒂珀雷里去需走很遠，但有時不禁想要親眼看看。從希特勒占領奧地利開始，到他對捷克斯洛伐克陰謀暴露為止，我們必須轉而談及我們遭遇的另一種性質截然不同的不幸之路。」

自1938年初，英國政府便與南愛爾蘭的德·瓦萊拉先生展開談判，直至4月25日雙方締結了一項協定。該協定中，英國放棄了在南愛爾蘭的科克和貝雷黑文港口的海軍使用權，並放棄了拉夫·斯威利的基地。對於我們的海軍防衛和糧食供應而言，這2個南部港口至關重要。1922年，我在擔任殖民地事務大臣時，曾經處理過內閣當時提出的「愛爾蘭方案」細節。我邀請了海軍大將貝蒂到殖民部，由他向麥可·柯林斯解釋這2個港口在英國供給體系中的重要性。柯林斯很快被說服，他表示：「你們當然必須占有這些港口，它們對你們的生存至關重要。」問題就這樣解決了。此後16年間，一切順利。科克和貝雷黑文對我們的安全至關重要，這點顯而易見。它們是加油站，我們的驅逐艦隊從那裡出發，駛入大西洋以搜索潛艇，並保護即將進入英國的船隊。拉夫·斯威利對於保護船隻進入克萊德灣和梅西河口也至關重要。放棄這些地點意味著我們的艦隊此後必須從拉姆拉希出發向北，或從彭布羅克碼頭或法爾茂斯出發向南。結果將是我們的海軍行動半徑和防護範圍在內海和境外都減少了400多英里。

第十五章　強奪奧地利

　　參謀長委員會竟然同意放棄如此關鍵的安全保障，實在令我難以置信。直到最後一刻，我還以為至少確保在戰時我們能夠使用這些愛爾蘭港口的權利。然而，德‧瓦萊拉先生在愛爾蘭議會中宣布，英國放棄這些港口時並未附加任何條件。後來我得知，英國政府如此迅速地答應德‧瓦萊拉先生的要求，連他本人也感到十分驚訝。他之所以將這一條列入要求，只是為了討價還價，以便在其他條款上獲得滿意的解決，這一條本來是可以讓步的。

　　在查斯特菲爾德勳爵的遺作中，他特別撰寫了一章來闡述他與其他參謀長們所採取的策略。任何有意深入探討此議題的人都應閱讀這本書。我個人依然堅信，毫無理由地放棄在戰時使用這些愛爾蘭港口的權利，對英國的國家生存與安全構成了重大損失。很難想像會有比這個決定更不理智的行為了 —— 尤其是在這種關鍵時刻。誠然，儘管沒有這些港口，我們最終也克服了困難。而且，如果沒有這些港口我們難以度過難關，我們也會透過武力重新奪回，而不會因此被活活餓死。然而，這些都不能作為辯解的理由。這種缺乏深思熟慮的讓步與妥協的例項迅速導致我們損失了大量船隻和生命。

　　除了代表北愛爾蘭的幾位議員以外，整個保守黨皆支持首相。如此舉措自然令工黨和自由黨作為反對派感到欣慰。因此，1938年5月5日，我幾乎是孤立無援地站起來表達抗議。大家懷著疑慮的心情耐心傾聽我的發言。有些人甚至同情地看待這一切，並感到奇怪的認為為何我這樣有地位的人會提出這種毫無希望的抗議。我從未見過下議院有如此徹底的誤解。此時距離宣戰僅僅不到15個月。當我們的生存取決於大西洋戰役的結果時，議員們的看法將大為不同。我的演講全文已在《進入戰鬥》一書中記錄，此處不再贅述，唯有一點：未能正視戰時南愛爾蘭的中立問題。

我詢問道，若我們與某強國開戰，是否能確保南愛爾蘭，或他們稱之為愛爾蘭共和國，不會宣布中立？敵國首要行動必定是全力豁免南愛爾蘭，以換取其中立場……我們無法完全排除這種中立的可能性。

這種中立狀態或許我們很快就會面對。極有可能在我們急需之時，無法使用那些港口；在我們需要保障英國居民免受物資短缺甚至肚皮飢餓時，可能會遭遇極為嚴峻的挑戰。誰會主動將自己置於險境呢？世界上哪個國家會考慮這樣的選擇呢？一旦我們撤出這些港口，若都柏林政府想拒絕我們使用，便是輕而易舉之事。那裡有充足的火炮，也可以布置水雷。但更為關鍵的是，他們擁有法律上的權利。我們曾享有這些港口的權利；我們放棄了這些權利；我們期望藉此贏得他們的友好，友好到足以為我們承擔艱難。然而，如果無法獲得他們的友好態度，「那麼我們就重新占領這些港口」的說法毫無意義。我們將不再有這樣的權利。在一場大規模戰爭中，若我們被指責破壞愛爾蘭的中立，就會受到世界輿論的譴責，我們參戰的目的也將受到玷汙……我們正為了虛無的幻想和貪圖安逸，放棄真實而重要的安全措施。

《泰晤士報》的評論頗具客觀說明性：

關於防務的協定……使得聯合王國政府不再受1921年英、愛條約的約束。這些條款曾經讓政府在戰時承擔了保衛科克、貝雷黑文和拉夫·斯威利等設防軍港的繁重而複雜的任務。

將直布羅陀移交給西班牙，將馬爾他交給義大利，勢必能更全面地解除問題，而這兩個地區對我們居民的現實生存影響並不像南愛爾蘭的那些港口那樣直接。

我對這段悲慘而又令人震驚的插曲就談到此處。

第十五章　強奪奧地利

第十六章
捷克斯洛伐克

　　曾有一段時期，英、法兩國在慕尼黑事件中的策略是否明智或愚蠢成為歷史長期爭論的話題。然而，根據戰後自德國獲得的資料，特別是從紐倫堡審判中取得的證據，情況似乎並非如此。爭論的焦點集中於 2 個主要問題：其一，若英、法採取強硬立場，希特勒是否會因此讓步，或引發推翻希特勒的軍事政變？其二，從慕尼黑事件到戰爭爆發期間，西方大國的地位與德國相比，是有所改善還是比 1938 年 9 月慕尼黑危機時更為不利？

　　關於慕尼黑危機以捷克斯洛伐克的犧牲告終的事件，已有眾多作品探討，且未來亦將有人繼續論述。這裡只想概述幾個關鍵事件，並闡明它們之間的相互關聯。這些事實的發生在當時無可避免，因為希特勒決心將所有日耳曼人統一成一個大德意志帝國，並向東擴展。他堅信法、英兩國的領導人因熱愛和平且未能重整軍備，所以不願開戰。他對捷克斯洛伐克採用慣常的策略。蘇臺德的日耳曼人確實有不滿情緒，但被他極力擴大並加以利用。1938 年 2 月 20 日，希特勒在國會發表演講，首次公開抨擊捷克斯洛伐克。他表示：「有超過 1,000 萬的日耳曼人生活在與我們邊境接壤的兩個國家中」，德國有責任保護這些日耳曼同胞，應該為他們爭取「一般的自由，包括人身、政治和思想的自由」。

　　德國政府明確表示對奧地利和捷克斯洛伐克境內日耳曼人地位的關注，這與德國在歐洲實施政治攻勢的祕密計畫密切相關。納粹德國政府公開宣布的目標是兩方面的：一方面是將所有國外的日耳曼少數民族納入德

第十六章　捷克斯洛伐克

國版圖，然後另一方面是向東擴展其生存空間。而德國政策中較不公開的部分則具有軍事性質。消滅捷克斯洛伐克，以防止它在戰爭中成為蘇聯的空軍基地，更不能成為英、法兩國的軍事支持力量。德國參謀部早在1937年6月便奉希特勒之命忙於制定入侵和摧毀捷克斯洛伐克的計畫。

後來揭露的一份草案中寫道：

德國武裝部隊發動突襲的目標在於，在戰爭初期，消除捷克斯洛伐克對我軍西線後方構成的威脅，並阻止俄國空軍利用捷克斯洛伐克的大部分空軍基地。

西方民主國家竟然對德國占領奧地利的行徑袖手旁觀，這無疑助長了希特勒進一步實施對捷克斯洛伐克計畫的野心。事實上，在軍事上掌控奧地利領土，是為攻取波希米亞堡壘做好準備的必要步驟。當對奧地利的侵占正在如火如荼地進行之際，希特勒在車中對哈爾德將軍說道：「這樣一來，捷克斯洛伐克人可不方便了。」哈爾德立刻領會了希特勒言下之意，意識到這不僅揭示了前景，也顯露了希特勒的策略意圖，同時暴露了他對軍事的無知。哈爾德將軍表示：「德國軍隊從南面進攻捷克斯洛伐克實際上是不切實際的。通過林茨的那條單軌鐵路，部隊將完全暴露，難以實現突襲。」然而，希特勒的主要政治策略理念是準確的。德國本土的「西牆」正在加強，雖然距離完工仍有一些時日，但足以讓法國軍隊回憶起在索姆河和帕森達勒的恐怖。希特勒堅信，無論法國還是英國都不願意捲入戰爭。

在德國軍隊向奧地利出發之日，柏林的法國大使向巴黎傳達消息，稱戈林曾向駐柏林的捷克斯洛伐克公使鄭重承諾，德國「對捷克斯洛伐克絕無任何敵意」。1938年3月14日，法國總理勃魯姆先生向駐巴黎的捷克斯洛伐克公使鄭重表示，法國將毫無保留地履行對捷克斯洛伐克的承諾。這些外交保證無法掩蓋嚴峻的現實。整個歐洲大陸的策略格局已然產生巨

大改變。德國的討論焦點和軍隊現在可以直接指向捷克斯洛伐克的西部邊界。在這些邊界地區，居民屬於日耳曼民族，他們擁有一個好挑起爭端的活躍日耳曼民族主義政黨，一旦發生衝突，他們便馬上成為德國的第五縱隊。

1938 年 3 月底，我前往巴黎，與法國領導人展開探索性對話。政府同意我重啟與法國的接觸。我下榻於我們的大使館，並會見了多位法國重要人物，如總理勃魯姆、弗朗丹、甘默林將軍、保羅・雷諾、皮埃爾・科特、赫里歐、路易・馬蘭等。有次，我對勃魯姆說：「德國的野戰榴彈炮在射程和攻擊力方面，據說都優於你們法國改造的 7.5 公分重炮。」他回應：「法國炮兵的狀況，難道需要你來告訴我？」我答：「當然不是，但請您詢問你們的技術專科學校，最近他們進行了一次有關新式 7.5 公分炮火力的展示，但未能讓他們滿意。」他態度立刻轉為溫和友好。雷諾對我表示：「我們清楚，英國不會實行徵兵制。那麼為何不建立一支機械化軍隊？倘若你們擁有 6 個裝甲師，就會成為一支強大的大陸軍隊。」或許他是這個意思。當時似乎有位名叫戴高樂的上校撰寫了一本備受批評的書，闡述現代裝甲車輛的攻擊力。

大使、我以及弗朗丹三人共進午餐，時間頗長。我在 1936 年時曾與他見面，如今他的態度已大為不同。那時他肩負重任，態度激昂；而今不再擔任官職，他顯得冷靜且穩重。他堅信，法國除與德國妥協外別無他法。我們激辯了 2 個小時。甘默林也來拜訪我，他對當時法國陸軍的實力充滿信心，但當我詢問其炮兵力量時，他顯得不太高興，因為他對此領域極為熟悉。在法國的政治體系內，他總是竭盡所能。然而，法國國內政治局勢持續動盪不安，勃魯姆內閣也將在不久之後倒臺，這分散了法國政府對歐洲危險局勢的關注。因此，明確規範兩國在全面危機時的共同和相互義務尤為重要，以避免誤解。1938 年 4 月 10 日，法國政府改組，達拉

第十六章　捷克斯洛伐克

第接任總理，博內出任外交部長。這兩人將在關鍵時刻肩負法國政策的重任。

為了阻止德國的進一步侵略，英國政府依照張伯倫先生的決策，在地中海地區尋求與義大利達成和解。此舉將有助於增強法國的地位，使英、法兩國能夠集中力量應對中歐的局勢。由於艾登的辭職，墨索里尼感到一定程度的滿意，他認為自己討價還價的地位更為有利，因此沒有拒絕英國這種表示歉意的舉動。1938年4月16日，英、義兩國簽署了一項協定。該協定實際上是英國允許義大利在衣索比亞和西班牙自由行動，以此作為義大利對中歐表示無法估計的善意回報。外交部對這項交易表示懷疑。

我與外交部持相同的懷疑態度：

邱吉爾先生致艾登先生

1938年4月18日

義大利協定無疑是墨索里尼的全面勝利。他在地中海布防以對抗我們，征服衣索比亞，並在西班牙橫行，如今卻贏得了我們的誠摯接受。條約中要求我們在未進行「事前磋商」時不得在塞普勒斯設防，這一點極其不利。至於其他部分，我認為只是一些無關緊要的補充。

然而，我認為要直接反對這個協定，還需謹慎斟酌。此事已成定局，並被視作邁向和平的一步。該協定無疑能防止地中海的衝突演變成歐洲的全面戰爭。為了避免與英國各行其是，法國必定會採取類似措施以確保本身的安全。最後，還有一種可能性：墨索里尼可能出於本身利益阻止德國對多瑙河盆地的干涉。

在我做出決定之前，我希望了解你的觀點和意圖。我以為英、義協定只是起步；下一步可能是試圖與德國達成一個更為表面光鮮的協定，一方面安撫英國民眾，同時又助長德國的軍事力量，使其東歐計畫逐步完善。

上週，張伯倫曾在祕密會議中向保守黨協會全國聯合會執行委員會透

露,他「仍未放棄與德國達成類似協定的希望」。然而,他們對此表現出冷淡態度。

與此同時,空軍的發展逐漸讓人感到失望……

艾登先生致邱吉爾先生

1938 年 4 月 28 日

……關於義大利協定,我贊同你信中的看法。墨索里尼給予我們的,不過是他曾承諾但又自行破壞的內容。除此之外,唯一新的就是從利比亞撤軍,而他派駐那裡的軍隊,其初衷或許只是為了製造混亂。現在顯然如我之前所預料的那樣,墨索里尼在羅馬會談後,仍繼續在西班牙進行干涉。如果這種干涉是佛朗哥勝利所必需的,那麼,若還有人相信墨索里尼會停止干涉,那他真是個樂觀主義者。

作為一種外交策略而言,這項協定中的規定在實施時可能會面臨諸多挑戰。其生效需要等待義大利退出西班牙。然而,幾乎可以斷定,這需要幾個月才能實現。關鍵並不在於義大利步兵是否留在西班牙,而在於義大利專家和德國人堅持其留駐權利,這使得未來確定是否已經撤出變得極為困難,但或許有人對此並不關心。

其次是關於義大利在衣索比亞的地位問題。據我了解,那裡的情況不僅沒有改善,反而有不斷惡化的傾向。我憂慮在此時承認義大利的地位,將嚴重損害我們在那裡的幾百萬有色臣民心中的威信。

我完全同意你認為應該以謹慎態度對待協定這一點。畢竟,目前它尚未成為正式協定。如果我發表了任何可能阻礙協定達成的言論,那顯然是我的失誤。這也是我在辭職演說和利明頓演說中承諾不這樣做的原因。

在我看來,全球局勢中最令人擔憂的莫過於緊張關係的短暫緩解,因為這可能被視為放鬆國防工作的藉口。考慮到當前局勢的嚴峻,這種努力顯然遠遠不夠……

第十六章　捷克斯洛伐克

　　希特勒密切關注著局勢的發展。對他而言，讓義大利在歐洲危機中最終站在他這一邊至關重要。1938年4月底，與參謀長們的會議上，他便考慮加快進度。墨索里尼希望在衣索比亞能自由施展拳腳。在此冒險行動中，儘管他已經獲得了英國政府的默許，但最終可能仍需要德國的支持。如果情況如此，他就必須接受德國對捷克斯洛伐克採取的行動作為交換條件。為了在捷克斯洛伐克問題上確保義大利與德國合作，這個問題必須解決。柏林方面自然要分析英、法兩國政治家的公開言論。西方兩大國敦促捷克斯洛伐克人為了歐洲和平而保持理性，這種姿態使柏林滿意。亨萊因領導下的蘇臺德納粹黨現在要求與德國接壤的地區實現自治。這個要求在亨萊因1938年4月24日於卡爾斯巴德的演講中宣布。隨後，布拉格的英、法公使立即會見捷克斯洛伐克外交部長，「表示希望捷克斯洛伐克政府盡最大努力解決這個問題」。

　　1938年5月期間，捷克斯洛伐克的日耳曼裔居民受命加大煽動力度。5月12日，亨萊因前往倫敦，目的是讓英國政府更加了解他的同胞所遭受的迫害。他表達了希望與我會面的意願。於是，我安排次日在莫佩思大廈與他會談，當時阿奇博爾德・辛克萊爵士也在場，由林德曼教授擔任翻譯。

　　亨萊因提出的解決方案可概括為以下幾點：

（1）布拉格應設立一個中央議會，負責處理外交、國防、經濟和交通等事務。各政黨應在議會中自由表達意見，政府必須依據多數決議進行治理。

（2）邊界要塞可由捷克斯洛伐克軍隊駐守，而且他們應能無阻地進入邊境地區。

（3）蘇臺德日耳曼人區及其他少數民族地區應享有地方自治權，即設立自己的城鄉參議會和區議會；在區議會中，可就明確界定的區域內地方

事務進行辯論。

（4）關於事實性問題，如邊界劃定，他願意交由公正的法庭，甚至是國際聯盟指派的法庭解決。

（5）各政黨應享有組織和競選的自由；自治區內應設立公正的法庭。

（6）在德語區域內的官員職位，如郵政、鐵路和警察，理應由德語族裔擔任。

（7）在稅收總額中，應按適當比例撥款給這些地區作為行政費用。

捷克斯洛伐克駐倫敦公使馬薩利克得知此次會談的情況後，他也對這種解決方案表示贊同。由此看來，既不損害捷克斯洛伐克共和國的獨立，又能和平化解公認的族群與少數民族之間的糾紛，這並非無法實現，只要德國懷有善意且信守承諾。不過，對於這個條件，我並不抱太大希望。

1938年5月17日，亨萊因與捷克斯洛伐克政府就蘇臺德問題展開談判。亨萊因在從英國返回捷克斯洛伐克的途中拜訪了希特勒。當時，捷克斯洛伐克即將舉行地方選舉，德國政府為此精心策劃了一場心理戰。關於德國軍隊向捷克斯洛伐克邊境推進的謠言甚囂塵上。5月20日，英國政府指示駐德大使內維爾·亨德森爵士在柏林查詢此事。德國的否認無法令捷克斯洛伐克人放心，他們於5月20日至21日晚間下令軍隊進行區域性動員。

此時，分析德國的意圖顯得尤為重要。希特勒長久以來堅信，法國與英國都不會為捷克斯洛伐克開戰。1938年5月28日，他召集主要顧問開會，下令準備進攻捷克斯洛伐克。隨後在1939年1月30日的國會演講中，他公開宣布了這一決定。他表示：

面對這一無法忍受的挑釁，我下定決心徹底解決蘇臺德-日耳曼問題。1938年5月28日，我下令：

第十六章　捷克斯洛伐克

（1）在今年 10 月 2 日之前準備好對該國進行軍事行動；

（2）立即加快擴建我們在西線的防禦工事。

然而，希特勒的軍事顧問中並非人人都與他一樣充滿信心。德國的將領們質疑法國和英國是否會屈服於元首的挑釁，因為即便不算空軍，協約國的整體實力仍然遠超德國。要擊敗捷克斯洛伐克軍隊並突破或繞過波希米亞防線，德國需要動用整整 35 個師。德國參謀部的高層告知希特勒，捷克斯洛伐克軍隊不僅高效，還配備了最先進的武器和裝備。儘管「西牆」或「齊格菲防線」的野戰工事已經建成，但距離完全竣工尚遠。而在對捷克斯洛伐克發動進攻時，德國只能抽調 5 個正規師和 8 個後備師來保護西線，以防禦可能動員 100 個師的法國軍隊發動攻擊。將領們聽聞這個風險之後，不禁大為震驚。他們認為，如果再等待幾年，德國軍隊將重獲優勢。儘管協約國的和平主義和軟弱性讓德國在徵兵、進占萊茵蘭和吞併奧地利事件中，證明了希特勒的政治判斷是正確的，但德國最高統帥部仍無法相信希特勒的虛張聲勢會再度奏效。那些戰勝國在軍事上仍占據優勢，若他們再一次放棄責任和榮譽，選擇常識和謹慎的路徑，將是極不合理的。此外，俄國的存在也構成了重大威脅，它與捷克斯洛伐克同屬斯拉夫族群，此時對德國的態度極具威脅性。

蘇俄與捷克斯洛伐克之間的兩國關係，以及蘇俄領導人與貝奈斯總統個人的互動，始終保持著緊密團結的友好關聯。這個關係的根基，一方面源於種族關聯，另一方面則因近期發生的幾件事件而更加鞏固。關於這些事件，值得在此稍作闡述。

這些內容是 1944 年 1 月，當貝奈斯總統在馬拉喀什拜訪我時所透露的。

1935 年，希特勒曾向他提議，若捷克斯洛伐克能在未來的法、德戰爭中保持中立，他將確保無論何種情況下都會尊重捷克斯洛伐克的領土完整。當貝奈斯解釋他在特定情況下有義務與法國一致行動時，德國大使回

應稱，無需正式廢除條約，只要在戰爭爆發時不進行動員或不出動軍隊，便可實際破壞該條約。這個小小的共和國，由於其地理位置，對於此類建議無法公開表示憤怒。他們對德國的恐懼達到了極點，尤其是考慮到德國隨時可能提出蘇臺德-日耳曼人的問題，或對這些日耳曼人進行煽動，進而使捷克斯洛伐克陷入極為困難和愈加嚴重的險境。因此，他們對該建議既不批評也不接受，而是選擇擱置不談。此後，這件事在一年多的時間裡未被再次提及。直到 1936 年秋，德國高級軍事部門向貝奈斯總統遞交了一封信，信中大意是，如果他有意接受元首的提議，就應立即行動，因為俄國即將發生重大事件，那時他對德國的任何幫助都將變得無足輕重。

當貝奈斯陷入對這個令人不安暗示的思索時，他發現蘇聯駐布拉格大使館正在頻繁地傳遞俄、德兩國政府高層之間的信件。這正是所謂軍方與共產黨老赤衛隊叛國陰謀的一部分。他們企圖推翻史達林，建立一個以親德政策為基礎的新政權。貝奈斯總統立即將他所掌握的所有消息告知史達林。隨後，蘇聯展開了一場無情但肯定必要的軍事和政治清洗。1937 年 1 月，一系列審判接踵而至，檢察官維辛斯基在其中大顯身手。

儘管共產黨老赤衛隊和軍事將領幾乎不可能攜手合作，但他們無疑對史達林懷有深深的怨恨，因為他們都被史達林驅逐。因此，從極權國家的視角來看，同時清除他們是最為理想的情況。革命時期的元老，如季諾維也夫和布哈林，以及受派前往倫敦參加英王喬治六世加冕典禮的蘇聯代表圖哈切夫斯基元帥和眾多高級陸軍軍官，皆被處決。被「清算」的文官和上尉以上軍官總數超過 5,000 人。俄國軍隊以削弱軍事效率為代價清除了親德分子。蘇俄政府顯著地轉向了反德立場。史達林對貝奈斯總統心懷感激；蘇俄政府極為願意協助他和他受威脅的國家抵禦納粹的威脅。希特勒當然對此非常了解。但我不確定英、法兩國政府是否都清楚這一點。因為在張伯倫先生和英、法兩國參謀部看來，蘇俄 1937 年的清洗主要是俄國

第十六章　捷克斯洛伐克

軍隊內部的分裂，因殘酷的仇恨和報復手段而使蘇聯四分五裂。這或許是一個極端的看法。一個以恐怖為統治基礎的政權，透過無情的手段來鞏固權力，是再正常不過的。此段敘述中要強調的顯著事實是，俄羅斯與捷克斯洛伐克之間，以及史達林與貝奈斯之間存在著緊密的關係。

然而，外界對德國國內的緊張局勢以及貝奈斯與史達林之間的關係一無所知。英、法兩國駐捷克斯洛伐克的公使也同樣毫無頭緒。儘管齊格菲防線尚未竣工，但仍然是一個令人畏懼的屏障。德國陸軍是新籌組的，實際人數和戰鬥能力難以精確評估，而且顯然被誇大。此外，對不設防城市進行空襲的潛在威脅也是難以預估的。最重要的是，民主國家的人民對戰爭深惡痛絕。

儘管如此，達拉第於1938年6月12日重申了他的前任在3月14日的承諾，宣稱法國對捷克斯洛伐克的責任「是神聖且無法規避的」。過去曾有人認為，13年前的羅加諾公約意味著在東歐的類似協定簽訂前，東歐的所有問題都不過是懸而未決的空談；然而，隨著達拉第發表這個重要宣告，這種討論也就消聲匿跡了。在歷史的見證下，法國與捷克斯洛伐克在1924年簽署的條約，無論從法律上還是事實上，都毫無疑問地具備完整的效力；即便在動盪的1938年，法國政府的歷任領導人也多次重申這一點。

然而，希特勒在此事上堅信唯有他的判斷才是正確的，因此在1938年6月18日，他發出了對捷克斯洛伐克發動進攻的最終命令。在此期間，他多次向憂慮不安的將領們作出保證。

希特勒致凱特爾

只有當我確信法國不會採取軍事行動，就像我們重新占領萊茵蘭非軍事區和進入奧地利時一樣，而於此同時英國也不會進行干涉，我才決定進攻捷克斯洛伐克。

希特勒為掩人耳目，派遣其隨從副官維德曼上尉前往倫敦。哈利法克

斯勛爵於 1938 年 7 月 8 日接見了這位特使，表面上假裝德國大使館對此事一無所知。他表明：元首因英國未對其提議作出回應而感到不滿。英國政府是否能夠允許戈林前往倫敦以進行更詳細的會談。在某種情形下，德國可能會將進攻捷克斯洛伐克的行動推遲 1 年。幾天之後，張伯倫與德國大使討論了這種可能性。在此之前，為澄清布拉格的局勢，英國首相曾向捷克斯洛伐克建議由英國派遣一名視察員前往捷克斯洛伐克，以便促成友好的協商。英王將於 7 月 20 日前往巴黎，這使得哈利法克斯有機會與法國政府討論這個建議，簡要交換意見後，兩國政府同意展開調解。

1938 年 7 月 26 日，張伯倫在議會中宣布將派遣朗西曼勛爵前往布拉格，目的在幫助捷克斯洛伐克政府與亨萊因之間能實現和平解決。次日，捷克斯洛伐克政府公布了國內少數民族問題法案草案，作為談判基礎。同日，哈利法克斯勛爵在議會中表示：「我不認為目前歐洲各國的領導人都渴望戰爭。」8 月 3 日，朗西曼勛爵抵達布拉格，開始與各相關方代表進行一系列冗長且複雜的談判。不到 2 週，這些談判最終破裂，局勢隨即迅速惡化。

1938 年 8 月 27 日，已擔任德國外交部長的里賓特洛甫報告稱，義大利駐柏林大使曾拜訪他，大使表示「再次收到墨索里尼的書面指示，要求德國及時告知可能對捷克斯洛伐克採取行動的日期」。墨索里尼希望獲得通知，以便「能在合適的時機在法國邊境採取必要措施」。

在 1938 年 8 月，情勢愈發令人擔憂。8 月 27 日，我對我的選區選民表示：

> 置身於賽頓·布瓦這片古老森林中，光是這個名字便引發我們對諾曼時代的遐想。在這片土地上，英國人以和平與法治為根基的心態，實在難以揣測在歐洲蔓延的暴力情緒。在這充滿焦慮的月分裡，你們定會在報紙上看到各種報導，一週的消息好轉，下一週又惡化，接著又稍有起色，再次變壞。然而，我必須告知你們，歐洲乃至全球的整體局勢，正穩步走向一個無法再拖延的關鍵時刻。

第十六章　捷克斯洛伐克

　　戰爭固然不是無法避免。然而，只要從德國家庭中徵召的龐大軍隊尚未解散，和平的威脅便難以消除。一個既未受到他國威脅也不畏懼他國的國家，卻將150萬士兵置於戰時編制，這是一個極為嚴峻的舉措⋯⋯在我看來，我也必須坦率地告訴你們，如此龐大的力量置於戰時編制，顯然是有意在極短的時間內達成某種結果⋯⋯

　　政府已經派遣朗西曼勳爵前往布拉格，我們對此表示完全支持。我們希望──誠摯地為他祈禱──他的調解任務能夠取得成功。目前看來，捷克斯洛伐克政府也在盡力調整國內局勢，願意接受任何不會導致國家分裂的要求。然而，更大的野心和更狂暴的欲望可能會阻礙協定的達成。如果情況如此，歐洲和整個文明世界將不得不面對納粹德國的要求，或者遭遇德國納粹黨可能突然的狂暴行徑，即對一個小國的進攻和征服。這樣的事件恐怕不僅是對捷克斯洛伐克的攻擊，更是對全球文明和自由的嚴重破壞。

　　無論事態如何發展，全球各國必須明白──我們的政府亦須使他們了解──英國及其帝國，必將如同在歷史上那些未被遺忘的重大事件中一樣，履行其角色與責任。

　　在這段時間內，我與大臣們有了一些接觸。由於我在國防和外交政策上與政府存在嚴重的政治分歧，我與哈利法克斯勳爵的關係自然受到影響。我與艾登的觀點在主要方面是一致的，但我對他的繼任者則不能如此評價。即便如此，每當我們相遇時，我們仍是朋友，也是多年的老同事。我有時會寫信給他，而他偶爾也邀請我去拜訪。

邱吉爾先生致哈利法克斯勳爵

1938年8月31日

　　若貝奈斯做出讓步，而朗西曼也認為這個建議公正合理，但仍然遭到對方拒絕，那麼，我認為，為了增強對抗希特勒暴行的力量，本週內能做

的只有2件事，而這2件事都不會讓你因為可怕的承諾而承擔責任。

首先，是否能夠由英、法、俄三國發出聯合照會，內容包括：

（1）他們希望維持和平友好關係的意願；

（2）他們對德國軍力部署的憂慮；

（3）他們共同關注捷克斯洛伐克爭端的和平解決；

（4）若德國侵犯捷克斯洛伐克，將成為這三國的重要問題。

在草擬該照會後，應由三國駐美大使遞交給羅斯福審閱。我們還應盡力促使羅斯福對此問題給予盡可能的支持。我認為他可能會致函希特勒，強調當前局勢的嚴峻，指出他認為對捷克斯洛伐克的侵犯可能引發世界大戰，因此熱切希望問題能妥善解決。

在我看來，此方法或許能讓德國的官方和平主義者堅持其立場，而希特勒也可能藉此與羅斯福對話，找到妥協的出路。然而，這一切難以預測，只能抱持一絲希望。關鍵在於要盡快發出一份聯合宣告。

挽救局勢的第二步在於調動艦隊，並將後備的小艦隊和巡洋艦隊納入現役。我指的並不是召集皇家後備艦隊或進行動員，但我認為可以將5、6個小艦隊擴充至第1艦隊的規模，並利用約200艘拖網船來反潛。採取這些措施及其他的一些策略，可以在海軍港口營造聲勢，作為對德國發動戰爭的威懾；若戰爭爆發，這也將成為一種及時的戒備，對我們只會有利。

我冒昧地希望你能理解這些建議來自一個曾親歷此類情境的人。顯然，快速採取行動至關重要。

1938年9月2日下午，我收到蘇俄大使的一封信，信中表示有一項緊急事務，希望立即前來查特維爾與我會面。我與麥斯基大使的私人關係由來已久，他也時常與我兒子倫道夫見面。我接待了這位大使，在簡單的寒暄之後，他鄭重且詳細地向我陳述了以下內容。談話不久，我便意識到他選擇與我私下溝通，是因為蘇聯政府希望透過我傳達建議，而不直接與外

第十六章　捷克斯洛伐克

交部交涉,以避免可能的拒絕。他們顯然希望我將所聞告知政府。大使並未明確要求我保密,交談過程中他更未曾提及保密之事,這點不言而喻。我當時意識到此事的重要性,在向政府傳達時必須極為謹慎,避免掺雜個人意見,也不能使用可能引發爭論的措辭,以免影響哈利法克斯和張伯倫的判斷。

邱吉爾先生致哈利法克斯勳爵

1938 年 9 月 3 日

我從絕對可靠的管道獲取了以下消息。儘管無人要求我這樣做,我仍覺得有責任向你報告。

9 月 2 日,法國駐莫斯科代辦(因大使休假)拜訪李維諾夫,代表法國政府詢問在捷克斯洛伐克遭受德國攻擊時,俄國將提供何種援助,尤其是考慮到波蘭和羅馬尼亞可能保持中立所帶來的挑戰。李維諾夫反問法國的計畫,他強調法國負有直接責任,而俄國的義務取決於法國的行動。法國代辦未對此作出回應。然而,李維諾夫仍表示:首先,蘇聯堅定履行其義務。他意識到波蘭和羅馬尼亞的立場帶來的困難,但他認為羅馬尼亞方面的障礙是可以克服的。

近幾個月,羅馬尼亞政府的政策顯然對俄國表現出友好態度,兩國關係顯著改善。李維諾夫認為,克服羅馬尼亞猶豫情緒的最佳途徑是透過國際聯盟。比如,如果國際聯盟認定捷克斯洛伐克為受侵略國,德國為侵略國,這可能促使羅馬尼亞允許俄國的陸軍和空軍過境。

法國代辦指出,國聯行政院可能無法達成共識。李維諾夫回應稱,多數票的決定已經足夠,並指出羅馬尼亞可能在投票時選擇多數一方。李維諾夫因此建議,以戰爭威脅為由,根據公約第 11 條的規定,召開國聯行政院會議,讓各會員國進行磋商。他認為時間可能非常緊迫,越早行動越好。隨後,他告知法國代辦,俄國、法國和捷克斯洛伐克的參謀部應立即

會面，討論援助的方法和措施，蘇聯準備參與這樣的會談。

最後，李維諾夫提及了他在 3 月 17 日的交談。他倡議由熱愛和平的各國商討維護和平的最佳方案，或許最理想的情況是發表一份包含法國、俄羅斯和英國三國的聯合宣告。他相信，美國會在道義上支持這個宣告。他這些話，都是代表俄國政府說的，這是俄國政府認為阻止戰爭的最佳途徑。

我想指出，今日的消息似乎顯示希特勒的態度有所緩和，因此除非亨萊因與貝奈斯的談判再度破裂（若破裂，過錯不在捷克斯洛伐克政府），英國政府不太可能考慮其他行動。如果希特勒真的改變主意，選擇和平解決，我們便不應激怒他。

雖然你可以從其他途徑獲得這些消息，但我認為李維諾夫的言論極為重要，我不應該忽視，也不能不向你報告。

在完成報告的口述記錄後，我立刻將其送交給哈利法克斯勳爵。9 月 5 日，他以謹慎的語氣回覆稱，目前若依照公約第 11 條採取行動，恐怕對局勢無濟於事，但他會將此事牢記於心。「我同意你所提到的，我們此刻應依據亨萊因從貝希特斯加登帶來的報告重新審視整體局勢。」他補充道，局勢依然令人深感憂慮。

《泰晤士報》在 1938 年 9 月 7 日的評論文章中指出：

捷克斯洛伐克政府已表示願意接受蘇臺德人最近的建議，如果現在他們又提出新的要求，那麼唯一可能的結論就是：德國的目的不僅僅是為那些在捷克斯洛伐克共和國中感到不自在的人解除疾苦而已。在那種情況下，捷克斯洛伐克政府值得考慮的是，他們是否應該完全排除某些方面所贊成的計畫，即割讓某些異族居民居住的並與其同種族的國家接壤的邊緣地區，而使捷克斯洛伐克成為一個更加單純的國家。

這無疑意味著要放棄波希米亞要塞防線的整個區域。儘管英國政府迅

第十六章　捷克斯洛伐克

速澄清《泰晤士報》所載文章並不反映官方立場，但國際輿論，特別是法國的輿論，仍然感到不安。就在同一天，即 9 月 7 日，法國駐倫敦大使拜訪了哈利法克斯勳爵，代表法國政府請求英國政府明確表態，若德國進攻捷克斯洛伐克，英國將採取何種立場。

法國外交部長博內先生曾表示，1938 年 9 月 10 日，他向英國駐巴黎大使艾瑞克・菲普斯爵士詢問：「明日希特勒或將進攻捷克斯洛伐克，法國將立即動員，並詢問英國『我們準備出兵，你們是否與我們同行？』英國會如何回應？」

以下是內閣批准的回應，由哈利法克斯勳爵於 9 月 12 日交由菲普斯爵士轉交法國：

我當然明白，英國政府對這個問題的明確回應對法國政府的重要性。然而，正如你對博內所言，雖然這個問題本身簡單明瞭，但絕不能與可能發生的情形分割開來，而在目前階段，這種情形顯然只是推測。

此外，在這類事件中，英王陛下政府無法僅顧及本身處境，因其任何決策或行動實際上都會讓各自治領承擔相同的責任。各自治領政府顯然不願在情況未發生前被他人替代決策，它們希望自行判斷。

因此，目前我對博內先生的問題只能如此回應：儘管英國政府絕不允許法國的安全受到威脅，但在當前無法預見的局勢下，他們無法明確未來行動的性質和時間。

法國政府質疑「英國政府絕不會讓法國的安全受到威脅」的承諾，詢問在法國受到威脅時英國會提供何種援助。根據博內的紀錄，倫敦的答覆是派遣兩個未機械化的師，並在戰爭開始的 6 個月內提供 150 架飛機。

如果博內先生的意圖僅僅是尋找藉口，以便將捷克斯洛伐克置於命運的擺布之下，那麼必須承認他的目的已經實現。

1938 年 9 月 12 日，希特勒在紐倫堡的黨大會上發表演講，猛烈抨擊捷克斯洛伐克人民。次日，捷克斯洛伐克在國內部分地區宣布戒嚴以作回應。9 月 14 日，他們與亨萊因的談判徹底破裂。隔日，這位蘇臺德地區的領袖便逃到了德國。

此刻危機的巔峰已經悄然抵達。

第十六章 捷克斯洛伐克

第十七章
慕尼黑悲劇

　　英國的外交政策由張伯倫先生完全掌控,而霍勒斯‧威爾遜爵士則是他的主要親信和代理人。哈利法克斯勳爵對外交部的事務愈來愈發感到困惑,但仍然追隨首相。儘管內閣心存不安,但仍然聽從張伯倫的指示。下議院中的政府多數黨被黨的議會領袖所左右。實際上政府之中只有一個人獨攬國家大事。他無論在責任還是個人努力方面都毫不畏懼。

　　1938年9月13日至14日深夜,達拉第與張伯倫取得了聯繫。法國政府認為,若法、英兩國領導人親自出面共同會見希特勒,對於全歐洲局勢或許會有所助益。然而,張伯倫有自己的想法。他主動向希特勒發了一封電報,提議想拜訪他。次日,他向內閣報告此事,並在當天下午收到了希特勒的回電,邀請他前往貝希特斯加登。因此,9月15日上午,這位英國首相搭乘飛機抵達慕尼黑機場。當時,從各個角度來看,這個時機的選擇並不理想。當消息傳至捷克斯洛伐克首都時,捷克斯洛伐克領導人幾乎無法相信這是真的。他們感到困惑不解:正當他們首次控制住蘇臺德區內部局勢之際,英國首相竟然親自前去拜訪希特勒。他們擔心這會削弱他們與德國交涉中的立場。因為,希特勒在9月12日發表的挑釁性演說,及其後德國煽動亨萊因的黨員叛亂,均未獲得當地民眾的支持。亨萊因已經逃往德國,蘇臺德的日耳曼黨由於失去領導,顯然不再願意採取直接行動。捷克斯洛伐克政府在其所謂「第四次計畫」中,正式向蘇臺德日耳曼領袖們提出地方自治的行政計畫,其內容不僅超出了亨萊因在卡爾斯巴德(即卡羅維瓦利)於1938年4月提出的要求,而且完全符合張伯倫在3月24

第十七章　慕尼黑悲劇

日演說中所表達的意見，以及西蒙爵士在8月27日演說中的宣告。然而，即便是朗西曼勳爵也意識到，蘇臺德領袖與捷克斯洛伐克政府之間達成雙方滿意的協定，正是德國人最不願見到的結果。張伯倫的德國派訪為蘇臺德黨提供了要求更多的機會；該黨內的極端分子按柏林的指示公開提出併入德國的要求。

1938年9月16日下午，首相的飛機降落在慕尼黑機場，隨後他搭乘火車前往貝希特斯加登。與此同時，德國各大電臺正在播送亨萊因關於要求蘇臺德區併入德國的宣告。張伯倫剛下飛機便聽到了這一則頭條新聞，顯然是有意讓他在與希特勒會面前知曉此事。在此之前，無論是德國政府還是亨萊因本人都未曾提出過歸併的要求；而且數日前，英國外交部已宣告這不符合英國政府的政策立場。

法伊林已經公開了張伯倫和希特勒會談的相關記錄。從他的敘述中，我們可以得出張伯倫留下對希特勒的深刻印象是：

儘管我從他的面容中察覺到他的殘酷無情，但我得到的印象卻是此人在做出承諾後仍是一個值得信賴的人。

事實上，我們已經觀察到，希特勒早在數月前就已經決意並作好準備將對捷克斯洛伐克進行侵略，只待最佳的時機。首相於9月17日回到倫敦，立即召集內閣會議。此時，朗西曼勳爵也已歸來，他的報告自然引起了廣泛關注。近來他的健康狀況一直不佳，執行這項任務使他精神極度緊張，身體也消瘦了。他建議採取「直接行動政策」，即「將日耳曼人占多數的地區移交給德國」。這種方法至少具有簡單明瞭的優點。

首相與朗西曼勳爵均堅信，唯有將蘇臺德區讓予德國，方能阻止希特勒進攻捷克斯洛伐克的命令。張伯倫在與希特勒會晤時，強烈感受到希特勒的「鬥志昂揚」。他的內閣同樣認為法國毫無鬥志，因此根本無從抵抗希特勒對捷克斯洛伐克的要求。有些大臣甚至以「民族自決權」和「少數

民族要求公正待遇」等論點自我安慰，甚至表現出一副「支持小人物反抗捷克斯洛伐克暴政」的姿態。

英國當前必須與法國政府採取協調一致的外交措施。9月18日，達拉第和博內抵達倫敦。張伯倫已經原則上同意接受希特勒在貝希特斯加登所提出的要求，剩下的任務只是擬定建議書，由英、法兩國駐布拉格的代表向捷克斯洛伐克政府提交。法國內閣提供了一份經過深思熟慮的草案。他們反對公民投票，因為擔心這會導致斯洛伐克和露西尼亞地區提出類似的要求。他們主張直接把蘇臺德區割讓給德國。然而，他們也提出，英國政府應與法國，以及從未磋商過的俄國，共同擔保這個在已經支離破碎的捷克斯洛伐克所畫下的新邊界。

我們之中的許多人，即便不在內閣圈子裡，也認為博內實際上是個徹底的失敗主義者，他所有的巧言令色，總結起來其實只有一句話——「不惜一切代價追求和平」。在他戰後撰寫的一本書中，自然竭力將責任完全歸咎於張伯倫和哈利法克斯。當時他的想法，大家都心知肚明。他願意不惜任何代價，讓法國不去履行剛剛重申過的莊嚴明確之責任，即為保衛捷克斯洛伐克而戰。這時，英、法兩國的內閣表面上像兩顆過熟的西瓜擠在一起破裂了；但事實上，它們需要的應該是刀劍出鞘。然而，在這一點上，英、法兩國與捷克斯洛伐克人完全沒有商議，卻達成了一致。

英、法兩國在向捷克斯洛伐克人傳達他們最後的決定時表示：「法、英兩國政府都深知，要求捷克斯洛伐克作出的犧牲是多麼巨大。他們都感到有責任坦誠地指出這些條件對於安全的重要性……首相最遲必須在星期三與希特勒先生再次會面，如有可能還要提前，因此我們認為應該請你儘早回覆。」因此，捷克斯洛伐克政府在9月19日下午收到了立即將境內日耳曼人占多數地區移交給德國的建議。

英國並未承擔保護捷克斯洛伐克的條約責任，也未曾給予任何非正式

第十七章　慕尼黑悲劇

的保證，而法國確實有此條約束縛：若德國進攻捷克斯洛伐克，法國必須對德宣戰。20年來，貝奈斯總統一直是法國的堅定盟友，幾乎可以說是法國的附庸，在國際聯盟及其他場合中支持法國的政策及利益。若世上真有所謂神聖不可侵犯的義務，此時的法、捷關係便是如此。勃魯姆和達拉第的宣告言猶在耳，法國政府竟然背棄諾言，實為不祥之兆。我始終認為貝奈斯的退讓是一個錯誤。他本應捍衛他的防線。根據我當時的觀點，一旦戰爭爆發，法國在全國人民熱情高漲的情況下，必定會起而相助，而英國也將立即與法國採取一致行動。在這場危機的高潮（1938年9月20日），我前往巴黎兩天，拜訪我在法國政府中的朋友雷諾和曼德爾。這2位部長皆感到極度苦惱，甚至考慮退出達拉第內閣。我反對他們辭職，因為即使他們作出犧牲，也無法改變事態發展的狀態，反而使法國政府因為失去2個最能幹、最果斷的官員而更加虛弱。我甚至冒昧地將此意直言相告。在這次痛苦的訪問之後，我便返回倫敦。

1938年9月20日深夜至21日凌晨2點，英國和法國駐布拉格的公使拜訪貝奈斯總統，告知他根據1925年德、捷條約進行仲裁的希望已經不復存在，並強烈建議他在法國和英國尚未面臨壓力時，接受兩國的提議。法國政府對這個通知深感羞愧，因此要求其公使以口頭方式傳達。在此壓力下，捷克斯洛伐克政府於9月21日接受了英、法的建議。當時布拉格有一位名為福歇的法國將軍，自1919年起擔任法國駐捷克斯洛伐克軍事代表團的成員，並於1926年升任團長。他向法國政府申請辭職，離職後立即加入捷克斯洛伐克軍隊，並獲得捷克斯洛伐克國籍。

法國曾提出一種辯解，我們不能輕易忽視。他們聲稱，如果捷克斯洛伐克拒絕屈服而引發戰爭，法國理應履行其責任；然而，若捷克斯洛伐克在壓力下屈服，法國的榮譽便無損。對此論點，我們只能交由歷史評判。

在9月21日的同一天，我向倫敦的新聞界發出了一份關於此次危機

的宣告：

在英、法兩國的壓力下，捷克斯洛伐克被分割，這無異於西方民主國家對納粹武力威脅的完全屈服。這樣的失敗不會為英國和法國帶來和平或安全。恰恰相反，這將使兩國的處境更加脆弱和危險。捷克斯洛伐克的中立化意味著德國可以調動25個師的兵力來威脅西線；此外，這還為獲利的納粹打通了一條通往黑海的通道。受到威脅的，不僅僅是捷克斯洛伐克，還有所有國家的自由和民主。認為犧牲一個小國就能獲得安全，實在是致命的誤解。德國的戰爭潛力將在短期內迅速增強，其速度將遠超法國和英國完成必要防禦措施的速度。

於9月21日的國際聯盟大會中，李維諾夫發出了正式警告：

……目前，捷克斯洛伐克的內政正遭受鄰國的干涉，且面臨公開的威脅與恐嚇，甚至揚言動用武力。這個歐洲最古老、最文明、最勤勞之一的民族，經歷了數個世紀的壓迫後才獲得獨立，而在當下或不久的將來，或許將決定拿起武器捍衛自己的獨立……

對於奧地利被吞併這個重大事件，國際聯盟竟然毫不在意地放任不管。蘇聯政府深知此事件對歐洲，尤其對捷克斯洛伐克命運的重要性，因此在德、奧合併後立即正式向歐洲各大國提出建議，要求就此事件可能引發的後果進行集體磋商，以便採取共同的預防措施。遺憾的是，我們的建議未獲應有的重視。若該建議得以實施，或許我們不會看到今日全世界對捷克斯洛伐克命運的震驚……在我啟程前往日內瓦的前幾天，法國政府首次詢問我們：一旦捷克斯洛伐克遭受攻擊，我們將採取何種態度。我以政府的名義給出了如下明確而毫不含糊的答覆：

「我們將依據條約履行我們的職責，並與法國一起採取我們所能採取的一切措施來支持捷克斯洛伐克。我國國防部已經準備立即參與法國和捷克斯洛伐克國防部代表的會議，以商議適當的行動方案……」就在2天

第十七章　慕尼黑悲劇

前，捷克斯洛伐克政府正式詢問我國政府：如果法國履行其條約義務，向捷克斯洛伐克提供直接而有效的援助，蘇聯政府是否也準備根據蘇、捷條約給予捷克斯洛伐克相同的援助？對此問題，我國政府給予了明確的肯定答覆。

令人費解的是，一個如此重要的國家發表的無條件公開宣告，對張伯倫的談判和法國處理危機的方式竟然毫無影響。我聽聞，有人認為從地理上講，俄國無法將部隊部署到捷克斯洛伐克，即便戰爭爆發，俄國的援助也僅限於小規模的空軍支援。這當然需要羅馬尼亞的同意，並在次要程度上也須獲得匈牙利的同意，以便讓俄國軍隊通過其領土。麥斯基先生向我表示，至少對羅馬尼亞而言，如果一個在國際聯盟支持下的大聯盟對其施壓並提供保證，取得其同意的可能性很高。從俄國穿越喀爾巴阡山脈到捷克斯洛伐克有2條鐵路：北邊一條經由車諾夫契穿越布科維納，南邊一條則經由德布勒森經過匈牙利。利用這2條距離布加勒斯特和布達佩斯相當遠的鐵路，可以將30個師的俄國軍隊運送到捷克斯洛伐克。這些潛在的力量可以成為維護和平的力量，足以對希特勒構成重大阻礙，一旦戰爭爆發，幾乎可以肯定這會導致完全不一樣的後果。有人極力聲稱蘇聯言行不一，言而無信，因此蘇聯的提議實際上未受到重視。蘇聯的提議未被納入對抗希特勒的考量，而是以冷淡（甚至是輕蔑）的態度對待，這在史達林心中留下了一道傷痕。事態的發展，就像世界上不存在蘇聯這個國家一樣。為此，我們後來付出了慘痛的代價。

9月21日，墨索里尼在特雷維索發表了一篇頗具分量的演說，他表示：「若捷克斯洛伐克認為當前的境況可謂『微妙』，那麼它曾是──或許我們現在可以使用『曾是』這2個字，我會立即向你們解釋原因──不僅僅是『捷克斯洛伐克』，而是包括捷克斯洛伐克、日耳曼、波蘭、馬扎爾、露西尼亞、羅馬尼亞、斯洛伐克在內。既然這個問題已經出現，我鄭

重宣告,必須透過全面的方式來解決。」

捷克斯洛伐克政府接受了英、法的聯合建議,最終被迫辭職,另組一個由賽洛維將軍領導的無黨派政府。賽洛維在第一次世界大戰期間曾擔任駐西伯利亞的捷克斯洛伐克軍團司令。9月22日,貝奈斯總統向全國發表廣播演說,莊重地呼籲人民保持冷靜。此時,貝奈斯準備演說之際,張伯倫已經飛往德國,與希特勒進行第二次會談。此次會談在萊茵蘭城市巴特戈德斯貝格舉行。英國首相攜帶捷克斯洛伐克政府已接受的英、法建議細節,作為與「元首」進行最終討論的基礎。兩人在巴特戈德斯貝格的一家旅館會面,該旅館是4年前希特勒為肅清羅姆而匆忙離開的地方。會談伊始,張伯倫便意識到自己面臨著「一種完全意外的形勢」。他回國後在下議院描述了當時的情形:

在貝希特斯加登期間,我聽說希特勒先生若接受民族自決原則,就會與我商討具體實施的細節。他後來告訴我,他完全沒想到我會再次前來並表明接受此原則。我不希望下議院認為他有意欺騙我——我自己並不這樣認為,但在我看來,我原以為當我回到巴特戈德斯貝格時,只需平靜地與他討論我所帶去的建議,事情便能順利解決。然而,使我震驚的是,會談一開始他便表示這些建議不可接受,需要以我完全未曾預料的另一套建議替代。

我覺得需要一些時間來思考我的下一步行動,因此我選擇退出。在我是否能完成任務這件事上,我心中充滿了不安的預感。然而,在離開之前,我確保希特勒先生同意延長他之前的承諾,即在談判未果前不動用他的軍隊。而我則承諾請求捷克斯洛伐克政府避免採取任何可能引發意外的行動。

討論就此中止,直至翌日才繼續。9月23日上午,張伯倫在旅館的陽臺上來回踱步。早餐後,他致信希特勒,表示願意將德國的新提議轉交捷克斯洛伐克政府,但指出其中存在重大困難。然而,希特勒當日下午的

第十七章　慕尼黑悲劇

回覆毫無妥協之意，張伯倫要求在當晚的最後一次會議上提交附有地圖的備忘錄。此時，捷克斯洛伐克已經開始動員，英、法兩國政府正式通知駐布拉格的代表，他們此前曾勸說捷克斯洛伐克不要動員，現在不再負此責任。當晚 10 點半，張伯倫再次與希特勒會晤，關於會談的詳情，最好引用他本人的話來描述：

在我與德國總理的最後一次會談中，他將備忘錄和地圖遞給我。會談從當晚 10 點半開始，持續到次日凌晨 2、3 點。德國外交部長、亨德森爵士和威爾遜爵士都在場。我首次在備忘錄上注意到時間限制。因此，我直言不諱地表達了看法。我極力指出，堅持這些條件將是危險的；一旦戰爭爆發，將帶來可怕的後果。我說，文件的措辭和態度更像是最後通牒，而非備忘錄，這將大大動搖中立國的輿論。我嚴厲指責德國總理對我尋求和平的努力未予回應。

我必須補充說明，希特勒懇切地重申他在貝希特斯加登曾經表達的立場：這次是他在歐洲最後的領土野心，他並不打算將非日耳曼種族納入德國。其次，他極為誠摯地表示，他希望與英國維持友好關係，如果蘇臺德問題能夠和平解決，他非常願意恢復談判。當然，他還提到：「此外還有一個複雜的問題，即殖民地問題；但這不是一個會引發戰爭的問題。」

1938 年 9 月 24 日下午，張伯倫返回倫敦。次日，內閣召開了三次會議。此時，倫敦和巴黎的輿論日漸強硬。討論後決定拒絕巴特戈德斯貝格提出的條件，並將此消息傳達給德國政府。法國內閣同意該決定，並立即開始部分動員，其效率之高令人意外。9 月 25 日晚，法國總理和部長抵達倫敦，勉強接受了對捷克斯洛伐克的義務。次日下午，威爾遜爵士奉命攜首相親筆信前往柏林見希特勒，當時正值希特勒準備在體育館演說前 3 小時。威爾遜爵士得到的唯一答覆是，希特勒不願放棄巴特戈德斯貝格最後通牒中規定的期限，即 1938 年 10 月 1 日，除非他在 9 月 28 日下午 2 點

前接到捷克斯洛伐克同意的通知，否則將在當天對該地區採取軍事行動。

那天晚上，希特勒在柏林發表演講。他提及英國和法國時，言辭溫和而友好，但對貝奈斯及捷克斯洛伐克人則進行了猛烈且無情的抨擊。他堅定地表示，捷克斯洛伐克人必須在 9 月 26 日之前撤出蘇臺德地區，並聲稱一旦這個問題解決，他對捷克斯洛伐克境內的任何事態再無興趣。「這是我在歐洲的最後一次領土要求。」

處於類似情況時，危機愈加嚴重，我與政府的溝通愈加頻繁。9 月 10 日，我前往唐寧街與首相進行長時間對話。9 月 26 日，我再次拜訪。在這個關鍵時刻，下午 3 點半，首相與哈利法克斯勳爵在內閣會議室會見我，我敦促他們執行我於 8 月 30 日致信哈利法克斯勳爵中提到的政策，即英國、法國和俄國應發表聯合宣告，明確反對希特勒侵略的共同立場和決心。我們詳細討論了一份公報，意見顯然完全一致。哈利法克斯與我看法一致，我自然認為首相亦同意。當時有一位外交部官員在場，由他起草文稿。我們分開時，我感到非常滿意，心中釋然。

當晚約莫 8 時，外交部新聞司司長，即現任的雷金納德‧利珀爵士，向外交大臣遞交了一份公報，其主要內容如下：

若德國無視英國首相的努力，仍然對捷克斯洛伐克發動攻勢，直接後果必然是法國對捷克斯洛伐克的援助，而英國與俄羅斯勢必支持法國。

一旦得到哈利法克斯勳爵的批准，公報便迅速發布。

在不久前我返回位於莫佩思大廈的住所時，發現已有 15 位紳士匯聚於此。他們皆為保守黨成員，包括塞西爾勳爵、勞埃德勳爵、愛德華‧葛利格爵士、羅伯特‧霍恩爵士、布思比先生、布雷肯先生及勞先生。眾人情緒高昂，意見一致：必須促使俄國參戰。保守黨內部的激烈情緒，彰顯他們已經完全摒棄階級、黨派及意識形態的利害關係，這種高漲的情感令

第十七章　慕尼黑悲劇

我深受感動，驚嘆不已。我向他們透露了唐寧街的情況，並解釋了公報的性質，大家聽後皆感到寬慰。

法國右翼媒體對該公告持懷疑和輕蔑的態度。《晨報》稱其為「巧妙的謊言」。與此同時，博內先生忙於強調他的行動有多麼前衛。他對幾位議員表示，他無法證實英國的宣告，以便讓這些議員意識到這並不是他所期望的英國保證。他當然很容易傳達出這種印象。

那晚，我在海軍部與庫珀先生共進晚餐。他向我透露，他正在請求首相立刻動員英國艦隊。這讓我聯想起25年前我親身經歷的類似情形。

衝突時刻似乎已然降臨，敵對雙方的軍隊已經整裝待發。捷克斯洛伐克的軍事力量有150萬人在歐洲最堅固的防禦工事後嚴陣以待，由高度組織化和高效的工業體系提供裝備支持。法國軍隊部分動員，儘管法國內閣略顯勉強，但仍然準備履行對捷克斯洛伐克的承諾。在9月27日午夜之前，英國海軍部已向艦隊發出警戒電報，命令成員於次日動員。此消息同時在晚上11點38分傳達到英國各大報社。9月28日上午11點20分，海軍部正式發布英國艦隊動員令。

現在可以窺見希特勒向英、法政府展示的強硬姿態背後的情況。總參謀長貝克將軍對希特勒的計畫感到不安，完全不贊同，並準備加以阻止。3月間，德國入侵奧地利後，貝克遞交給希特勒一份備忘錄，詳述連續征服計畫必然引發全球災難，使新興的德國再次面臨崩潰。希特勒未作回應。過了一段時間，貝克不願承擔元首決心開戰的歷史責任。到7月，兩人之間開始對立。在對捷克斯洛伐克的進攻即將實施時，貝克要求希特勒保證不再冒險開戰，雙方因此決裂。希特勒告訴貝克，軍隊是國家的工具，而他是國家元首，故陸軍及其他武裝力量必須無條件服從他的意志。貝克遂請求辭職，但其辭呈未獲回覆。將軍的決定堅定不移，從此不再到陸軍部辦公。希特勒不得不將他免職，並委任哈爾德接替他的職位。貝克

後來有一段悲壯卻光榮的命運。

這一切都僅為祕密圈子內的知情者所掌握。如今，元首與其顧問專家之間的矛盾已經演變為一場持久而激烈的鬥爭。貝克是陸軍參謀部中備受信賴與尊敬的成員，他們不僅在職業見解上達成共識，對任何非軍人或政黨的命令亦懷有共同的厭惡。9 月危機顯然已經引發了令德國將領們憂慮的局勢。捷克斯洛伐克的 30～40 個師部署於德國東部邊境，而法國軍隊以約 8 比 1 的優勢對「西牆」形成巨大壓力。敵對的俄國可能會利用捷克斯洛伐克的機場採取軍事行動，蘇聯軍隊則可能穿越波蘭或羅馬尼亞向前推進。最後，傳聞英國海軍在最後階段已經進入動員狀態。隨著這些局勢的發展，德國民眾情緒高漲至狂熱程度。

首先，我們獲得了哈爾德將軍關於逮捕希特勒及其重要同夥陰謀計畫的報告。這個事件的證據不僅限於哈爾德的詳細描述。該計畫無疑存在，但當時的決心究竟有多堅定，我們無法準確評估。將軍們曾多次計劃叛變，但在最後時刻總因各種原因而放棄。被盟軍俘虜後，為了本身利益，他們詳盡地描述了曾為和平所作的努力。無疑，當時確實存在這樣的陰謀計畫，並且為實現這個計畫採取了一些重要措施。

據哈爾德稱，到 1938 年 9 月初，我們已經準備採取必要的措施以擺脫這個瘋子。當時，大多數德國人對戰爭的前景感到恐懼。我們並不想殺死納粹領導人，而是計劃逮捕他們，成立軍政府，並向人民宣布：我們之所以採取行動，是因為我們堅信我們的國家正走向無可避免的災難。

捲入這場陰謀的包括：哈爾德將軍、貝克將軍、施蒂爾普納格爾將軍、柏林衛戍司令維茨萊本將軍、裝備署署長湯瑪斯將軍、波茲坦衛戍司令布羅克多爾夫將軍，以及柏林警察局局長赫爾多夫將軍。他們還私下告知了總司令布勞齊區將軍，他對此也表示支持。

在對捷克斯洛伐克進行軍事行動和常規部隊調動的行動中，他們成功

第十七章　慕尼黑悲劇

地在短時間之內將一個裝甲師調至柏林附近地區，只需一夜即可抵達柏林。證據顯而易見，因為在慕尼黑危機期間，赫普納將軍指揮的第 3 裝甲師駐紮在柏林南部。赫普納的祕密任務是在接到命令時立即占領首都、總理府及重要的納粹部門。為此，後來該師被轉交給維茨萊本將軍指揮。據哈爾德的證詞，柏林警察局長赫爾多夫當時為拘捕希特勒、戈林、戈培爾和希姆萊等人進行了詳細的安排。「當時不可能發生意外。只要希特勒在柏林，政變成功的所有條件就都具備了。」希特勒於 9 月 14 日上午從貝希特斯加登抵達柏林。哈爾德中午得知此消息，立即去見維茨萊本以制定計畫。當即決定在當晚 8 時實施行動。哈爾德稱，到下午 4 時，維茨萊本的辦公室收到張伯倫將飛往貝希特斯加登與希特勒會晤的消息。於是他立即召開會議，哈爾德在會上告訴維茨萊本：「如果希特勒的虛張聲勢再次成功，那麼，作為總參謀長，他不應揭穿它。」因此決定暫緩行動，靜觀事態發展。

這是德國總參謀長哈爾德將軍提及有關柏林內部危機的故事，真實性有待歷史學家的調查。米勒-希勒布蘭特將軍後來也證實此事，一些研究過此事的權威人士認為其可靠性較高。若最終被承認為歷史事實，這將成為又一件因微小的偶然事件而改變人類命運的案例。

此外，參謀部方面還有其他雖然沒有那麼激烈但仍稱得上積極的措施，以求能夠遏止希特勒，這是毫無疑問的。9 月 26 日，由漢內肯將軍、勒布將軍和博登沙茨上校等所組成的代表團前往總理府請求會見希特勒，但被拒絕。次日中午，主要將領在陸軍部召開會議。他們一致同意撰寫一份意見書，提交給總理府。該文件於 1938 年 11 月在法國發表。意見書分為 5 章，另附 3 個附錄，共 18 頁。第一章重點描述了第三帝國的政治領導人與軍事領導人之間的意見分歧，並指出德國人民士氣低落，無法支撐一場歐洲戰爭。還提到，如果爆發戰爭，必須將非常權力授予軍事當局。

第二章描述了國防軍的糟糕狀況,並表示「軍事當局只好對許多嚴重違反紀律的情況不予過問」。第三章列舉了德國軍備的各種缺陷,特別強調了匆忙建成的齊格菲防線當下還相當不足,而在艾克斯拉沙佩勒和薩爾布呂肯之間地區,缺乏防禦工事。意見書還指出,集中在紀韋的法國軍隊可能入侵比利時。最後強調軍官數量不足,表示為了使陸軍達到作戰能力,至少需要 4 萬 8 千名軍官和 10 萬名軍士,如果現在進行全面動員,至少有 18 個師缺乏訓練有素的下級指揮官。

該文件列舉了多種理由,論證除了區域性戰爭外,失敗將不可避免。可以確認的是,在陸軍軍官中,認為德國能獲勝者不到五分之一。附錄中對捷克斯洛伐克的軍事評論指出,即使沒有盟國的援助,捷克斯洛伐克的軍隊也能堅持 3 個月。德國在波蘭和法國邊界,以及波羅的海和北海,都需部署足夠的兵力以確保防守。在奧地利,至少需要 25 萬兵力來防止內部叛亂和捷克斯洛伐克可能的進攻。參謀部最終認為,在 3 個月內,衝突局限於區域性地區的可能性極小。

陸軍提出的警告,最終由德國海軍部長雷德爾上將進一步強調。9 月 27 日晚上 10 點,元首會見了雷德爾。雷德爾發出了措辭強烈的呼籲。數小時後,英國艦隊動員的消息傳來,使他的呼籲更具說服力。希特勒開始動搖。凌晨 2 點,德國電臺正式否認了德國將在 29 日動員的消息,使得他的呼籲更具力量。同日上午 11 點 45 分,德國官方通訊社向英國新聞界發出公告,再次否認德國準備在 29 日動員的消息。在此時,他那非凡意志力所承受的巨大壓力無疑是空前猛烈的。顯然,他已瀕臨全面戰爭的邊緣。他面臨不利的輿論,並受到陸、海、空三軍將領的嚴厲警告,他能果斷地改變方針嗎?另一方面,他長期以來依靠威望維持統治,現在能否經得起考驗呢?

就在元首和他的將領激烈爭論之際,張伯倫也準備向英國國民發表廣

第十七章　慕尼黑悲劇

播演說。9月27日晚，他說道：

> 如今，我們在為一個位於遙遠國度、我們全然不熟悉的民族之間的衝突而挖掘戰壕，試戴防毒面具，這顯得多麼令人恐懼，多麼不合情理，多麼不可思議！……如果我認為有所幫助，我將毫不猶豫地進行第三次德國之行……我天性熱愛和平。國與國之間的武力衝突，對我而言猶如一場噩夢；然而，如果我確信有一個國家決心透過武力恐怖來統治整個世界，我便認為反抗是必不可少的。因為在這種統治下，信仰自由的人生存毫無意義；然而戰爭始終是可怕的，在我們投入戰鬥之前，我們必須意識到這是一個關係生死存亡的重大問題。

張伯倫在發表了一篇既不偏向戰爭也不偏向和平、內容中庸的廣播演說後，收到了希特勒對他透過威爾遜爵士轉交信件的回覆。這封信帶來了些許希望。希特勒主動表示德國願意參與對捷克斯洛伐克新邊界的聯合保證，並願意進一步保證新的公民投票方式。在此時，時間極為緊迫。巴特戈德斯貝格備忘錄中德國的最後通牒將在次日，即9月28日星期三的下午2點，達到最後期限。張伯倫於是寫了一封個人信件給希特勒：「閱讀您的來信讓我相信，您可以在不透過戰爭的情況下立即獲得所有基本要求。我願意立即親自前往柏林，與您及捷克斯洛伐克政府的代表討論移交事宜，如果您願意的話，法、義兩國的代表也可以參加。我堅信我們能在一週內達成協定。」與此同時，他也發電報給墨索里尼，告知他已向希特勒提出這個最後呼籲。電文中寫道：「我希望閣下能通知德國總理，表示您願意派代表出席。我還希望您盡力促使希特勒先生同意我的建議，以免我們的人民陷入戰爭。」

這次危機的顯著特徵之一是倫敦與巴黎之間似乎缺乏緊密且互信的磋商。儘管雙方的意見大致相同，但幾乎沒有個人接觸。當張伯倫在未與法國政府及其內閣同僚商議的情況下撰寫這兩封信時，法國內閣正在沿著類

似的路徑採取自己的措施。我們已知，法國媒體強烈反對與德國較量；同時，在法國外交部的授意下，巴黎報紙對提及蘇聯的英國強硬宣告進行了影射，稱其為偽造。9月27日晚，法國駐柏林大使接到命令，提出進一步建議，擴大立即移交德國占領的蘇臺德地區。當法蘭索瓦-蓬塞先生與希特勒會面時，希特勒收到墨索里尼的電報，建議希特勒接受張伯倫舉行會議的提議，並表示義大利願意參與。9月28日下午3時，希特勒通知張伯倫和達拉第，建議次日與墨索里尼在慕尼黑召開會議。此時，張伯倫正在下議院發表演說，報告近期事件的總體情況。在他演說接近尾聲時，坐在樓上貴族席的哈利法克斯勳爵將希特勒邀請他赴慕尼黑的電報遞給了首相。張伯倫當時正描述他致信墨索里尼以及此舉的結果：

> 墨索里尼先生在回信中告知我，他已經發出通知，表示儘管義大利準備完全履行對德國的承諾，但因考慮到英國政府向他提出要求的重要性，他希望希特勒先生能設法將原定於今日下午2點的行動至少推遲24小時。我認為，這將為墨索里尼先生重新審視當前局勢並尋求和平解決方案提供機會。希特勒先生在回覆中表示同意將軍隊動員令延後24小時……事情尚未結束。我還有一些事項需要向下議院報告。我剛剛收到希特勒先生的邀請信，他邀請我明日上午前往慕尼黑與他會面。他也邀請了墨索里尼先生和達拉第先生。墨索里尼先生已接受邀請。我可以斷定，達拉第先生也將接受。我的回覆就無需多言……我深信下議院會支持我立刻動身，以在這最後的努力中盡力而為。

於是，張伯倫第三度前往德國。

關於這次具有歷史意義的會議，已有諸多記載，此處僅強調幾個關鍵特徵。會議未邀請俄國參加，捷克斯洛伐克亦未獲準出席。28日晚，捷克斯洛伐克政府僅收到一份坦率的通知，告知次日歐洲4強的代表將舉行會議。「四巨頭」迅速達成一致。會談自中午開始，持續至次日凌晨2點。

第十七章　慕尼黑悲劇

備忘錄隨後起草，並於9月30日凌晨2點簽署。內容在基本各點上接受了巴特戈德斯貝格的最後通牒。蘇臺德區自10月1日起分5批撤退，10天內完成。最終邊界由國際委員會決定。該文件交予特意趕赴慕尼黑等待的捷克斯洛伐克代表。

在這4位政治家等待專家們起草最終文件的期間，首相詢問希特勒是否願意進行一次私下交談。希特勒「欣然同意」。9月30日上午，2位領導人在慕尼黑希特勒的住所會面，除了一名翻譯員外，無他人在場。張伯倫提出了他事先準備的一份宣告，內容如下：

今日，德國元首兼總理與英國首相再次聚首，雙方一致認同英、德關係問題乃兩國及全歐洲的首要議題。

我們認為，昨夜達成的協定和英、德海軍協定象徵著我們兩國渴望避免戰爭的意願。

我們堅定地選擇經由磋商的方式解決兩國間的任何其他問題，並決意繼續努力消除可能導致分歧的根源，以此為確保歐洲的和平作出貢獻。

希特勒看完這份宣告後便立刻簽署了。

張伯倫返回英國，他的飛機在赫斯頓降落。他走下飛機，揮舞著希特勒簽署的聯合宣言，向前來迎接的要人們宣讀。當他的車從機場開出，經過歡呼的人群時，他對身旁的哈利法克斯說道：「3個月後，這一切將成為過去。」然而，在唐寧街官邸的窗前，他再次揮動那份文件，說：「這是英國歷史上第二次從德國帶回光榮的和平，我相信這是我們時代的和平。」

如今，我們手中又掌握了凱特爾元帥在紐倫堡審判中回應捷克斯洛伐克代表提問的答覆：

捷克斯洛伐克的艾格上校向凱特爾元帥提出問題：

若是在1938年，西方各國願意援助布拉格，那麼第三帝國是否會進

攻捷克斯洛伐克呢？

凱特爾元帥作答：

「絕對不會。那時我們的軍事力量尚未足夠強大。慕尼黑協定的目標是將俄國逐出歐洲，爭取時間，以完成德國的武裝建設。」

希特勒的判斷再次獲得了決定性的確認，令德國參謀部感到無地自容。元首的確又一次證明了自己的正確。他憑藉天分與直覺，精準地評估了整體的軍事與政治局勢。正如在萊茵蘭事件中一樣，元首的領導能力再度壓倒了德國軍事指揮官的反對。這些指揮官皆為愛國者，渴望祖國在國際舞臺上重獲地位。他們日以繼夜地努力，用各種手段來增強德國的實力。然而，當他們意識到自己遠遠落後於局勢的發展時，內心感到極度痛苦；在許多情況下，他們對元首的憎惡與不信任往往敵不過對其高瞻遠矚的天分和非凡好運的讚美。毫無疑問，他成為了一顆他們必須追隨的明星、必須服從的領袖。就這樣，希特勒最終成為不容置疑的德國統治者。宏偉計畫的道路已經被鋪平，陰謀反叛者已悄然無聲，但他們也未被軍中同僚出賣。

在此處，我們不妨提出一些道德和行為準則，或許能為未來提供指導。評判此類事件時，絕不能脫離當時的實際背景。有些事實在當時可能尚未被人知曉，因此對事件的評估基本上只能是推測，還可能受到試圖判斷之人的情緒和意圖的影響。那些在性格上偏好對模糊和複雜問題尋求明確解決方案的人，以及那些在面對外國挑釁時立即準備應戰的人，並非總是正確的。另一方面，那些傾向於忍耐、耐心且忠誠地尋求和平妥協的人，也不一定是錯誤的。相反，在大多數情況下，後者可能是正確的，無論從道德上還是實際效果來看。忍耐與善意的堅持曾避免了多少次戰爭！宗教和道德同樣倡導謙讓與謙遜。這不僅適用於人與人之間的關係，也包括國家間的關係。多少次戰爭是由煽動者促成的！多少次引發戰爭的誤會

第十七章　慕尼黑悲劇

本可以經由推遲決策而消除！還有多少國家在經歷過殘酷的對戰之後，經過幾年的和平相處，不僅成了朋友，還結成了同盟！

「登山寶訓」在基督教中被視為教義的核心。然而，國家領導者在履行治理事務的職責時，並不以此為基準。首先，他們需要在國際交往中避免衝突和戰爭，並杜絕一切形式的侵略行為，無論其動機是出於民族主義還是意識形態。然而，為了維護國家安全，保護國民的生命和自由（大臣們的職位由國民賦予），在必要且經過深思熟慮後，不排除動用武力的可能性。如果情況證明使用武力有充分的理由，則可採取武力，並應在最有利的時機進行。如果推遲戰爭1年會使自己處於不利地位，或難以獲得勝利，那推遲便無益。這是人類歷史上常見的艱難選擇。這類事件的最終評判，只能由歷史根據當時雙方已知的事實以及後來的證明來記載。

然而，一條有助於評估的標準，即一個國家應履行承諾並遵守對盟友的條約義務。這個標準被稱為「道義」。人們所談論的「道義」，往往與基督教的教義不完全一致，令人難以理解。道義常常受到自尊心的影響，而自尊心對道義的激發作用巨大。當然，過度誇大的道義規範可能導致空洞迂腐且不合常理的行為，無論看起來多麼美好，也不足為訓。而在此時，正是道義的標準指明了責任所在，當對事實能夠作出正確判斷時，更能增強道義指令的力量。

法國政府拋棄了其忠誠的盟友捷克斯洛伐克，使其在命運的擺布下無所依靠，這確實是一個令人痛心的錯誤，並因此產生了許多可怕的後果。不僅是智慧和公正的政策，還有俠義精神、道義感，以及對受威脅小國的同情，都會匯聚成一股不可抵擋的力量，若英國有條約的約束，必定會奮起作戰。然而，無論如何，它已經深深捲入其中，歷史只能遺憾地記錄：英國政府不僅默許，甚至鼓勵法國政府走上了這條致命的道路。

第十八章
慕尼黑之冬

1938年9月30日，捷克斯洛伐克屈服於慕尼黑協定。他們表示：「希望在全球面前記錄下他們對未參與決議的抗議。」貝奈斯總統辭職，因為「他可能已經成為國家適應新發展的一道障礙」。他離開捷克斯洛伐克，移居英國。根據協定，捷克斯洛伐克解體，但覬覦者不僅限於德國。緊隨9月30日的慕尼黑協定，波蘭向捷克斯洛伐克發出最後通牒，限24小時內割讓特申邊區。在此情況下，捷克斯洛伐克已無力抗拒這些無理要求。

波蘭民族自有其英雄特質，但我們不能因此忽視他們的失誤策略；這些策略的失誤在幾個世紀中曾帶給他們不可估計的苦難。我們看到，經過好幾代的分裂與奴役，他們終於在1919年因西方協約國的勝利而重新建立一個獨立的共和國，並成為歐洲的重要國家之一。到了1938年，他們卻因為無關緊要的特申問題，與曾經幫助其恢復民族團結的法、英、美等友好國家疏遠，而不久之後又發現自己迫切需要這些國家的支持。我們觀察到，在強大的德國對他們虎視眈眈時，他們急於從已被掠奪與破壞的捷克斯洛伐克奪取一份利益。在這個關鍵時刻，他們拒絕了英、法大使的會見請求，英、法兩國大使無法見到波蘭外長。這個民族雖然在個人層面上展現出種種英雄的特質，天賦異稟，豪邁勇敢，令人傾慕，但在政府事務中卻屢次表現出根深蒂固的錯誤決策，這是歐洲歷史中一個令人費解且悲劇性的現象。如今，波蘭人民再次面臨新的奴役壓迫，我們與他們心心相連。我們相信他們不會缺乏持續抗擊暴政的力量，並能以不屈不撓的精神面對所遭遇的苦難。我們期待著未來的光明。

第十八章　慕尼黑之冬

　　匈牙利幾乎參與了慕尼黑的會議。1938 年 8 月底，霍爾蒂訪問德國，但希特勒對他保持了極為謹慎的態度。8 月 23 日下午，希特勒雖然與這位匈牙利攝政進行了長時間的交談，但並未透露他計劃何時進攻捷克斯洛伐克。「他自己也不確定時間。凡是要一起吃飯的人，就得一起下廚幫忙。」然而，開飯的時間並未被宣布。此時，匈牙利提出他們要求的時機已經到來。

　　在後來的日子裡，經歷了這些身心俱疲的歲月後，我們確實難以向後代人描述當時因慕尼黑協定在英國國內引發的憤怒。在保守黨內，原本親密的家庭和朋友之間的意見分歧之大，是我前所未見的。由於政黨、社會和家庭關係而一向友好的男女，現在見面卻彼此帶著輕蔑的情緒怒目相視。這個問題，絕非張伯倫從機場入城時向他夾道歡呼或擠滿唐寧街及其通道的群眾所能解決的，甚至執政黨議會領袖或黨員的努力也無濟於事。我們當時屬於少數派，對政府支持者的冷嘲熱諷一概不予理會。內閣從根本上動搖了，但事已至此，他們也只好維持團結。只有一位閣員站出來表達不同看法。海軍大臣庫珀先生辭去了他的重要職位；他曾下令動員艦隊，使海軍部的地位大大提高。正當張伯倫能夠絕對控制大眾輿論時，他從歡呼的人群中衝出，公開表達了對首相做法的全然不贊同。

　　下議院就慕尼黑事件展開了一整天的辯論。辯論伊始，庫珀先生發表了辭職演說。這是議會生活中的傑出事件。他神情鎮定，無需講稿；在 40 分鐘的發言中，與他意見相左的多數派成員專注傾聽。在此時刻，贏得激烈反對政府的自由黨和工黨的歡呼並不困難。然而在保守黨內部，這次辯論可能導致分裂。他提出的一些真理，值得在此記錄：

　　我請求我的同事們，不要總是從捷克斯洛伐克的立場來看待這個問題，不要老是基於那個小國在策略上面臨的困境來分析。我們不妨對自己說：「侵略捷克斯洛伐克終將引發一場歐洲戰爭；當那一刻到來時，我們

必定無法置身事外而需參戰。我們將明確地站在哪一邊。」這一點應讓全世界知曉，以此使那些試圖破壞和平的人感到必須停止……

隨後，張伯倫先生於星期三上午發出了最後的呼籲。在這長達4週的談判中，希特勒先生自始至終，這是他首次準備稍微退讓一些，或許僅僅是一小步，不管怎樣，總算對英國的提議有了一定的讓步。然而，我必須提醒下議院，希特勒當天早上收到的第一則消息並非首相的信函。天亮時分，他已經得知英國艦隊進行動員的消息。

人的動機是難以探知的；在這兩則消息中，究竟哪一則對他產生了最大的影響，進而使他同意前往慕尼黑，這或許是我們永遠無法得知的。然而，我們知道，他以往從不妥協，而在此刻卻妥協了。我多日來一直在敦促進行艦隊動員。我始終認為，這樣的行動語言，比起外交上謹慎且有保留的措辭或文件書信中的附加條款，更容易為希特勒所理解。我曾在8月底之前、在首相前往貝希特斯加登之前，極力主張採取類似此次動員的措施。我曾建議，這種措施應與威爾遜爵士奉命赴德同時進行。我記得首相說，這樣做肯定會破壞威爾遜爵士的使命，而我則認為這將使他的使命成功。

在這一段日子裡，這便是我與首相之間的重大分歧所在。首相始終認為應以委婉且理性的語言與希特勒交涉。而我則認為，激烈的言辭更能引起他的注意。

首相對希特勒的善意及其言辭深信不疑。儘管希特勒在破壞凡爾賽條約時承諾會遵守羅加諾公約；而在他破壞羅加諾公約時，又承諾不再對西班牙內戰進行進一步的干涉，或不再在歐洲提出領土要求；當希特勒用武力吞併奧地利時，他的支持者曾被授予有權威的保證，稱他不會再干涉捷克斯洛伐克的事務。這還是不到6個月前的事，然而首相至今仍對希特勒的保證深信不疑！

這場曠日持久的辯論，充分展現了當時情緒的激盪與問題的嚴峻。

第十八章　慕尼黑之冬

我記得很清楚，當我在發言中提到「我們已經遭遇了一次完全、徹底的失敗」時，立即引發了如潮水般的抗議聲，迫使我暫停片刻，方能繼續發言。張伯倫先生為維護和平付出了不懈的努力，盡其個人之力，贏得了大家的肅然起敬。然而，不能不提他對人和事的接連錯誤判斷，這導致了錯誤的行動。至於他的動機，毋庸置疑是無可厚非的；他所採取的路線，也需要極大的勇氣來執行。對此，兩年後在他逝世後的演說中我曾大加讚揚。在保守黨內的重要人物之間，儘管存在嚴重分歧，但他們並未因此失去對彼此的尊重，且大多數情況下，私人關係最多也只是暫時受到了影響。我們之間達成了一個共識。此時，工黨和自由黨這兩個反對黨強烈要求採取行動，他們從未放過任何機會反對和抨擊政府所採取的各種措施，哪怕是溫和折衷的國防措施，他們的目標只想能夠贏得民心。

此外，政府可以提出一個非常實際但不光彩的理由。無可否認，我們在戰爭準備上嚴重不足。誰能比我和我的朋友更積極地揭示這一點呢？英國的空軍力量明顯落後於德國。我們的所有薄弱環節仍未設防。用於保衛世界最大城市和人口中心的防禦，僅有一百多門高射炮，而且大多數炮手尚未經過訓練。若希特勒人格真誠，持久和平或許得以實現，那麼張伯倫先生的判斷是正確的。然而，如果他不幸受騙，我們至少獲得了一個喘息的機會，以補救因疏忽造成的最糟糕狀況。這些考慮，加上人們因暫時避開可怕戰爭而感到的如釋重負，使政府得到了支持者熱情的支持。下議院以 366 票對 144 票通過了英王陛下政府「在最近危機中採取的防止戰爭」的政策。持不同意見的 3、40 名保守黨員，除了透過棄權表示反對外，別無他法。我們一致正式地這樣做了。

在我的演講中，我提到：

在這場漫長的辯論中，我們無需浪費時間去分析在貝希特斯加登、巴特戈德斯貝格以及慕尼黑所達成狀況之間的差異。若本院允許我稍作比喻

上的調整，那麼我可以簡明扼要地說明。他先用手槍指著你，要求你給他1英鎊。在你如數奉上之後，他又用槍口指著你，要你再給2英鎊。最後，那位獨裁者同意先收1英鎊17先令6便士，其餘部分要求你保證日後付清。

從未有人比首相更堅定且不妥協地追求和平，這是眾所周知的。如此強烈且不屈不撓地捍衛和保障和平的決心實屬空前。然而，我不太理解的是，如果英國和法國確實一直準備犧牲捷克斯洛伐克，那麼這次英、法兩國政府又怎麼會面臨捲入對德戰爭的巨大風險呢？關於首相帶回來的條件，我相信在夏季的某個時刻，透過一般的外交途徑是很容易達成協定的。我要說的是，我相信，如果讓捷克斯洛伐克人自己應付，並向他們明確表示，他們無法從西方國家獲得援助，那麼他們或許早就能夠獲得比經過這番波折所得到的更好條件，而他們的境況總不會比現在更糟。

一切都已經成過去。寂靜、悲傷、被遺棄、四分五裂的捷克斯洛伐克，已陷入黑暗。長期以來，它追隨法國的領導與政策，與法國並肩而行，最終在各方面遭受重大損失……

若英國被納粹德國控制，陷入其勢力範圍，受其指使，或我們的生存依賴於其仁慈與施惠，我將無法忍受。為防止此局面的發生，我曾竭力敦促政府在各方面加強防務。首先，應及時建立一支空軍，其實力須超過任何可攻擊本國海岸的國家。其次，須集合多個國家的集體力量。第三，在國聯盟約的框架內，締結聯盟並簽署軍事條約，以便合力遏止該國的擴張。然而，一切努力皆徒勞無功。每一個建議都被似是而非、堂而皇之的藉口所否定和拋棄。

我們忠誠而勇敢的人民，他們準備付出任何代價來履行自己的職責，即便在上週的緊張局勢中也從未退縮。對於他們在得知暫時不再需要忍受艱辛考驗時自發表現出的興高采烈和如釋重負的心情，我並不責怪；但他們應該了解事情的真相。他們應知道，我們的防禦存在嚴重的疏忽和缺

第十八章　慕尼黑之冬

陷；他們也應明白，我們在未開戰前就遭遇了一次失敗，其後果將對我們產生深遠影響；他們更應意識到，我們已經經歷了一個歷史上可怕的里程碑──歐洲的平衡被打破；此刻，西方民主國家已聽到那句可怕的話語：「你們已被秤量，發現分量不足。」不要以為事情會就此結束，這不過是清算的第一步。這僅僅是每年會遞給我們品嚐的苦酒的第一口，初嘗其味而已。除非我們振作精神，恢復戰鬥活力，否則我們難以如往日般重新站起來，為捍衛自由而戰。

希特勒對英國的善意與英國人以為在慕尼黑獲得英、德和平的欣喜心情僅以冷淡回應。1938年10月9日，距離他在張伯倫強烈要求下簽署的友好宣言不到兩週，他在薩爾布呂肯發表演講稱：

我們對面的政客宣稱追求和平，然而他們所在的國家，其內部政治體系可能隨時使他們失去權力，並由不熱衷於和平的人取而代之。這樣的人已經在伺機而動。在英國，只要不是張伯倫先生掌權，而是庫珀先生、艾登先生或邱吉爾先生上臺，那麼我們可以確定，這些人的目標就是立即引發新的世界大戰。他們對此毫不避諱，並公開承認。此外，我們意識到，和過去一樣，一個布爾什維克化的國家中，潛藏著猶太國際的威脅性敵對角色，他們已經站穩腳跟並形成體制。我們還意識到，有某個依靠謊言和誹謗生存的國際新聞機構的勢力。這迫使我們必須倍加警惕，時刻銘記保衛我們的國家。始終維護和平，但絕不能有片刻鬆懈，做好準備。

因此，我決定按照我在紐倫堡演說中所宣布的，投入更大精力加強我們的西部防禦工事。現在，我將把目前仍在防禦工事之外的2個地區，即亞琛區（艾克斯拉沙佩勒）和薩爾布呂肯區，納入防禦工事範圍。

他接著表示：

倘若英國民眾逐漸拋棄自凡爾賽條約以來遺留下來的那種自負，那麼這無疑是件好事。我們再也無法忍受女管家的管束了。英國政客若要干涉

德國境內德國人的命運，或是德國轄下其他人的命運，這是不合適的。至於我們，也不會插手英國的事務。事實上，德國以外的世界，理應關注他們自己的內政，或者，比方說，處理巴勒斯坦的問題。

隨著慕尼黑協定帶來的短暫解脫逐漸消退，張伯倫先生及其政府卻陷入了一種棘手的兩難境地。首相曾表示：「我相信這是我們時代的和平。」然而，他的多數同僚希望利用這個「時代」盡快重新武裝。內閣對此產生了分歧。慕尼黑危機所帶來的警覺，以及我們防務中暴露的弱點，尤其是在高射炮方面，迫使我們大力重整軍備。然而，這種情緒卻令希特勒震驚。他或許會質疑：「這就是對我們慕尼黑協定的信任和友好嗎？如果我們是朋友，而你們信任我們，為何還要重整軍備？讓我保持軍備，而你們則信任我吧。」根據議會獲得的消息，這種觀點似乎有理可循，但並不令人信服。當時，國內要求大力重整軍備的呼聲高漲，不可忽視。儘管德國政府及其宣傳媒體對此抨擊，但英國國內的輿論是明確無誤的。一方面，公眾因首相避免了戰爭而感到慶幸，和平的呼聲響徹雲霄；另一方面，他們也意識到軍備的重要性。所有軍事部門都提出了需求，指出危機中顯露出軍備不足的嚴重問題。內閣達成了一致的折衷方案，其核心原則是：盡可能做好準備，但避免大規模行動，以免擾亂國內交易或刺激德國和義大利。

在慕尼黑事件之後，張伯倫先生成功抵擋住了呼籲大選的誘惑和壓力，這無疑是他的成就。若此時進行選舉，勢必會導致更大的混亂。然而，對於那些批評慕尼黑協定並拒絕支持的保守黨人士而言，那年的冬季顯得尤為令人焦慮和沮喪。我們每個人在各自的選區內都遭到了保守黨黨部的攻擊。許多後來成為我們堅定支持者的人在那時積極反對我們。在我的選區——埃平區，形勢的發展迫使我不得不明確表態，宣告如果本地黨部通過對我的彈劾決議，我將辭去下議院席位，重新參加補選。然而，

第十八章　慕尼黑之冬

我忠誠無比、努力不懈的盟友兼主席霍基爵士和他周圍的一群堅定支持者給予了我巨大的支持。經過艱苦的鬥爭，他們在黨部的一次關鍵會議上，以3對2的投票結果讓我在這個陰鬱的時刻獲得了信任。這是一個陰暗的冬季。

1938年11月來臨之際，我們再次就國防議題展開辯論，我發表了一次冗長的演講。

庫珀先生致邱吉爾先生

1938年11月19日

聽聞我在上週四的演講中提到你，使你感到不悅，我對此深感遺憾。不明白你為何會有此反應。我只是指出，當首相提及1914年的事件時，他的意圖是強調在軍事動員之後，總能發現一些不足和缺陷，因此我認為你的指責可能不被他接受。當然，我本來可以不提及你，但在辯論中引用他人過去的言論作為論據，往往效果顯著。此外，週四那天，我的處境並不簡單。你那篇讓我深感敬佩的猛烈抨擊演說，針對的是政府3年來的政績。3年中，除了最後6週，我一直是政府成員。因此，你很難期望我完全贊同你的觀點，甚至投下支持票。然而，不論你是否有理由感到我冒犯了你，我對於此事深感抱歉，請你多多包涵。因為我們之間的交往和友誼，以及你的忠告，對我而言極為珍貴。

邱吉爾先生致庫珀先生

1938年11月22日

我很高興收到你的來信，非常感謝。在當前的形勢下，我們這小群朋友之間若相互指責，實乃大錯。唯一的準則是盡可能互相扶持，而非互相傷害——避免讓第三方得利。你擅長辭令，應能輕鬆闡明你的立場，無需顯示我們之間的歧見。我一直堅守這個原則。你的發言無可指摘，但你偏離主題的回應，讓我的一些朋友不禁懷疑你是否另有所圖，例如，是否

試圖孤立我於其他反對政府的保守黨人之外。我自己並無此想。你委婉的來信讓我完全放心。我們人數如此稀少,而政敵眾多,目標又如此重要,在任何情況下我們都不能互相削弱。

在我看來,你的演講中,有些部分特別出色,尤其是你列舉了近3年來我們遭遇的種種災難。我實在不明白你是如何在不借助講稿的情況下,做到如此絲毫不漏的。

這場辯論令我深感遺憾。張伯倫如今無所牽掛,平安無事。慕尼黑的事件已成往事;國防不足的情況,已被拋諸腦後。到目前為止,在國防軍備方面尚未見到認真的努力。以巨大代價換來的寶貴時間,正面臨白白浪費的風險。我對這些國家事務感到憂心忡忡,以至於當你邀請我共進晚餐時,我的態度顯得相當失禮,那時我甚至沒有聽清你發言開頭的內容。

然而,無論情況如何,你始終可以依靠那些真摯的朋友。

1938年11月1日,一位無足輕重的人物,哈查博士,被選為捷克斯洛伐克殘餘地區的總統。一個新政府在布拉格成立。這個孤立無援政府的外交部長表示:「歐洲和世界的普遍局勢,使我們在近期內不可能期待一個安寧的時期。」希特勒也持相同的觀點。德國在11月初正式分配掠奪而來的戰利品。波蘭心滿意足地占領了特申。曾被德國用作棋盤卒子的斯洛伐克人,獲得了岌岌可危的自治。匈牙利以斯洛伐克為代價,也分得一塊利益。在英國下議院討論慕尼黑協定的後果時,張伯倫先生解釋說,英、法兩國在慕尼黑協定後給予捷克斯洛伐克的國際保證,僅在該國遭受無故侵略的假設下有效,並不涉及該國現有疆界。他以超然的態度表示:「我們現在所做的,是為凡爾賽條約規定的邊界調整作證。我不知道當初劃定這些邊界的人是否認為它們一旦劃定就永遠不變。我不太相信他們會這樣想。他們或許認為這些邊界難免需要時常調整。把這些人看作非凡的超人,以為他們可以確定永久正確的邊界,這是不可能的。現在的問題,不是這

第十八章　慕尼黑之冬

些邊界是否應該調整,而是調整的方式,是透過談判和討論,還是透過戰爭。調整正在進行中,關於匈牙利邊界的情況,捷克斯洛伐克和匈牙利已經同意由德、義兩國仲裁,以最終決定捷、匈兩國之間的邊界線。我想,對於捷克斯洛伐克的事務,我要說的就是這些……」但不久之後,還有更多話要說。

1938 年 11 月 17 日,我提筆寫下:

每個人都必須承認,首相正在執行的政策是最具決定性和極其重要的。他對自己需要採取的行動以及即將發生的事情有著堅定的信念。他有自己的價值觀和見解。他相信,與希特勒先生和墨索里尼先生的妥協能夠讓歐洲和不列顛帝國穩定下來。沒有人質疑他的動機。沒有人懷疑他的信心和勇氣。除此之外,他擁有實施他認為最佳方案的權力。在英國對外政策的原則,或是面對的事實和可能性上,持有不同意見的人不得不承認,我們無權阻止他使用他認為合適的方法和手段來走他堅信的道路。他願意承擔責任,並有權這樣做。在不久的將來,我們將能看到他的計畫會帶來哪些結果。

首相相信希特勒在歐洲大陸的領土野心已然止步;他認為對捷克斯洛伐克的征服與併吞已滿足了德國納粹政府的欲望。他或許希望能說服保守黨,將現由英國掌控的託管地,或被視為與託管地相似的區域,悉數歸還德國。他堅信,這樣的舉動將促成英、德之間長久的友好與穩定關係。他亦相信,這種友好關係的形成,絕不會在任何方面削弱我們與法蘭西共和國之間基於自衛的根本團結;這個團結是雙方同意並需保護的。張伯倫先生深信,這一切將促成廣泛協定,安撫不滿的國家,進而實現持久和平。

然而,這一切僅僅是希望和推測。我們也需考慮一系列相反的可能。他或許會要求我們承受無法忍受的事物;他也可能不得不這樣要求。此外,對手在這場艱難的談判中,未必懷有與首相相同的那種善意和誠意。我們可能因此需要付出的代價,或者說被迫付出的代價是相當高昂的,而

且可能仍不能滿足對方的需求。這代價或許包括對不列顛帝國造成重大的損害和屈辱，卻仍無法阻止或改變歐洲大陸局勢的發展方向，最多只是拖延數個月。到明年此時，我們就能知道首相對希特勒先生和德國納粹黨的看法是否正確。到明年此時，我們將了解綏靖政策是否達到了預期的效果，還是反而激勵了對方更為凶狠貪婪的野心。在當前，我們唯一能做的就是增強我們的抵抗力和國防力量，以防萬一首相不幸判斷失誤或受騙時，我們仍能在最壞的情況下勉強支撐下去。

無論對「我們時代的和平」有何感想，張伯倫先生始終認為必須將義大利和德國分開。他對此持有明確的立場。他懷著希望，相信自己已經贏得了希特勒的友誼；首相為了實現他的計畫，還需要爭取墨索里尼所統治的義大利作為平衡因素，以期能與德國進行和解，而這個的代價極為高昂。在他試圖與義大利獨裁者重修舊好的過程中，他必須與法國攜手同行；並邀集大家共同追求普天同愛。我們將在下一章探討這些期望與行動的結果。

在 1938 年 11 月底，首相與哈利法克斯勳爵前往巴黎進行訪問。儘管法國政府對首相訪問羅馬的提議表示接受，態度卻不甚積極。然而，首相與哈利法克斯勳爵欣然得知法國正在籌備一份宣告，仿效張伯倫與希特勒在慕尼黑簽署的關於英、德未來關係的英國宣告。1938 年 11 月 27 日，博內先生致信給法國駐華盛頓大使，闡明法國政府的意圖。信中提到：「在昨日於巴黎的討論中，內維爾·張伯倫先生與哈利法克斯勳爵對他們認為性質類似於英、德宣告的那份宣告表示滿意，該宣告將對國際局勢的緩和作出直接貢獻。」為了進行這樣的討論，里賓特洛甫攜沙赫特博士抵達巴黎。德國方面不僅希望發表一份友好的宣告，還期望簽署一項具體的經濟協定。對於前者，他們成功於 12 月 6 日在巴黎簽署，而對於後者，即使是博內先生也不願接受，雖然他渴望成為法、德和解的促成者。

第十八章　慕尼黑之冬

里賓特洛甫訪問巴黎的任務中，隱藏著更深的動機。就像張伯倫希望分化羅馬與柏林，希特勒也相信他能拆散巴黎與倫敦。對此，博內先生描述他與里賓特洛甫的談話頗具意義：

關於英國，我向里賓特洛甫表示，若改善英、德關係則定能極大地促進歐洲局勢的緩和，而緩和歐洲局勢的方針亦是德、法間一切行動的核心目標。德國外交部長試圖將當前局勢的責任歸咎於英國政府。他指出，英國政府，特別是英國的媒體，在慕尼黑事件後似乎曾表現出某種理解，但隨後卻對柏林政府採取了極為令人失望的態度……庫珀、邱吉爾、艾登和莫里森等人在議會中發表的政見日益增多，加上一些報紙的評論，使德國感到極為憤怒；而在德國，沒有人能夠阻止報紙對此作出反應。我再次強調英、法團結的根本重要性及其不可動搖性，並明確指出，長期來看，德、法關係的真正改善若無與之平行的英、德關係改善，是難以想像的。

慕尼黑事件後的次年，人們曾激烈探討究竟是希特勒的德國還是協約國的軍事實力成長更迅速。在英國，許多了解我們防務薄弱的人，看到空軍不斷擴編，「旋風」式和「噴火」式戰鬥機即將大量生產，感到如釋重負。儘管空軍中隊逐漸增加，高射炮數量上升，戰爭工業的部署也在加速，這些進展顯得珍貴，但與德國軍備的迅速擴張相比，仍然顯得微不足道。正如之前所述，全國範圍的軍需品生產計畫至少需要四年才能完成：第一年無生產，第二年產量有限，第三年開始批次生產，第四年則是才能進入大規模生產階段。然而，希特勒的德國在戰備方面幾乎如同戰時狀態，迅速推進，已達第三或第四階段。而英國僅在非緊急狀態下有所進展，規模也小得多。1938～1939年，英國的軍事開支總額為三億零四百萬英鎊，而德國至少為十五億英鎊。在戰爭爆發前的這一年，德國的軍火產量可能至少是英、法兩國總和的兩倍，其大型坦克工廠也全速運轉，因此他們獲得的武器遠比我們多得多。

捷克斯洛伐克的淪陷導致協約國失去了捷克斯洛伐克軍的 21 個正規師和 15 至 16 個動員的後備師，以及他們的山地防禦工事。這條防線曾在慕尼黑危機中迫使德國部署 30 個師的兵力，實際上是德國經過精良訓練的機動部隊主力。根據哈爾德和約德爾 2 位將軍在戰後受審時的證詞，在慕尼黑事件的部署中，西線的德軍兵力僅剩 13 個師，其中只有 5 個師是正面作戰的正規軍。捷克斯洛伐克的失守無疑相當於我們損失了 35 個師。此外，中歐第二大兵工廠——捷克斯洛伐克的斯科達兵工廠也落入敵手。該工廠在 1938 年 8 月至 1939 年 9 月間的產量幾乎與同期英國所有兵工廠的實際產量相當。在整個德國緊張地、幾乎如同戰時狀態般地運作時，法國的工人早在 1936 年就已享有每週僅工作 40 小時的工作制度。

　　更為不幸的是，法、德兩國陸軍的實力對比發生了轉變。從 1938 年開始，德國陸軍不僅在數量、編制及後備力量的累積方面每月都有成長，而且在品質和熟練程度上也不斷提高。隨著裝備的逐步增強，軍官及士兵的訓練和技術熟練程度也在不斷進步。而法國陸軍卻未能實現同樣的進展和擴充，各方面均被德國超越。1935 年，法國即便沒有前協約國家的支持，可能無需經歷重大戰鬥就能進攻並重新占領德國。到 1936 年，法國的壓倒性優勢尚無疑問。根據德國方面事後透露的消息指出，這種情況在 1938 年依然存在。由於了解本身的弱點，德國最高統帥部曾極力阻止希特勒採取行動，但這些成功的行動反而提升了希特勒的聲望。在我們討論慕尼黑事件後的 1 年內，儘管德國陸軍在訓練有素的後備隊方面仍不及法國，但其效率已達到了很高的水準。由於軍隊的基礎在於人口，德國人口是法國的 2 倍，因此德國軍隊不論按照任何標準都將超過法國，這只是時間問題。就士氣而言，德國也占據優勢。拋棄盟國，尤其是懼怕戰爭，會削弱任何軍隊的士氣。被迫屈從的感覺使法軍官兵士氣低落。而在德國，信心、成功和力量的增強感激發了民族的戰鬥本能，而法國則因自感虛弱

第十八章　慕尼黑之冬

而士氣低落。

然而，在某個關鍵領域，我們逐漸追趕上德國，進而改善了我們的處境。1938 年，用「旋風」以及後來的「噴火」等新型戰鬥機替換舊式「鬥士」雙翼戰鬥機才剛剛起步。1938 年 9 月，我們僅有 5 個中隊裝備了「旋風」式戰鬥機。此外，由於舊式飛機的儲備和零件不再適用，只能被淘汰。而在新型戰鬥機的部署上，德國大大領先於我們，他們已有大量的「米式」109 飛機，這是我們舊式機型無法匹敵的。在 1939 年這一整年中，隨著我們更多中隊裝備新型飛機，形勢有所改善。到當年 7 月，我們共有 26 個新型戰鬥機中隊，每架飛機裝配 8 挺機槍；僅因時間所限，尚未建立大規模的儲備和替換零件。到 1940 年 7 月不列顛空戰時，我們可用於作戰的新型戰鬥機中隊通常維持有 47 個。

德國空軍的擴展在數量和品質上，實際上在戰爭爆發前大部分已經完成。我們的努力比他們晚了近 2 年。在 1939 年至 1940 年間，他們的增幅僅為 20%，而我們在現代戰鬥機方面提高了 80%。1938 年，我們在品質上差距甚大，儘管到 1939 年我們努力縮小這種不平衡，但在 1940 年與德國正式交鋒時，我們仍顯不足。

1938 年，倫敦面臨可能的空襲威脅，而我們的準備卻極其不足，這無疑是令人感到憂心的。然而，除非德國成功占領法國以及荷蘭、比利時等低地國家，進而獲得接近英國海岸的必要基地，否則決定性的不列顛空戰是不可能展開的。因為在沒有這些基地的情況下，他們無法使用當時航程有限的戰鬥機為轟炸機護航。此外，在 1938 年或 1939 年，德軍仍無力擊敗法軍。

德國用於突破法國陣線的大規模坦克生產，直至 1940 年才開始；當時法軍在西線仍占優勢，而東線的波蘭尚未被征服，德國自然無法像後來法國投降後那樣，集中全部空軍力量以對抗英國。這還未考慮俄國的態度

或捷克斯洛伐克可能的抵抗。我認為應當提出這一時期空軍實力對比的資料，但這些資料無論如何都不會改變我所作出的結論。

據稱慕尼黑事件為我們「贏得」了一年的緩衝期，然而從上述所有軍事備戰的狀況來看，英、法兩國與希特勒德國的對比，比慕尼黑危機時期更為不利。

最後還有一個令人震驚的事實：在 1938 年這一年，希特勒將 675 萬奧地利人和 350 萬蘇臺德人，總計超過 1,000 萬的居民、勞工和士兵納入德國，將他們置於他的獨裁統治之下。毫無疑問，這種人力數量的轉換對他更為有利。

第十八章　慕尼黑之冬

第十九章
布拉格、阿爾巴尼亞與英波協約

■ 西元 1939 年 1～4 月

　　張伯倫先生仍然堅信，透過親自與兩位獨裁者會晤，他能夠顯著改善全球局勢。他並不知曉這 2 位獨裁者早已鐵了心。他懷著滿腔希望提議，自己和哈利法克斯勳爵在 1939 年 1 月訪問義大利。經過一番拖延，義大利才發出邀請。會談於 1 月 11 日召開。然而，當我們今天讀到《齊亞諾日記》中關於義大利對英國代表團的私下評論時，難免感到羞愧。齊亞諾寫道：「此次訪問的氣氛實際上是低沉的……雙方從未真正接觸。我們與這些人之間的距離是如此遙遠！那是另一個世界。飯後我們向領袖提及此事。墨索里尼說，『這些人與建立大英帝國的法蘭西斯‧德瑞克船長和其他偉大冒險家不是同一類人。歸根結柢，他們不過是沒落貴族的後代罷了。』」齊亞諾還寫道：「英國人不想開戰。他們想盡各種可能緩慢地撤退，但並不想開戰……我們的會談以失敗告終。我打電話告訴里賓特洛甫，這是一場失敗的會談，但無傷大雅……當張伯倫的火車啟動時，他的同胞們唱著『他是一個頂呱呱的好人』，此時他熱淚盈眶。墨索里尼問：『這是什麼歌？』」2 週後，日記又記載：「珀思勳爵把張伯倫準備在英國下議院發表的演講提綱交給我們，徵求我們的意見，並表示如有必要可以修改。領袖對提綱表示贊同，並說道：『我認為英國政府首腦將自己的演講提綱送交外國政府批准，這還是史無前例的。這對他們來說是個不祥之

第十九章　布拉格、阿爾巴尼亞與英波協約

兆。』」然而,最終走向覆滅的卻是齊亞諾和墨索里尼自己。

與此同時,1939 年 1 月 18 日,里賓特洛甫抵達華沙,開始對波蘭進行外交攻勢。先吞併捷克斯洛伐克,接著包圍波蘭。作戰的首階段是宣稱德國對但澤的主權,並擴展德國在波羅的海地區的控制權至立陶宛的重要港口克萊佩達,藉此截斷波蘭的海上通道。波蘭政府對此壓迫行動表示強烈反對。希特勒密切關注波蘭反應,等待戰爭的時機。

1939 年 3 月的第 2 週,各種流言紛起,聲稱在德奧境內,特別是維也納與薩爾茨堡之間,軍隊活動頻繁。據傳,德國已按戰時編制動員了 40 個師。斯洛伐克人自信獲得德國支持,準備脫離捷克斯洛伐克共和國。貝克上校意識到條頓民族的風向已經轉變,感到寬慰。他在華沙公開表示,他的政府對斯洛伐克人的願望表示同情。希特勒在柏林以國家總理的禮遇接待了斯洛伐克領袖蒂索神父。3 月 12 日,議會上有人詢問張伯倫先生關於捷克斯洛伐克邊界的保證問題,張伯倫提醒下議院該建議是為了防止無端侵略,而目前並未發生此類侵略。但侵略不久後便發生了。

在 1393 年 3 月間,英國的政治舞臺上瀰漫著一種顛倒常理的樂觀氛圍。儘管捷克斯洛伐克內外受到德國強大壓力,局勢愈加緊張,支持慕尼黑協定的英國大臣和各大報紙仍對這個將捷克斯洛伐克推向深淵的政策充滿信心。以 3 月 10 日為例,內政大臣在其選區發表演說,表達對一個 5 年和平計畫的期望,聲稱有了這個計畫,「黃金時代」即將來臨。同時,他們熱切地討論與德國簽訂貿易協定的可能性。著名的《笨拙》漫畫雜誌刊登了一幅諷刺畫,畫中的約翰牛從噩夢中醒來,惡毒謠言、幻覺和疑慮盡數飛出窗外。就在這幅諷刺畫發表的當天,希特勒向因為慕尼黑決議失去邊界防線而岌岌可危的捷克斯洛伐克政府發出最後通牒。德國軍隊直接順利地控制了這個毫無抵抗的國家。我記得,當報導這件大事的晚報送達時,我正與艾登一起坐在下議院的休息室。即便如我們這般對未來不抱幻

想、並一直努力揭示局勢的人，也對這個突然的暴行感到震驚。擁有所有祕密情報的英國政府竟然如此措手不及，實在令人難以置信。1939年3月14日，捷克斯洛伐克共和國被瓦解和征服。斯洛伐克人正式宣布獨立。在波蘭暗中支持下，匈牙利軍隊進入他們所要求的捷克斯洛伐克東部省分喀爾巴阡-烏克蘭。希特勒抵達布拉格，宣布捷克斯洛伐克受德國保護，進一步將其併入德意志帝國。

1939年3月15日，張伯倫先生在下議院表示：「今日凌晨6時，德軍開始占領波希米亞。捷克斯洛伐克人民已根據政府的指示不進行抵抗。」他進一步指出，他對捷克斯洛伐克的承諾已不再有效。5個月前，在慕尼黑會議後，殖民地事務大臣英斯基普爵士提到這項承諾時說：「英王陛下政府感到有道義上的責任維持對捷克斯洛伐克的承諾（這聽起來似乎該承諾在技術上已經生效）……因此，若發生無故侵略，英國政府當然必須在能力範圍內採取行動，以確保捷克斯洛伐克的領土完整。」如今，首相表示：「這個承諾直到昨天仍然有效。然而，自從斯洛伐克國會宣布斯洛伐克獨立後，局勢發生了變化。由於斯洛伐克的宣告，導致我們要確保其邊界完整的國家因內部分裂而不復存在，因此，英國政府不再受此義務的約束。」

此事似乎已成定局。首相最後表示：「對於目前發生的事情，我自然深感遺憾，但我們絕不能因此偏離正軌。我們必須牢記，全球人民的心願仍然寄託在和平的期盼上。」

張伯倫先生計劃在2天後於伯明翰發表演說。我認為他必定會以最婉轉的措辭來接納一切已經發生的事情，以此保持與他在議會中演說的基調一致。我甚至估計，他可能會聲稱，多虧政府在慕尼黑的遠見，使得英國與捷克斯洛伐克的命運，實際上就是中歐的命運，果斷地脫離了關係。他或許會說：「去年9月，我們決定不捲入歐洲大陸的紛爭漩渦，這是多麼

第十九章　布拉格、阿爾巴尼亞與英波協約

的幸運！我們現在可以讓那些與我們無關的國家以不需要流血、不浪費財力的方式解決他們之間的爭端。」既然在慕尼黑會議上已經一致同意分裂捷克斯洛伐克，並且大多數英國人在他們所了解的範圍內也表示支持，因此這些想法是合乎邏輯的結論。這也是一些最積極支持慕尼黑協定的人所持的觀點。所以，起初我以輕蔑的態度等待張伯倫在伯明翰的演講。

首相的反應令我震驚不已。他一直自信自己對希特勒的性格有深刻的洞察，能夠準確預測德國行動的界線。他充滿希望地相信，慕尼黑會議是一次真誠的會晤，他與希特勒及墨索里尼一起，已經將世界從戰爭的無盡恐怖中拯救出來。現在，這種信念彷彿被突如其來的爆炸摧毀殆盡。他在事實判斷上犯了嚴重錯誤，不僅誤導了自己，還將這些錯誤強加給唯命是從的同僚和無辜的英國公眾，這對他而言，責任無可推卸。然而，在短短一夜之間，他突然從過去的錯誤中覺醒。如果說張伯倫未能看清希特勒，那麼希特勒同樣嚴重低估了英國首相的性格。希特勒誤以為首相的溫和謙遜和對和平的熱切渴望完全代表了他的性格。他不了解內維爾·張伯倫內心的堅韌，不願被人愚弄。

在伯明翰的演講中，他的語調與以往截然不同。傳記作者評論道：「他的言辭與過去大相逕庭……他獲取了更全面的消息，意識到議會、公眾及各自治領均表現出堅定的態度，因此他毅然放棄了原先準備關於國內事務和社會福利的講稿，勇敢地迎接挑戰。」他指責希特勒違背承諾，破壞了慕尼黑協定。他引用希特勒的承諾：「這是我對歐洲的最後一次領土要求」，「我可以保證，我對捷克斯洛伐克不再有什麼興趣了。我絕不會再要一個捷克斯洛伐克人了。」首相在演講中表示：「我相信，在慕尼黑會議之後，大多數英國人民與我一樣，真誠希望這個政策能繼續推行，但如今，我和英國人民一樣感到失望與憤怒，認為我們的期望被對方肆無忌憚地摧毀了。最近發生的事情，與我剛才向你們宣讀的那些保證，如何能說是一

致的呢？」

「對於這個自豪而勇敢的民族，突然遭遇侵略，失去了自由與國家獨立，誰能不感到由衷的同情呢？……如今我們聽聞，由於捷克斯洛伐克的動盪，才不得不侵占其領土……如果那裡發生了騷亂，難道不是受到外部勢力的煽動嗎？這究竟是最後一次對小國的攻擊，還是接下來會有更多的侵略？事實上，這難道不是企圖透過武力稱霸世界的一步嗎？」

此番言論與他日前在下議院發表宣告時的立場和方針截然相反，令人難以置信。他顯然經歷了一場極為激烈的內心鬥爭。就在 3 月 15 日，他還表示：「讓我們不要偏離正軌。」然而如今卻驟然徹底改弦更張。

此外，張伯倫的轉變並不僅僅停留在口頭承諾。希特勒的名單上，波蘭是第二個目標。由於首相做出了重要決定，並需要與多方商議，他此時顯得極為繁忙。2 週後（1939 年 3 月 31 日），首相在議會中表示：

我現在要向議會報告……若有明顯危及波蘭獨立的行動發生，而波蘭政府因此認為有必要動員全國力量進行抵抗，那麼，英王陛下政府將立即承擔起給予波蘭政府全力支持的責任。英國政府已向波蘭提供了類似的保證。

我必須宣告，法國政府已授權我明確表明，在此問題上，它與英王陛下政府立場一致，（隨後補充）各自治領已被詳細通知。

此刻，不再是追溯過往的時機。各黨派的領袖在議會中一致支持對波蘭的保證。「上帝保佑，我們別無選擇。」這正是我當時所言。我們已到此境地，這是必須的舉措。任何了解當時局勢的人都清楚，這幾乎注定我們將捲入一場戰爭。

由於善良而能幹的人們因種種錯誤判斷所引發的悲劇，現已達到了高潮。我們共同陷入困境這個事實，表明那些負有責任者，無論其動機多麼

第十九章　布拉格、阿爾巴尼亞與英波協約

光明正大，都應受到歷史的譴責。回顧我們曾經連續接受或放棄的事項：根據莊嚴的條約解除德國的武裝，德國違反條約重整軍備；我們失去了空軍優勢，甚至連空軍均勢也丟掉了；德國以武力進占萊茵蘭，齊格菲防線已建成或正在修建；柏林-羅馬軸心成立；奧地利被德國吞併；慕尼黑協定背棄並摧毀了捷克斯洛伐克，德國占領了軍火生產重鎮，強大的斯科達兵工廠自此為德軍生產軍火；羅斯福總統試圖透過美國的干涉來穩定或釐清歐洲局勢，卻被一手撇開；而顯然願意與西方國家聯合全力援救捷克斯洛伐克的蘇聯，也未得到理會；在英國僅能提供2個師來加強法國邊境防務時，原本可以用來對付尚未完全備戰的德國軍隊的35個捷克斯洛伐克師團，卻被棄之不顧。一切都為時已晚。

如今，英國放棄了所有先前的優勢和便利，與法國攜手前行，致力於維護波蘭的領土完整。可是同一個波蘭，6個月前還如同貪婪的野狼，參與了對捷克斯洛伐克共和國的瓜分與摧毀。若我們在1938年為捷克斯洛伐克而戰，那將是明智之舉，因為當時德國的軍隊尚未有能力在西線派出5、6個訓練有素的師，而法國則可以憑藉其6、70個師的強大兵力迅速穿越萊茵河，直抵魯爾。然而，當時任何關於戰爭的討論都被視為不合情理、輕率魯莽，與現代人的思想和道德標準相悖。如今，危急關頭，兩大西方民主國家宣稱願意為波蘭的領土完整而付出生命。歷史常被描述為人類罪惡、愚蠢和痛苦的紀錄。在這突然之間，5、6年來一貫的綏靖政策被拋棄，立場急轉直下，準備迎接顯然迫在眉睫的戰爭，這場戰爭的條件比以往任何時候都要惡劣，規模也空前龐大。我們不妨在歷史中仔細探尋，看看是否能找到類似的先例。

此外，我們又如何才能保護波蘭並履行我們的承諾呢？唯一的途徑便是對德國宣戰，向那道曾在1938年9月令我們卻步而今更加堅固的「西牆」和更為強大的德國陸軍發起攻擊。這是一系列通往災難的里程碑。這是逐

步屈服於日益強大德國力量的紀錄，儘管在初期我們尚有能力輕鬆應對，但隨後變得愈發困難。如今，英、法兩國終於不再屈從，在最惡劣的時刻和最不利的條件下作出了必然導致千百萬人遭受屠殺的決定。先是揮霍掉所有的優勢和有利條件，然後用反轉的精心措辭宣稱決心為正義的事業而戰。如果在無需流血即可輕易勝利時你不為正義而戰，或者在勝券在握且代價不高時不戰，那麼終有一天你將被迫在極為不利的情況下，在僅存一線生機時進行戰鬥。甚至可能面臨更糟的情形，可能在毫無勝算時被迫奮起一搏，因為戰死沙場總比活著為奴更好。

伯明翰的演講讓我與張伯倫先生的關係更加密切。我給他寫了一封信，內容如下：

請允許我再次強調我昨日下午在議院會客室向您提出的建議，即未來在防空方面需要做好充分準備。此舉並不會被視為侵略性行為，但能夠增強英國政府在歐洲大陸所採取措施的嚴肅性。將這些官兵集合成一個整體，其效率將逐日提升。這種舉措在國內只會增強民眾的信心，而不會引發恐慌。最讓我憂心的是希特勒，他此刻必定處於極度緊張的狀態。他意識到我們正在組織聯合力量來阻止他的進一步侵略。像他這樣的人，可能會採取任何行動。他們或許會試圖對倫敦或更讓我擔憂的航空工業進行突然襲擊。如果他知道我們已經做好充分準備，這種誘惑或許就會消失。事實上，突然襲擊是不可能的，因此有必要消除採取極端行為的動機，以便進行更為謹慎的計畫。

1914年8月，我曾建議阿斯奎斯先生，將艦隊移至北方，以便在外交局勢尚未徹底惡化前，使其能夠通過多佛海峽和愛爾蘭海峽。當前加強空防人員，情況似乎相似。我提醒你此事，請勿見怪。

在捷克斯洛伐克共和國遭到併吞之際，波蘭人以不光彩的方式奪取了特申，但他們很快就要為此付出代價。1939年3月21日，里賓特洛甫會

第十九章　布拉格、阿爾巴尼亞與英波協約

見了波蘭駐柏林大使利普斯基。此次會談中,他的語氣較之前的討論顯得嚴厲得多。隨著德國占領波希米亞並建立斯洛伐克為衛星國,德軍進一步駐紮在波蘭南部邊界。利普斯基對里賓特洛甫表示,波蘭的普遍民意無法理解德國為何要對斯洛伐克實施保護,這被認為是直接針對波蘭的行動。他還詢問了里賓特洛甫與立陶宛外交部長近期會談的情況,尤其關注會談是否影響了克萊佩達。2 天後(3 月 23 日),利普斯基得到了答案:德軍占領了克萊佩達。

在東歐,任何能夠組織抵抗德國侵略的手段幾乎所剩無幾。匈牙利已加入德國陣營。波蘭起初對捷克斯洛伐克人採取觀望態度,現在又不願意與羅馬尼亞密切合作。無論波蘭還是羅馬尼亞,都不允許俄國軍隊穿越其領土以干涉德國。「大同盟」的關鍵在於與俄國達成和解。1939 年 3 月 19 日,俄國政府深受當時局勢影響,儘管在慕尼黑危機時被排除在外,此時建議召開六國會議。對於此事,張伯倫先生也有其既定看法。他在 3 月 26 日的一封私人信件中寫道:

> 我不得不承認我對俄國極為不信任。即便它有意,我也不確定它是否具備維持強大攻擊的能力。同時,我對其動機抱持懷疑態度;在我看來,它的動機與我們的自由理念毫無關聯。它只是在製造紛爭,唯恐天下不亂。不僅如此,許多小國對其心懷怨恨與猜疑,尤其是波蘭、羅馬尼亞和芬蘭。

因此,蘇聯六國會議的提議遭到冷處理,並在最終被擱置。

英國政府曾對義大利可能脫離軸心國表示樂觀,但這種希望正在逐步消退。1939 年 3 月 26 日,墨索里尼發表了一篇言辭激烈的演講,向法國提出了地中海的要求。他正在祕密籌劃擴大義大利在巴爾幹半島和亞得里亞海的影響力,以便與德國在中歐的擴展保持平衡。他入侵阿爾巴尼亞的計畫已經準備妥當。

1939年3月29日，張伯倫先生在議會中宣布，他打算將本土防衛隊規模翻倍，計劃增加21萬人（但暫時沒有裝備）。4月3日，希特勒的總參謀長凱特爾發布了針對波蘭的祕密命令，名為「1939年至1940年武裝部隊指令」，暗號為「白色方案」。元首在命令上批示：「準備工作必須確保從1939年9月1日起的任何時刻都能展開軍事行動。」

1939年4月4日，政府邀請我參加在薩伏伊飯店舉行的午宴，款待波蘭外交部長貝克上校。這位波蘭外交部長此次前來倫敦進行正式的重要訪問。去年我在里維埃拉認識他，當時我們曾共進晚餐。如今我詢問他：「當你返回時，你的專車能順利通過德國回到波蘭嗎？」他回答：「我想我們還有時間安全返回。」

一種新的危機此刻已然在我們眼前呈現。

1939年4月7日黎明時分，義大利軍隊在阿爾巴尼亞登陸，經過短暫的戰鬥之後義大利軍隊便掌控了整個國家。正如捷克斯洛伐克即將成為德國侵略波蘭的基地，阿爾巴尼亞也將成為義大利進攻希臘並迫使南斯拉夫中立的跳板。英國政府早已對東北歐的和平利益承擔了義務。那麼，對東南歐的威脅又該如何應對呢？這艘和平的巨輪已經千瘡百孔。

在4月9日，我致函首相，內容如下：

我期盼最晚在星期二重新召開議會。寫這封信的目的是想要表達，我多麼希望你在議會中的宣告能如同對待波蘭協定一般，提出聯合陣線的倡議。

在我看來，當前的時間無疑是至關重要的。重掌外交主導權已經迫在眉睫。這不再是僅僅透過發表宣告、撕毀英、義協定或召回大使等手段所能解決的問題了。

週日的報紙直言不諱地指出我們正向希臘和土耳其提供保證。我還注意到，有幾份報紙報導稱英國海軍已經占領了科孚。如果我們真的採取了

第十九章　布拉格、阿爾巴尼亞與英波協約

這些行動,那就是維護和平的最佳機會。如果我們尚未行動,這當然需要經過希臘的同意,那麼在我看來,既然報紙已經公開了這個想法,且形勢顯然需要如此,科孚很快便會被義大利搶先占領。屆時,重新奪回它將變得幾乎不可能。從另一方面來看,若我們先行占領科孚,過程中如果有幾艘英國軍艦遭受攻擊,就會使墨索里尼面臨一場對英國的侵略戰爭。這個行動的直接結果將給義大利國內所有反對與英國開戰的力量提供最佳提出反對意見的機會。這不僅不會加劇當前的危機,反而會減少危險,但必須在今晚立即行動。

目前,巴爾幹半島局勢極為險峻。如果這些國家繼續承受來自德國和義大利的壓力,而我們表現出如他們預料般無所作為,那麼他們將不得不與柏林和羅馬妥協,以求達成最佳協定。屆時,我們將會面臨何等絕望的境地!我們決定負起對波蘭的責任,這使我們陷入東歐的糾紛,同時也放棄了建立一個一旦建成即可獲救的大同盟之所有希望。

在撰寫上述內容時,我尚不清楚英國地中海艦隊的現狀。我們的地中海艦隊在此刻理應集結,並在海上部署,形成既適當又不過於緊密、且能夠彼此支援的陣型。

事實上,此時英國的地中海艦隊正四散分布。我們的 5 艘主力艦,1 艘駐紮在直布羅陀,另 1 艘在東地中海,其餘 3 艘則分別停靠在義大利的各個海港內外,相隔甚遠,其中 2 艘主力艦缺乏小艦隊護航。驅逐艦隊則沿著歐洲和非洲的海岸線分布。此外,1 大隊巡洋艦集中在馬爾他港,卻缺乏戰鬥艦強而有力的高射炮護衛。就在我們的艦隊因這種分散而實力削弱之際,有消息傳來稱義大利艦隊正集結於奧特蘭托海峽,而義大利的軍隊亦在集結準備登艦,計劃實施某種嚴峻的行動。

1939 年 4 月 13 日,我在下議院對這種忽視的安排進行了批評:

外國學者已經開始研究英國人在週末的活動習慣以及他們對教會節日

假期的重視程度。耶穌受難日恰好是議會解散後的第一天。據說在那一天，英國艦隊依舊按照既定計畫執行他們的任務。因此，艦隊將分散到各個地方……我堅信，如果當時我們的艦隊已經集中並在愛奧尼亞海南部巡邏，義大利就不會冒險進攻阿爾巴尼亞了……

在經歷了25年的和平與戰爭後，我深信英國的情報體系在全球堪稱一流。然而，在波希米亞被征服和阿爾巴尼亞遭受侵略的事件中，聽聞英國政府的部長們似乎對即將發生的事一無所知，或至少知之不詳。我不認為這是英國祕密情報部門的失誤。

在德國即將對波希米亞發動侵略行動之際，為什麼英國政府的官員們仍沉浸在所謂的「熱情會談」中，並預言「黃金時代即將降臨」？當一場性質異常且後果難以預測的事件顯然即將發生時，為什麼上週末的傳統假期安排依舊如常進行呢？我認為，如果政府大臣們對情報部門收集並及時提供的消息，在其影響和重要性方面進行任意篩選、粉飾和忽視，如果他們由於先入為主的偏見，只重視那些符合他們希望世界和平得以持續的消息，那麼他們便是在冒著極大的風險。

所有事件在同一時間點啟動。年復一年，月復一月，這些事項一直在共同推進。當我們意識到某種局勢時，實際上，形勢早已成形。如今，危機正步步逼近，歐洲大部分國家都已經進行大規模動員。數以百萬計的人正在為戰爭做準備。各國邊界重兵把守，各地都感受到新的攻擊迫在眉睫。若戰爭爆發，我們必將被捲入其中，這毫無疑問。我們現在的生活，已非2、3個月前的狀況。我們在各方面已經承擔起責任。我認為，在目睹一切事情發生後，這樣的做法也屬理所當然。無需逐一列舉我們曾直接或間接承諾的國家。1年前，我們在各方面仍具備強大力量，那時我們甚至未曾想到要採取的行動，甚至1個月前也未曾想到，如今我們已在進行。當然，如果我們希望將整個歐洲從危險的深淵邊緣拉回來，引導至法治與和平的高地，我們必須樹立最崇高的榜樣，不能有任何退縮。在

第十九章　布拉格、阿爾巴尼亞與英波協約

此情況下,我們如何能繼續在家中過著舒適安閒的生活,甚至不願提及「強制」一詞,或不願採取必要措施以補充和裝備我們承諾的軍隊呢?烏雲密布,憂愁迅速蔓延。我們又如何能繼續 —— 讓我特別坦率而真誠地說 —— 尚未將全國民兵力量納入軍隊編制呢?

幾日後,我在致哈利法克斯勛爵的私人信函中再次表達了對英國海軍部署的不滿:

英國艦隊的部署確實耐人尋味。首先,1939年4月14日,星期二的晚上,海軍大臣報告本土艦隊的戒備狀態,表示緊張到連高射炮手都無法暫時離開職位。這是由於一份震驚的電報引發的結果。依我看,這已經超出戒備的必要。然而,在另一方面,地中海艦隊之前卻如我在下議院所述,分散於地中海各地,處於易受攻擊的混亂狀態;而且,根據報紙上的照片,「巴勒姆」號竟停泊在那不勒斯的碼頭。現在,英國地中海艦隊已經集中在其應在的海域。所以,在地中海方面,顯然一切已準備妥當。然而,本國海域卻出現了戒備不足的情況。大西洋艦隊除了少量高射炮外,由於大多數人員休假,幾天來實際上喪失了戰鬥力。處於這樣的時刻,任何人都會想到休假至少應當錯開。所有掃雷艇仍在重新裝備,尚未能行動。這種情況如何能與所謂星期二的緊張狀態相一致呢?看來這是嚴重違反連續合理戒備規定的。畢竟當前的情形與上週基本無異。第一海務大臣因重病在身,我預料許多事務將落在斯坦諾普肩上。

我撰寫此信是特意為你揭示一些個人得知的消息,以便你能親自考核真相。因此,我請求你對這封信保密,因為我不願因此事去打擾首相,但我認為你理應知曉這些情況。

1939年4月15日,德國宣布對波希米亞和摩拉維亞進行保護後,戈林與墨索里尼及齊亞諾展開會談,目的在向義大利方面說明德國的戰備狀況。此次會談的紀錄後來被發現,其中戈林有這樣一段話:「德國取得捷

克斯洛伐克的重型武器就表明，即便在慕尼黑會議後，若發生嚴重衝突，局勢將何等危險！德國的行動改善了軸心國的地位，部分原因在於捷克斯洛伐克的巨大生產力歸屬德國，提升了軸心國的經濟潛力。捷克斯洛伐克的生產力大大增強了軸心國對抗西方國家的力量。此外，德國即便進行大規模戰爭，也不用派一個師來防備這個國家。總之，這是兩個軸心國家可以受益的有利條件……德國在捷克斯洛伐克的行動應被視為符合軸心國利益的。德國現在可以從兩翼攻擊波蘭，並且距離波蘭的新工業中心僅需 25 分鐘的飛行時間。由於接近邊界，波蘭的新工業中心已遷至內地，更靠近波蘭其他工業區。」

數年後，約德爾將軍在一次演講中提到：「於 1938 年秋季及 1939 年春季，我們在未流一滴血的情況下化解了捷克斯洛伐克的衝突，並兼併了斯洛伐克，成功實現了大德意志領土的恢復，這使得德國目前可以在更具策略優勢的基礎上考慮波蘭的問題。」

在戈林到訪羅馬之日，羅斯福總統致信希特勒與墨索里尼，敦促他們在 10 年內，甚至在更長的 25 年內，承諾不再發動侵略。義大利的領袖起初拒絕閱讀這封信，之後批註道：「小兒麻痺症的後遺症！」他未曾預料到自己未來將遭受更嚴酷的折磨。

首相多次承諾不會推行徵兵，但到了 4 月 27 日，他毅然決定實施這個政策。促使這種遲來的覺悟，主要是陸軍大臣霍爾-貝利沙的功勞。他確實準備好犧牲自己的政治生涯，與首相進行了幾次極為嚴肅的對話。在這個嚴峻的考驗中，我看到了他的某些特質。在此期間，他每天都不確定這天上班會不會是最後一天。

當然，在此時進行徵兵無法立即籌組一支軍隊。當時僅徵召 20 歲的男性；他們仍需接受訓練；訓練之後，還需進行武裝配備。然而，對於法國、波蘭及其他獲得英國慷慨保證的國家而言，這象徵意義極為重要。在

第十九章　布拉格、阿爾巴尼亞與英波協約

辯論中,反對黨未能履行其職責。自由黨和工黨在英國歷史悠久的反對徵兵的偏見面前卻步。工黨領袖提出了以下動議:

在我們準備採取所有必要步驟以保衛國家安全並履行國際義務之際,本院對政府違背承諾廢除志願入伍原則深感遺憾;志願原則從未導致國防所需人力的短缺。本院認為當前所提措施確實考慮不周。不僅無法顯著增強國防實力,反而可能引發分裂,並削弱國力。這進一步證明政府在此緊急時期所採取的措施未能贏得全國人民及本院的信任。

自由黨的領袖也列舉了多種理由來反對這個措施。這兩個政黨的領袖對於遵循黨派立場而不得不採取的這種態度,實際上感到相當困擾。然而,他們仍舊堅持了這種立場,並提出了一系列理由。在投票時,他們各自按照所屬政黨的立場進行了投票。投票結果顯示,保守黨以 380 票對 143 票通過了他們的政策。我在發言中竭力勸告反對黨支持這個不可或缺的措施,但我的努力未能奏效。我完全理解他們所面臨的困難,尤其是在面對他們反對的政府時。我必須將這件事記錄在案,因為這使得自由黨和工黨再無立場批評當時的政府。他們明確展示了他們對當前局勢採取的手段。不久之後,他們表明採取了一種更為確實的手段。

儘管張伯倫先生仍然希望能夠避免戰爭,但若戰爭爆發,他顯然並不畏懼。其傳記作者法伊林先生提到,首相在日記中寫道:「戰爭的可能性越大,邱吉爾加入政府的機會也越大,反之亦然。」這句話不免帶有輕蔑的語氣。除了希望重新入閣擔任大臣,我心中還有許多其他想法。然而,我完全理解首相的觀點。他很清楚,如果戰爭爆發,他必定會尋求我的協助,並且他也確信我會接受。然而,他又擔心希特勒可能將我加入政府視為敵對訊號,進而消除最後的和平機會。這種看法很自然但卻是錯誤的。儘管如此,張伯倫先生不願因下議院一位議員的加入而使如此嚴峻而微妙的局勢更加惡化,這也是可以理解的。

在 1939 年 3 月，我與艾登先生及 30 位保守黨議員共同提出了建立聯合政府的動議。到了夏季，全國掀起了一股要求成立聯合政府的聲浪。有些人甚至建議至少應讓艾登先生和我進入內閣。克里普斯爵士，以獨立立場對這場危機表示極為擔憂。他拜訪了我和其他大臣，極力倡導建立他所謂的「全國團結政府」。對此，我實在是無能為力。然而，貿易大臣史坦利先生對此表示非常贊同。他致信首相，表示如果他的辭職能有助於政府改組，他願意辭職。

史坦利先生致首相

1939 年 6 月 30 日

此刻，在你焦慮不安之時給你寫信，我感到猶豫，但因事態緊迫，請你見諒。我想我們都同意，唯一能避免今秋戰爭爆發的機會，就是讓希特勒明確知道，我們將堅定履行對波蘭的承諾，而他的侵略將不可避免地引發大戰。對於我們所有人來說，一定在思考是否可以採取某種行動，既不具備引發對方報復的威脅性，又能引起關注。除了立即成立一種在戰爭爆發時必然出現的政府，我實在想不出更有效的方法。籌組這樣的政府，將成為舉國團結、同心協力的明顯證明。我認為，這不僅對德國，對美國也會產生重大影響，而且如果在最後關頭仍有可能達成滿意的解決方案，由這樣的政府進行和解也會更容易。你一定考慮過這種可能性，並且對可能面臨的困難比我了解得更多。但我仍想寫信給你，表達我的想法，並向你保證，如果你確實考慮過建立這種政府的可能性，我 —— 我相信所有同僚都會和我一樣 —— 非常願意承擔任何職務，無論職位多麼微小，無論是在政府內或政府外。

首相僅表示已正式收到此信。

幾週之後，幾乎所有的報紙，從《每日電訊報》（7 月 3 日）開始，到《曼徹斯特衛報》加以強調，紛紛支持這個觀點。我對這種輿論的逐日提

第十九章　布拉格、阿爾巴尼亞與英波協約

出和反覆表達感到極為驚訝。貼有「讓邱吉爾重返政府」的海報在首都的布告欄上隨處可見，持續了數週之久。許多自願的年輕男女，身前和背後都掛著相同標語的廣告牌，在下議院門前徘徊。這種宣傳方式與我無關，然而，如果政府向我發出邀請，我肯定會加入政府。這次我的個人際遇再度面臨命運的捉弄。其他一切事情則按照合乎邏輯、自然卻又可怕的順序發展下去。

第二十章
蘇聯之謎

　　英、德之間的關係已經到了盡頭。我們當然明白，自希特勒上臺以來，兩國之間從未有過真正的友誼。希特勒的願望只是透過勸說或恐嚇來讓英國允許他在東歐自由行動。張伯倫一心想安撫、感化並教導使他變得溫和。然而，如今英國政府的最後幻想已經破滅。內閣終於意識到納粹德國準備開戰。因此，首相向各國提供保證並訂立盟約，只要對方不拒絕，也無論我們是否能有效援助這些國家。除了對波蘭提供保證外，還對希臘和羅馬尼亞提供保證，並與土耳其締結同盟。

　　現在，我們重新提及張伯倫先生在慕尼黑會議上從希特勒那裡獲得簽名的那張紙，當時他在赫斯頓下飛機後自豪地向人群展示。在這張紙片上，他認為獲得了他與希特勒之間的 2 個保證，即慕尼黑協定和英、德海軍條約。然而，捷克斯洛伐克的淪陷已使前一個保證蕩然無存；而希特勒現在又準備撕毀第二個保證。

　　1939 年 4 月 28 日，希特勒在國會中發表演說：

　　今日，鑑於英國的報紙和官方都持有無論如何都必須反對德國的立場，並且推行我們所熟知的圍堵德國政策，在此情形下，海軍條約的基礎已然不復存在。因此，我決定今日向英國政府遞交一份照會，說明這個決定。對我們而言，這並非一個重大的實質性問題——因為我仍希望我們與英國之間能避免軍備競賽——這僅僅是一種出於自尊的舉措。然而，如果英國願意就此問題與德國重新展開談判，並且在我們之間達成明確而坦率的諒解，我將感到非常高興。

第二十章　蘇聯之謎

在希特勒推行其政策的關鍵時刻，英、德海軍協定顯然成為莫大的助力；如今，希特勒卻將此協定描述為對英國的一種施捨，並以撤回此「恩惠」來表達德國的不滿。希特勒向英國政府表示，願意進一步討論海軍問題，也許他甚至希望那些曾被他矇騙的人仍會堅持綏靖政策。此時，這項海軍條約對他已經無關緊要。他有義大利的合作，有空中優勢；他還控制了奧地利和捷克斯洛伐克及這兩國的一切資源。他已經建成了「西牆」。在海軍方面，他早已不顧任何協定，以最快速度建造潛艇。他形式上援用條約規定的權利，建造與英國數量相當的潛艇，但這絲毫未限制德國的潛艇建造計畫。至於較大的艦隻，儘管海軍協定對他有慷慨的承諾，但他無力承擔。因此，他厚顏無恥地將條約拋回給那些製造條約的愚者。

在同一篇演說中，希特勒還宣布廢除德、波互不侵犯條約。他以英國對波蘭的保證為直接理由。他表示：「在某種情況下，如果德國與任何其他國家發生衝突並導致英國參戰，這個保證將促使波蘭對德國採取軍事行動。這種條約義務與我此前與畢蘇德斯基元帥簽訂的協定不相容……因此，我認為波蘭已單方面違反了這個協定，這個協定因此不再有效。我已經向波蘭政府發送了一個說明這個觀點的照會……。」

在仔細研究該演講之後，我在一篇論文中寫下：

如今，納粹德國的注意力極有可能轉向波蘭。儘管希特勒的演講未必能揭示他的真實意圖，但上週五的戲劇性場面顯然是為了孤立波蘭。他以一些似是而非的理由猛烈抨擊波蘭，對其施加巨大壓力。德國的獨裁者似乎認為，只要他的要求僅限於但澤和走廊地帶，就可以使英、波協定失效。他顯然期望，過去在英國常常質疑「誰會為捷克斯洛伐克而戰？」的人，如今也會質問「誰會為但澤和走廊地帶而戰？」然而，他似乎未意識到，由於他對慕尼黑協定的背信棄義，英國的輿論已經發生重大變化；由於他的暴行，英國政府，尤其是首相，在政策上也已徹底改變。

1934年德、波互不侵犯條約的廢除，代表著一個極其嚴重且具有巨大威脅性的舉動。即便在今年1月里賓特洛甫訪問華沙時，他仍然反覆確認該條約的有效性。此條約與英、德海軍條約均是依據希特勒的意願談判達成的協定。與海軍條約相似，它明顯對德國有利。這2項協定的簽訂，在德國仍是弱國時期改善了其國際地位。海軍協定實際上等同於英國對德國違反凡爾賽條約軍事條款的寬容，進而使斯特雷薩陣線和國聯行政院的決策失去效力。德、波協定則使德國能將注意力集中在奧地利，隨後是捷克斯洛伐克，使這兩個國家遭受了慘重的蹂躪和毀滅。在某段時期內，德、波協定削弱了波蘭與法國的關係，並阻礙了東歐各國之間利益相關的團結發展。如今，當該條約已經為德國完成服務之後，便透過單方面行動被拋棄。波蘭收到暗示，意識到現已處於可能遭受侵略的危險之中。

　　英國政府對其向波蘭和羅馬尼亞提供的保證所涉及的實際問題，急需認真審視。這些承諾若未能納入英國與其他國家達成的全面協定框架內，將不具軍事意義。為此，英國駐蘇聯大使與李維諾夫於1939年4月15日在莫斯科展開會談。鑑於蘇聯政府過去所受的待遇，不能對其抱有很高期望。然而，他們在4月16日仍然提出了一個正式建議，倡議英、法、蘇三國形成相互支持的聯合陣線。該建議的全文未予公布。蘇聯的提議還主張這三個國家，若可能可以包括波蘭，向中歐和東歐受到德國侵略威脅的國家提供保證。該協定的障礙在於這些與蘇聯接壤的國家擔心，一旦接受蘇聯的援助，蘇聯可能以派遣軍隊入境來保護它們並抵禦德國的侵略為由，進一步將它們併入其所憎惡的蘇維埃共產主義體制。波蘭、羅馬尼亞、芬蘭及三個波羅的海國家都猶豫不決，不知是應該害怕德國的侵略還是蘇聯的援助。正是這種艱難的選擇，使得英、法兩國的政策陷入僵局。

　　無論如何，從事後分析來看，英、法兩國顯然應早早接受蘇聯的提議，宣布建立「三國同盟」；至於戰爭爆發後如何實施援助的具體方法，可以留待戰時盟國之間共同商討解決。因為在那種情況下，情勢會截然不同。戰

第二十章　蘇聯之謎

時的盟國之間，彼此往往更願意考慮對方的需求；前線一旦開戰，戰鬥激烈，和平時期無法接受的臨時措施也會被廣泛採納。在這樣一個原本可能建立的大聯盟中，一個盟國若未獲得邀請，貿然將軍隊派入另一盟國境內將極其困難。

然而，張伯倫先生與外交部在這個複雜的難題面前顯得無從應對。在如此關鍵的時刻，局勢以如此迅速且規模龐大的方式劇變，最明智的策略便是見機行事，逐步推進。若英、法、蘇三國結盟，1939 年的德國勢必感到極大的不安。即便在那時，也無人能斷言戰爭一定不可避免。盟國仍可利用其優勢力量採取進一步行動，重新奪回外交上的主動權。希特勒既無法承受他曾極力反對的東西兩線戰爭，又無法中途而止。我們當時未能使他陷入如此困境，實在令人惋惜。這種境地極可能危及他的性命。政治家的職責不僅是解決容易的問題，因為這些問題往往會自然解決。只有在力量平衡動搖、對比難以辨別時，才會出現拯救世界的決策機會。既然我們已置身於 1939 年的艱難境地，就必須把握最好的希望，這至關重要。即便現在，我們仍無法確定史達林何時決定放棄與西方民主國家合作的念頭而考慮與希特勒妥協。事實上，這樣的時刻可能根本不存在。美國國務院根據繳獲的德國外交部文件，編纂並出版了《1939 年到 1941 年的納粹－蘇聯關係》一書，其中揭示了一些不為人知的事實。看起來早在 1939 年 2 月初，兩國已有接觸，但幾乎可以肯定這些是貿易和商業問題，因為慕尼黑事件後捷克斯洛伐克的地位影響，德、蘇兩國需就此磋商。到 3 月中旬，捷克斯洛伐克併入德國，這類問題更多。俄國曾向捷克斯洛伐克訂購斯科達兵工廠的產品，現在斯科達已屬德國，這些合約如何處理呢？

德國外交部國務祕書魏茨澤克的記錄顯示，幾乎在 1 年之前遞交國書的蘇聯大使，於 1939 年 4 月 17 日首次拜訪了他。當時，大使詢問關於斯科達廠合約的事宜，魏茨澤克答道：「由於外界傳言俄、英、法三國將成

立空軍協定及類似事件，目前尚未創造出將戰爭物資運往蘇聯的有利條件。」談到這裡，蘇聯大使立即將話題從貿易轉向政治，他詢問國務祕書對德、蘇關係的看法。魏茨澤克回應：「在我看來，近期蘇聯報紙並不像美國和一些英國報紙那樣完全持反德立場。」對此，蘇聯大使表示：意識形態上的分歧既然不影響俄國與義大利之間的關係，那麼對德國而言也不一定構成障礙。蘇聯從未利用當前德國與西方民主國家間的摩擦來反對德國，也無此意圖。在俄國，並不存在無法與德國在正常基礎上交往的理由，而正常關係將會帶來不斷改善的關係。

我們必須極為重視此次的對話，特別是在英國大使與李維諾夫於莫斯科會面的背景下，以及蘇聯於 4 月 16 日正式提議與英、法締結「三國同盟」。這是俄羅斯首次明確地表現出腳踏兩條船的態度。從此之後，它一方面逐步推進俄、德關係的「正常化」，另一方面則為建立抵禦德國侵略的「三國同盟」展開談判。

假設譬如，張伯倫先生在收到俄國建議後立即回應：「是的，讓我們三國聯合起來擊垮希特勒」，或者發表類似言論，那麼，英國議會可能會批准，史達林也會有所領悟，而歷史的發展軌跡可能會沿著截然不同的路徑展開。這條路徑無論如何都不會更糟。

在 1939 年 5 月 4 日，我以如下言辭對當時的局勢發表評論：

最關鍵的是不應錯失良機。自從俄國提出建議以來，已經過去了約 10 天或 12 天。英國人民現已放棄了他們一直堅持且難以改變的習慣，接受了徵兵制的原則，他們有權利與法國一同要求波蘭不要在共同事業的道路上設置障礙。我們不僅需要接受與俄國的全面合作，還必須促使立陶宛、拉脫維亞、愛沙尼亞這 3 個波羅的海國家加入這個大聯盟。這 3 個勇敢的民族，合計大約擁有 20 個師的精銳部隊。一個友好的俄國為它們提供軍火和其他援助是絕對必要的。

第二十章　蘇聯之謎

若無俄羅斯的積極協助，東部戰線的反納粹侵略將難以維繫。制止希特勒在東歐的野心，與俄羅斯的利益緊密相連。目前依然有可能將波羅的海與黑海之間的國家和民族聯合成一個堅固的陣營，以抵禦新的暴行或侵略。若此陣營以堅定信念建立，並進行果斷有效的軍事部署，再結合西歐國家的力量，便足以對抗希特勒、戈林、希姆萊、里賓特洛甫、戈培爾及其同夥，其力量尚可令德國人民不願輕易冒險挑戰。

然而，事實卻截然相反，一邊正準備採取靈活的策略和進行明智的讓步，而另一邊卻長期保持沉默。這種拖延對李維諾夫而言是一個致命的打擊。他為了與西方國家共同解決問題而進行了最後的努力，如今卻以失敗告終。我們的聲望已經顯著下降。俄羅斯為了本身的安全，需要一種完全不同的外交政策，並且必須找到一個新政策的代表。1939年5月3日，莫斯科發出了一則公告，宣布李維諾夫先生因個人請求被解除人民外交委員的職務，該職務將由總理莫洛托夫先生兼任。駐莫斯科的德國代辦在5月4日報告柏林：「直到5月2日，李維諾夫還會見了英國大使，昨天的報紙上，在閱兵的貴賓名單中仍有他的名字，看起來他的免職是史達林的臨時決定……在最近一次黨代表大會上，史達林強調謹慎行事，以免蘇聯捲入衝突。莫洛托夫（不是猶太人）被視為『史達林最親密的戰友和最密切的合作者』。他的任命顯然是為了確保今後的對外政策繼續嚴格遵循史達林的思想。」

蘇維埃的外交代表被指示告知所在國政府，此次人事變動並不意味著蘇聯的外交政策會有任何改變。5月4日，莫斯科廣播宣布莫洛托夫將繼續執行李維諾夫多年來致力推動的西方安全方針。李維諾夫，這位被德國視為眼中釘的傑出猶太人，彷彿一件廢棄的工具，被無情地拋棄；未獲辯護機會，被逐出國際舞臺，過著隱居生活，依靠微薄薪資維持生活，還受警方監視。莫洛托夫在國外不太知名，成為外交人民委員，與史達林關係

緊密。他可以不受過去宣告的制約，不受國際聯盟意見的限制，只要符合俄國自衛所需，任何途徑皆可嘗試。然而實際上，他可能只會選擇一條道路。他一直支持與希特勒達成協定。慕尼黑及其他諸多事件使蘇維埃政府堅信，除非遭受直接攻擊，英國或法國並無參戰意願，而到那時已為時已晚。烏雲密布，風暴迫近。俄國現在必須為本身安全著想。

李維諾夫的免職，代表著一個時代的終結。這意味著克里姆林宮對與西方國家簽訂安全條約及建立抵抗德國的東歐聯盟之可能性完全失去了信心。儘管德國報紙的評論不一定準確，但卻頗具趣味。5月4日，德國報紙刊登了一篇來自華沙的通訊，稱李維諾夫在辭職前曾與伏羅希洛夫元帥發生激烈爭吵。伏羅希洛夫顯然是依據明確指示，宣稱紅軍未準備為波蘭作戰，並以俄國總參謀部的名義批評「過於龐大的軍事責任」。5月7日，《法蘭克福報》在掌握充分情報後評論稱，李維諾夫的辭職對英、法的「包圍」政策前景造成重大挫折；辭職的潛在含義或許是國內對該政策引發的軍事負擔感到擔憂的人讓李維諾夫止步。所有這些說法都屬實；但在某個階段，對如此重大的轉變必須加以掩飾，甚至在最後時刻，蘇聯的態度仍然顯得難以捉摸。所以，俄國必須在兩個方面同時進行，否則它如何能夠與一向又恨又怕的希特勒進行討價還價的交易呢？

猶太人李維諾夫下臺之後，希特勒對蘇俄最強烈的偏見有所緩和。自此，德國政府將其對外政策的重點從「反布爾什維克主義」轉向攻擊「財閥的民主主義」。報紙文章向俄國人保證，德國的生存空間不會擴展至俄國領土；其擴張在各方面都止於俄國邊界。因此，只要蘇聯不與英、法訂立「包圍」協定，俄國與德國之間就沒有發生衝突的理由。德國大使舒倫堡伯爵被召回柏林進行詳細商討，隨後返回莫斯科，提出一項對蘇聯有利的長期貨物信用貸款。雙方動向均傾向於訂立盟約。

俄國政策經歷了一段劇烈且不自然的轉折，這種轉變唯有極權國家才

第二十章　蘇聯之謎

可能實現。僅在 2 年前，俄國的高級將領，如圖哈切夫斯基及數千名最傑出的軍官，因傾向這種政策而遭遇不幸。然而，如今克里姆林宮內的少數焦慮不安的權力掌握者卻認為這種政策是可以接受的。在當時，親德立場被視為異端，是陰謀叛國。然而現在，它在一夜之間成為國家政策。任何勇於反對的人自然會遭殃，而那些轉變不夠迅速的人也往往面臨相同的命運。

為了立即開始的任務，顯然沒有比新的外交人民委員更合適或條件更優越的人選。

這位被史達林安置在蘇聯外交舞臺上的人物，值得稍加描述，這號人物在當時的英、法兩國政府中並不為人所知。莫洛托夫是一個才華出眾且冷酷無情的人物。與所有布爾什維克的領袖一樣，他在革命勝利的年代中經歷了許多可怕的危機和考驗，卻始終安然無恙。他在一個充滿陰謀、個人經常面臨身分清洗危險的社會中崛起。他的圓形腦袋、黑色小鬍子、銳利的目光、平板的臉龐，他的言辭圓滑機智，舉止沉穩冷靜，所有這些都恰如其分地展現了他的性格和才能。他比任何人都更適合成為在這個變化無常的國家機器中推行政策的代表或工具。我只在偶爾帶有幽默的會議交談上，或者當他殷勤地提議進行一連串例行而無意義的敬酒時，與他以平等的身分見過面。我從未見過比他更能充分展現現代人心目中機器人模樣的人。然而，即便如此，他仍不失為一個看似理性且注重修飾的外交官。至於他如何對待地位不如他的人，我就不清楚了。史達林在德黑蘭會議上承諾在打敗德國後立即進攻日本。從那時起，莫洛托夫對日本大使的態度可以從他的談話紀錄中窺見。在隨後的微妙、試探性且尷尬的會談中，他總是非常穩重，不透露意圖，保持有禮貌且正式的禮節。他的談話沒有任何破綻，絕不帶有不必要的刺激。他那略帶有西伯利亞寒意的微笑，經過審慎斟酌且常常說得極為高明的話，再加上他謙恭有禮的風度，使他成為

在這個險惡世界中執行蘇聯政策的最完美代表。

在涉及爭議的問題上與他溝通討論，常常是徒勞無功的，並且，一旦逼迫過甚，他便可能以謊言或侮辱性言詞來結束對話。在這本書中，很快便會有這樣的例子，只有一次，我似乎獲得了自然且極具人性化的反應。那是在 1942 年春天，他從美國返回途中，飛機在英國降落。當時我們已經簽署了英、蘇條約，他即將冒險返回自己的國家。在唐寧街用於祕密會議的花園門口，我握住他的手臂，我們 2 人面對面凝視。突然，他似乎被深深打動，隱藏在外表下的真實自我顯露出來。他以同樣的力量握住我的手臂，作為回應。我們沒有說話，只是緊緊握手。那時我們團結一致，生死與共。在他的一生中，在他周圍，始終充滿了動盪和破壞，他或者受到威脅，或者將他人置於其中。蘇維埃這座巨大的機器找到了莫洛托夫，確實是找到了一個幹練且在各方面具有典型性的人物 ── 他始終是一個忠誠的共產黨員和共產主義的信徒。如果我能在生命的盡頭不必經歷他所承受的那種緊張生活，那將令我欣慰。若是過他那樣的生活，倒不如不出生為好。假如人死後真的有另一個世界，而布爾什維克黨人也願意去，那麼，馬薩林、塔列朗、梅特涅一定會歡迎他加入他們的外交行列。

自莫洛托夫擔任外交人民委員之日起，他便貫徹了以犧牲波蘭為代價與德國達成協定的策略。不久，法國便獲悉此事。法國《黃皮書》記錄了 1939 年 5 月 7 日法國駐柏林大使的一份極具價值的電報，稱根據其祕密情報，他確信第四次瓜分波蘭將成為德、俄和解的基礎。1946 年 4 月，達拉第先生寫道：「自 1939 年 5 月以來，蘇聯進行了兩種談判，一種是與法國的談判，另一種是與德國的談判。他似乎更傾向於瓜分波蘭而非保衛波蘭。這是第二次世界大戰的直接原因。」當然，還有其他原因。

1939 年 5 月 8 日，英國政府對 4 月 16 日的蘇聯照會作出回應。雖然英國的答覆內容未被公開，但塔斯社在 5 月 9 日發出消息，概述了英國建

第二十章　蘇聯之謎

議的要點。5月10日，官方報《訊息報》刊登了一則公報，指出路透社的報導稱英國提出了反建議，內容是「蘇聯必須對每個鄰國提供單獨保證；若因這些保證而捲入戰爭，英國保證援助蘇聯」，此報導不符事實。公報顯示，蘇聯政府已收到英國於5月8日的反建議，該建議未要求蘇聯向每個鄰國單獨提供保證；相反，英國的反建議指出，若英、法因履行對波蘭和羅馬尼亞的保證而捲入戰爭，蘇聯有義務立即援助英、法。然而，英國的反建議未提及蘇聯若因履行對東歐任何國家的義務而捲入戰爭時，英、法對蘇聯的援助。

同日晚間，張伯倫先生表示，政府已在東歐承擔了新的責任，但由於多種困難，未能直接邀請蘇聯參與。英國政府曾建議蘇聯作出類似宣告，表示如有國家面臨侵略並願意接受援助，蘇聯將願意支持其獨立。

蘇維埃政府幾乎同時提出了一項更全面且更為嚴苛的計畫。英國政府認為，儘管該計畫可能具有其他一些優勢，但它必然會導致英國政府希望避免的那些問題。因此，他們向蘇聯政府指出了這些問題所在。同時，他們對原有提案進行了若干修改。並明確表示，如果蘇聯政府希望對其是否干涉取決於英、法是否干涉，那麼英國政府對此也不會反對。

遺憾的是，這番話早在2週前就應該被清楚地公開。

有必要指出，土耳其議會於1939年5月12日正式批准了英、土協定。我們期望，這項新義務的承擔能在危機時增強我們在地中海的地位。這是對義大利占領阿爾巴尼亞的回應。正如我們與德國的談判階段已經結束，現在我們與義大利的關係實際上也陷入了類似的僵局。

我們與俄國人的談判依舊停滯不前。5月19日，所有問題在下議院被提出。辯論簡短而嚴肅，發言者幾乎僅限於各黨派領袖和曾任內閣大臣的重要人物。勞合·喬治先生、艾登先生和我都敦促政府必須立刻根據平等條件與俄國達成廣泛協定。勞合·喬治先生首先發言，他用陰鬱的筆觸勾

勒出一幅陰暗且危險的圖景：

當前的局勢讓我不禁想起 1918 年初春時的普遍感受。那時我們得知德國即將發動一場重大攻勢，但沒有人知道他們的攻擊目標在哪裡。我記得當時法國人認為他們的前線將成為首要攻擊目標；而我們的將軍們則認為攻擊將指向我們。法國將軍們甚至無法就前線的哪個部分會先遭受攻擊達成共識；而我們的將軍們同樣意見不一。我們所知道的，僅僅是某個地方即將面臨極為猛烈的攻擊。整體氣氛雖談不上恐懼，但至少心神不寧。我們當時可以看到德國陣線後方的異常活躍，知道他們在進行準備。我認為，這些情況在某種程度上與當前局勢相似……我們都極為焦慮；整個世界感受到侵略者正在籌備另一場攻擊。沒有人確切知道這次攻擊將在哪裡爆發。我們可以看出他們正以空前的速度擴充軍備，尤其是擴展攻擊性武器──坦克、轟炸機、潛艇。我們知道，他們正在占領和構築新的陣地，這些陣地在他們對法國和我們作戰時會給予他們策略優勢……他們正在觀察和研究從利比亞到北海一帶戰鬥時可能極為重要的所有形勢。戰線後方的活動透露出一種極不祥的祕密。

在 1918 年也存在這樣的祕密，目的是讓我們無法揣測他們的意圖。他們並非在進行防禦準備……他們並不是為了抵禦來自法國、英國或俄國的攻擊而做準備。他們從未受到威脅。無論是從私人管道還是公開消息中，我從未聽聞任何暗示或提議，表明我們正在考慮對義大利或德國進行任何形式的攻擊；他們對此心知肚明。因此，所有這些準備都不是為了防禦。這是為了執行某種既定的攻擊計畫，針對與我們有利益關係的某個國家。

接著，勞合·喬治先生發表了一段極具洞察力的言論：

兩位獨裁者的首要軍事目標和策略，就是尋求迅速的勝利，以避免曠日持久的戰爭。持久戰對獨裁者而言總是不利的。像伊比利半島戰爭那樣的長期衝突會將他們拖垮。儘管俄國的防禦沒有取得重大勝利，卻最終削

第二十章　蘇聯之謎

弱了拿破崙。德國的理想，現在和過去一樣，是進行一場迅速決勝的戰爭。1866年對奧地利的戰爭僅持續了幾個星期；1870年對法國的戰爭，實際上在一、兩個月內就結束了。1914年的作戰計畫原本也期望實現同樣的目標，而且幾乎成功；如果沒有俄國的介入，他們可能就成功了。然而，只要無法迅速取勝，一切就完了。請相信我的話，德國的傑出軍事思想家一直在研究：1914年的錯誤在哪裡呢？缺乏了什麼呢？在下一次大戰中，他們如何能彌補這些缺陷，如何修正或避免這些嚴重錯誤呢？

勞合·喬治先生從事實過渡至幻想，聲稱德國擁有「2萬輛坦克」和「幾千架轟炸機」。這些言論誇大了事實，並不適當地激起了恐慌。多年來，我們這一小群人一直呼籲加強軍備建設，為何他不與我們攜手合作呢？他的言論讓整個議會感到沮喪。2、3年前，這類悲觀的言辭會被譏諷和嘲笑。然而，那時尚有時間，而現在，不論這些數字是否準確，發表這樣的言論已為時過晚。

首相在回應中首次向我們揭示了他對蘇聯提議的看法。顯然，他對此提議抱持冷淡且輕蔑的態度。他表示：

如果我們能夠設法獲得蘇聯的合作與支持以建構和平同盟，我們是樂意接受的。我們也需要並且珍視這種支持。聲稱我們輕視蘇聯的幫助，完全是無稽之談。至於如何準確評估俄軍實力，或如何使其充分發揮作用的問題，我們沒有採納任何未經證實的觀點，任何人都不會愚蠢到認為在我們當前面臨的這種局勢中，這個幅員遼闊、人口眾多且資源豐富的大國是不重要的因素。

這番言論所顯露的失當，與我們1年前目睹他拒絕羅斯福總統提議時的情形無異。

對此問題，我繼續闡述：

我一直無法理解究竟是什麼原因妨礙了與俄國達成協定。首相聲稱他非

常願意促成此事,並且表示將以蘇聯政府所提出的簡潔而全面的方式進行。

毫無疑問,俄國政府所提出的建議,目的在建立一個反侵略的英、法、俄「三國同盟」。如果其他國家希望從這個聯盟中獲益,該聯盟也可以擴大其互助的範圍。聯盟的目標僅在於抵禦未來可能發生的侵略行為及保護受侵略的國家。我看不出蘇聯的建議有什麼不妥之處。這個簡單的提議有什麼不好呢?也許有人質疑:「你能信任蘇聯政府嗎?」我想在莫斯科,他們也有可能會問:「我們能信任張伯倫嗎?」我希望我們回答這2個問題時都是肯定的。我真誠地希望如此⋯⋯

這個廣泛認可的土耳其提議,對黑海和東地中海區域來說,是促進團結與穩定的強大力量。與我們簽署協定的土耳其,與俄羅斯保持最緊密的友好關係。它與羅馬尼亞的關係也非常親密友好。這些國家聯合起來共同捍衛他們的重要利益。⋯⋯

英國與南歐的國家聯盟之間的利益極為統一,但在北歐,是否也存在如此一致的利益?以波羅的海國家為例,彼得大帝曾為立陶宛、拉脫維亞和愛沙尼亞而戰。如今,確保這些國家不落入納粹德國之手是俄羅斯最為關切的事情,也是北歐的重要利益。我無需詳細討論關於德國進攻烏克蘭的傳聞,因為這意味著對俄羅斯本土的攻擊。正如你們所見,沿著整個東線,的確與俄羅斯的核心利益相關聯,因此,我們幾乎可以推斷,他們會將本身的利益與同樣受影響的其他國家連繫在一起。

如果你打算在戰爭中與俄國結盟(這是最大的考驗和最重大的事件);如果你準備在捍衛我們曾經承諾保護的波蘭和羅馬尼亞時與俄國聯手,那麼,為什麼現在與俄國結盟會讓你感到畏懼呢?在此刻建立結盟關係本身就有可能阻止戰爭的發生。我無法理解這些外交上的謹慎和拖延究竟有何意義。如果最糟糕的情況不幸出現,我們必須與他們一同面對並盡力奮鬥。如果困難不會出現,那再好不過,我們也可以在初期階段獲得安全。⋯⋯

英國政府曾對波蘭做出承諾。當我首次聽聞該承諾時,我感到震驚。

第二十章　蘇聯之謎

儘管我現在仍支持這個承諾，但當時確實被震驚了。因為此前發生的事件並未讓人預料到英國政府會如此行事。我請求委員會關注，勞合·喬治先生在10天前以及今日所反覆提出的問題仍未得到解答。這個問題是：在做出承諾之前，是否與參謀部討論過其適當性、可行性，以及是否有實現該承諾的作法。全國都已知曉這個問題被提出，但始終未獲解答，實在令人不安。

顯然，俄國若未能獲得平等待遇，實際上不僅是平等待遇，還需要使其能相信盟國——和平陣線——所採取的方法具有成功的潛力，否則俄國不打算參與協定。沒有人願意與猶豫不決的領導者和動搖不定的政策合作。政府也必須意識到，所有的東歐地區國家，若沒有一個與西方國家聯合的友好俄國在背後提供強大而堅實的支持，它們無法僅憑本身力量維持大約1年的戰爭。我基本同意勞合·喬治先生的觀點：若要建立一條強而有力的東線——一條東部的和平陣線，或者在戰爭爆發時轉變為作戰的戰線——只有在東歐國家背後獲得友好蘇聯的強大支持才有可能。

如果不設立東線，那麼在西線的國家將會面臨怎樣的局勢呢？像比利時、荷蘭、丹麥、瑞士這些國家，儘管我們尚未正式向他們提供保證，通常也被視為我們有責任去支援的對象，他們又將遭遇什麼呢？讓我們回顧一下1917年的經驗。當年，俄國的戰線已被擊潰，士氣低落。革命和兵變使這支曾經紀律嚴明的龐大軍隊逐漸失去了鬥志，前線的狀況亂得難以形容；然而，直到和約簽訂和戰線結束前，即便在毫無戰鬥力和極其不幸的情況下，它仍然牽制住了超過150萬的德國軍隊。隨後，當那條戰線結束時，德國的100萬大軍和5,000門大炮立刻被調往西線。在戰爭的最後階段，這幾乎改變了戰爭的結果，並幾乎迫使我們接受一個災難性的和平。

東線的問題絕非小事。目前對此事缺乏關注讓我十分驚訝。當然，我並不是說要迎合蘇聯。現在不是迎合任何國家的時候。這裡有一個建議，公正合理的建議，而且在我看來，這個建議的條件甚至優於政府本身所要

求的；這是一個更簡單、直接且更有力的方案。我們不應將其棄之不理。我懇請政府牢記這些無情的事實。沒有一個強大的東線，我們在西歐的利益就無法得到有效的保護；而沒有俄國的參與，也就無法形成強大的東線。政府長期忽視我們的國防，放棄了捷克斯洛伐克及其所有軍事力量的潛力，如今在未充分考慮技術問題的情況下又承擔了保衛波蘭和羅馬尼亞的責任，在這樣的背景下，若再拒絕俄國不可或缺的援助，這將使我們在最不利的情況下陷入最糟糕的戰爭中，這樣一來，他們就辜負了國民的信任，而且我還要補充一句，也辜負了國民給予他們的寬容。

如今，這一切顯然已經為時已晚。艾德禮、辛克萊和艾登的談話，整體上強調了迫在眉睫的危險以及與俄國結盟的必要性。工黨和自由黨的領導者，幾週前還帶領他們的黨員投票反對全國徵兵制，這大大削弱了他們的立場。他們常常辯稱這是因為對外交政策的不滿，但這種辯解並不成立；因為如果沒有足夠的實力作為支持，如果全國人民不願意為形成這種實力而作出必要的犧牲，那麼任何外交政策都無法產生效果。

當西方國家竭力構築抵禦德國的防禦陣線時，對方也在進行類似的活動。里賓特洛甫與齊亞諾於 1939 年 5 月初在科莫會晤，結果促成了所謂「鋼鐵盟約」的正式宣告，並於 5 月 22 日在柏林由兩國外交部長簽署。這個舉動是對英國向東歐國家提供虛弱保證的挑釁性回應。在齊亞諾的日記中，記錄了簽署該盟約時與希特勒的一段對話：

希特勒表示他對這個聯盟感到極為滿意，並確認義大利將主導地中海政策。他對阿爾巴尼亞表現出濃厚的興趣，並熱情支持我們將其轉變為控制巴爾幹的堅固堡壘的計畫。

簽署「鋼鐵盟約」的翌日，即 5 月 23 日，希特勒與參謀長們召開會議。在會上，他愈加明顯地表現出得意洋洋的態度。此次談話的祕密紀要在此呈現：

第二十章　蘇聯之謎

我們正處於一股愛國主義的浪潮之中，義大利和日本也同樣如此。我們確實充分利用了過去的那段時期。我們採取的行動都是按照目標井然有序地進行著。波蘭並非「候補敵人」，波蘭始終會站在我們的敵人那一邊。儘管有友好協定，但波蘭總是暗中伺機對我們不利。但澤並非爭端的核心。這個問題關乎我們在東方擴展生存空間和確保糧食供應。因此，毫無疑問地，我們絕不能放過波蘭，我們必須決定在適當時機對波蘭發動進攻。我們不能指望捷克斯洛伐克事件的重演，戰爭是無可避免的。我們的任務是孤立波蘭。成功孤立波蘭將是決定性的一步。

若無法確定德、波衝突會不會在西線引發戰爭，則戰爭的主要目標將是法國和英國。假如法國、英國和俄國組成反對德國、義大利和日本的聯盟，我將不得不對英、法進行幾次毀滅性的打擊。我對與英國達成和平解決的可能性持懷疑態度。我們必須為戰爭做好準備。英國視我們的發展為削弱其霸權地位的因素，因此英國是我們的敵人。與英國的衝突將是一場生死攸關的戰爭。荷蘭和比利時的空軍基地必須由武裝部隊占領，可以無視他們的中立宣告。

若英國有意干涉波蘭的戰爭，我們必須迅速占領荷蘭。我們必須集中力量奪取從荷蘭到須德海的新防線。認為可以輕鬆成功的想法非常危險；這根本不切實際。我們必須全力以赴。如今已非正義與否的問題，而是8,000萬人民生死存亡的關鍵。每個國家的武裝部隊或政府都應以速戰速決為目標。然而，政府也必須為10年或15年的戰爭做好準備。

英國深知，若戰爭失敗將意味著其全球霸權的終結。英國一直是對抗德國的主要推動力量。

英國人以其驕傲、勇敢和堅韌不拔而聞名，具備強大的抵抗力和組織能力。他們懂得如何利用每一次新的進展，懷有冒險精神和北歐民族的勇敢氣質，但通常德國人在某些方面更勝一籌。在第一次世界大戰中，如果我們擁有額外的2艘戰鬥艦和2艘巡洋艦，並且日德蘭海戰在早晨打響，

英國艦隊就可能被擊敗，進而迫使英國屈膝投降。我們不僅需要為突襲做好準備，還必須做好持久戰的準備。同時，我們必須消除英國在歐洲大陸上的優勢。陸軍必須保護海軍和空軍必需的基地。如果成功占領並守住荷蘭和比利時，並擊敗法國，那麼打敗英國的基本條件就具備了。

1939年5月30日，德國外交部向駐莫斯科大使發出一份訓令：「與我們先前計劃的政策相悖，如今我們決定與蘇聯展開明確的談判。」在軸心國軍隊集結和進行軍事部署的同時，西方國家與蘇聯的重要連繫已經結束。5月30日，外交人民委員莫洛托夫發表演說，回應張伯倫先生5月19日在下議院的演說，從中可見雙方觀點的本質分歧。

他提到，早在4月中旬，蘇聯政府便與英、法政府展開了商談，討論所需的應對措施。目前，談判仍未結束。事態早已明朗，若要真心建立由和平國家組成的強大反侵略聯盟，以下最低限度的條件是必需的：

1. 英、法、蘇三國締結了一項以防禦為目的的強而有力反侵略互助條約。

2. 英、法、蘇三國向中歐與東歐各國承諾，無一例外地涵蓋蘇聯鄰近的所有歐洲國家，以抵禦侵略者的攻擊。

3. 英、法蘇三國簽訂了一項明確協定，約定如有侵略者發起攻擊，三國將相互給予直接而有力的支援，並明確規定對被保障國家提供直接且有力援助的方式和範圍。

談判陷入了一個似乎無法破解的僵局。儘管波蘭和羅馬尼亞政府接受了英國的擔保，但它們不打算以同樣方式接受俄國政府的擔保。在波羅的海國家這個具有重要策略意義的地區，態度亦是如此。蘇聯政府明確表示，其所倡導的互助公約必須將芬蘭和波羅的海國家納入全面保證之中。然而，這4個國家都拒絕了這一條件，可能因為早已因恐懼而傾向於拒絕。芬蘭和愛沙尼亞甚至宣稱，如果在未經它們同意的情況下給予保證，

第二十章　蘇聯之謎

它們將視之為侵略行為。1939 年 6 月 7 日，愛沙尼亞和拉脫維亞與德國簽署了互不侵犯條約。希特勒就此輕易突破了反對他的遲疑不決的聯盟的最後防線。

第二十一章
逼近戰爭邊緣

夏天逐漸消逝，全歐洲不斷地進行備戰，外交官的立場、政治家的演說和大眾的意願愈發不被重視。德國的軍事部署似乎預示著其計劃以武力解決與波蘭在但澤問題上的爭端，作為進攻波蘭的第一步。1939 年 6 月 10 日，張伯倫先生在議會中表達了對局勢的擔憂，並重申若波蘭的獨立受到威脅，英國將提供援助。比利時政府在國王影響下，以超然的態度於 6 月 23 日宣布反對與英、法舉行參謀會議，表示堅持嚴守中立立場。事態的發展趨勢使得英、法兩國的軍隊及內部關係越來越緊密。整個 1939 年 7 月，巴黎與倫敦之間的往來頻繁。7 月 14 日是法國國慶日，也是展現英、法團結的良好時機。我應法國政府的邀請參加了這次慶典。

在遊行之後，我正準備離開布林歇，這時甘默林將軍提議我應該去參觀法國前線。他說道：「你從未見過萊茵河扇形戰區，8 月請再來，我們會讓你參觀所有防禦設施。」於是，我們擬定了一個計畫。8 月 15 日，斯皮爾斯將軍和我受到了他的好友喬治將軍的歡迎。喬治將軍是法國東北戰線的陸軍總司令，也是最高統帥可能的繼任者。我非常高興能見到這位既和藹可親又極其能幹的軍官。我們在一起待了 10 天，互相探討軍事問題。我與甘默林保持連繫，他當時也在考察前線的其他地方。

從勞特堡附近的萊茵河轉彎處，我們視查了整個防區，直到瑞士邊境。在英國，正如 1914 年那樣，人們無憂無慮地享受假期，與孩子們在沙灘上嬉戲。然而，在萊茵河沿岸，景象截然不同。所有臨時橋梁已被拆

第二十一章　逼近戰爭邊緣

除並移至河的兩岸，永久橋梁則由重兵把守，並埋設地雷。忠誠的軍官們日夜守衛，隨時準備在收到指令後迅速摧毀橋梁。由於阿爾卑斯山的積雪融化，河水暴漲，巨大的河流洶湧奔流。法軍的前哨中隊潛伏在叢林的哨兵坑中，告知我們可以三三兩兩的走到河邊，但不能成群以免成為目標。在大約 300 碼外，德國人悠閒地在叢林間用大鎬和鐵鏟修築防禦工事。斯特拉斯堡河邊的居民早已撤離。我在橋上駐足片刻，看到一、兩輛汽車駛過。橋的兩端，雙方都仔細檢查護照，詢問身分。在這裡，德國哨所以及法國哨所相距約 100 公尺，無任何往來。然而，當時歐洲依舊平靜，德、法之間沒有衝突。萊茵河以每小時 6、7 英里的速度滾滾流淌，波濤洶湧。一、兩隻載著孩子的小船在水面滑過。此後過了 5 年多，我才再次見到萊茵河。1945 年 3 月，我與蒙哥馬利元帥乘小船橫渡萊茵河，但那是在更北的韋塞爾附近。

回國後，我將所有的札記整理後遞交給陸軍大臣，或許還會呈送給與我有連繫的其他大臣。我提筆寫道：

> 對法國前線發動突襲是不切實際的。在任何地點，突破都是不可行的，除非以巨大的生命和耗費大量時間為代價，而在戰鬥持續期間，整體局勢可能會發生變化。德國方面的情況類似，儘管程度稍微輕一些。
>
> 然而，這個防線的兩側依賴於兩個中立的小國。比利時的立場普遍被視為極度冷漠孤僻。目前，法國與比利時之間不存在任何軍事關係。
>
> 在我能深入觀察的防線另一端，法國全力以赴地進行防禦，以防止來自瑞士方向的入侵。如果德國採取此種軍事策略，他們將沿著阿勒河行進，並派遣部分軍隊進入或朝向貝爾福山峽，以掩護主力部隊的右翼。我個人認為，戰爭伊始，德國對法國前線或其兩翼的小國，不會有任何重大的企圖。
>
> 在德國進攻波蘭之前，他們無需進行軍隊動員。根據戰時編制，他們

現有的軍力已足夠應付東線作戰。即使在對波蘭發起猛烈攻擊後才開始動員，依然有足夠的時間增援齊格菲防線。因此，若認為德國的動員是戰爭爆發的警示訊號，這種情況在戰爭爆發前不會出現。另一方面，法國在如此極度緊張的時刻，似乎有必要採取非常措施。

迄今為止，普遍認為，希特勒可能會等到阿爾卑斯山區降雪，讓墨索里尼能夠利用冬季掩護後才採取行動。在9月初的2週內，甚至更早，這些條件就會具備。10月底或11月初的泥濘季節可能妨礙德國發動攻勢，但在這之前，希特勒仍有充裕時間對波蘭進行猛烈打擊。因此，9月上半月似乎是最為危急的時期。如今，德國計劃在紐倫堡進行的示威活動——例如宣傳——似乎與上述結論相符。

在我此次訪問中，最引人注目的莫過於法國的東道主們，他們肩負重任，幾乎異口同聲地向我強調必須採取防禦立場，毫不容置疑。在與這些極具才幹的法國軍官交談時，我不由自主地產生一種印象：他們認為德國的實力超出他們，而法國已經失去了發起大規模攻勢的主動性。法國只會為本身的生存而戰，僅此而已！對面是堅固的齊格菲防線，裝備了火力更強的新式武器。我回想起上次大戰在松姆和帕森達勒的攻勢，仍心有餘悸。如今德國顯然比慕尼黑事件時強大得多。我們也未曾了解德國最高統帥部當時的深切憂慮。我們在物質和心理上已陷入如此境地，以至於沒有一個負責任的人（此時我仍在野，無責可負）敢依據合理推測採取行動。該推測顯示，德國在從北海到瑞士的漫長防線上，僅有裝備不足、訓練不夠的42個師。而在慕尼黑時期，德國在這條防線上只有13個師。

在這最後幾週裡，我最擔憂的是英國政府可能會違背我們的承諾，在德國進攻波蘭時畏縮不前，不敢對德宣戰。此時，張伯倫先生顯然已經毅然決然地改變了策略，儘管這對他來說非常痛苦。然而，我當時對他的理解並不像一年後那樣深刻。我擔心希特勒可能會再次虛張聲勢，聲稱擁有

第二十一章　逼近戰爭邊緣

新的行動或祕密武器之類的東西，進而嚇倒我們這個已經負擔過重的內閣，或使其不知所措。林德曼教授以前曾不時與我談論原子能問題。於是我請他告訴我這方面的現狀如何。與他交談後，我寫了以下的信給金斯利·伍德。之前提到過，我與伍德的關係相當密切。

邱吉爾先生致空軍大臣

1939 年 8 月 5 日

　　數週前，一份週日報紙刊登了一篇文章，討論了根據最新發現，一種稱為鈾的特殊原子在被中子擊中後會發生連鎖反應，釋放出巨大的能量。初看之下，這似乎預示著一種具有巨大破壞力的新型爆炸物的可能性。在此問題上，關鍵在於意識到：儘管這個發現可能在科學界引起極大關注，並在未來具有實用價值，但在未來幾年內，這個發現不太可能導致在軍事行動中大規模使用的危險。

　　根據各種跡象，在國際局勢極度緊張時，有人蓄意散布謠言，聲稱可以用此方法製造出恐怖的新型祕密爆炸武器，瞬間夷平整個倫敦。第五縱隊自然也將利用這種威脅言論來迫使我們再次屈服，因此，我們必須澄清事實。

　　首先，權威學者指出，鈾中僅有極少數成分能在此過程中發揮作用。若要實現大規模效果，首先需提煉這些成分，這個過程可能需要數年才能完成；

　　其次，只有將大量鈾集中，才能引發連鎖反應。一旦能量釋放，在產生強烈效果之前，輕微的引發即可導致爆炸。它可能和我們現有的各類炸藥一樣具有威力，但不至於造成更大的危害；

　　第三，這些試驗不可能以小規模進行。如果他們已經成功地進行了大規模試驗（即達到了真正能對我們構成威脅的結果，而不是虛張聲勢的恐嚇），那麼保密就很難實現；

第四，在以前屬於捷克斯洛伐克但現在歸柏林管轄的領土內，只有少量的鈾。

有人擔心這項新發現可能賦予納粹一種足以摧毀敵人的強大祕密爆炸物，因而感到恐慌。但從以上所有理由來看，這種擔憂顯然沒有依據。未來一定還會有各種不實的謠言和恐慌的傳聞。我希望沒有人會相信這些。

我的預測竟如此準確，這真是件奇事。在原子能領域，找到正確方向的並非德國人。他們實際上走錯了路，就在羅斯福總統和我決定並達成一項值得紀念的協定以大規模製造原子彈的時候，德國人卻放棄了原子彈的研究，轉而投入火箭或無人機的研究。關於我們的這項協定，稍後我們會在適當的地方詳談。

在我向防空研究委員會遞交的最終意見書中，我同樣提到：

1939 年 8 月 10 日

英國對空襲的主要防禦措施是對來襲者徵收過境稅。如果每次空襲之中可以擊落五分之一的敵機，那麼就能使空襲停止。我們可以設想，初始攻擊必定是大規模的，數小時內連續不斷地分批渡海進行空襲。然而，第一次空襲的結果並不能決定空戰的勝負。空襲英國並非易事。巨大的傷亡數字將迫使敵人慎重考慮其得失。當日間空襲很快證明代價過高時，我們所要應付的就僅限於對建築密集地區的盲目夜襲了。

1939 年 7 月 7 日，墨索里尼告訴英國大使：「轉告張伯倫，若英國願為保衛波蘭而戰，義大利將必定與我們的盟友德國並肩作戰。」然而，私下裡，他的立場截然相反。此時，他的目標僅在於鞏固義大利在地中海和北非的利益，收穫他在西班牙干涉的成果，並消化在阿爾巴尼亞所獲得的利益。他並不是那麼願意因為德國想征服波蘭而捲入歐洲戰爭。雖然屢次公開吹噓，但對於義大利在軍事和政治上的脆弱，他比任何人都更加清楚。在 1942 年時，若德國供應他軍火，他可能會堅持作戰，但在 1939

第二十一章　逼近戰爭邊緣

年,情況絕非如此!

夏季期間,波蘭承受的壓力愈加激烈,墨索里尼再度想扮演慕尼黑事件時的調停者。他提議舉行世界和平會議,但希特勒敷衍地拒絕了此提議。1939 年 8 月 11 日,齊亞諾在薩爾茨堡與里賓特洛甫會面。齊亞諾的日記記載:

領導者極為渴望我以書面形式明確表述,此時挑起戰爭乃是不智之舉……試圖將衝突限定於波蘭境內是不切實際的,而全面戰爭將對各國造成損害。領導者從未如此毫無保留地渴望和平……里賓特洛甫總是推諉搪塞。當我詢問有關德國政策的具體情況時,他言辭閃爍。關於德國對波蘭的意圖,他的謊言已經太多,因此現在他對必須告訴我的內容,以及他們實際上計劃的行動,感到有些不安……德國決意開戰,已無法改變。即便獲得的利益不及他們的要求,他們仍將發動進攻,因為毀滅的魔鬼已使他們沉淪……有時,我們的對話極為緊張。我毫不猶豫地坦陳己見,但他無動於衷。漸漸地,我意識到我們在德國人眼中是多麼微不足道。

翌日,齊亞諾前往拜會希特勒。我們現已掌握了德方對此次會晤的紀錄。希特勒明確表示,他決心徹底解決與波蘭的問題。他聲稱即使與英、法開戰也在所不惜,並希望義大利能加入。他說道:「若英國需要在本土維持必要的兵力,則最多只能派遣 2 支步兵師和 1 支裝甲師前往法國。此外,或許能提供若干轟炸機中隊,但絕不能派出戰鬥機。因為德國空軍將立即襲擊英國,而英國需用戰鬥機防衛本土。」關於法國,希特勒表示在消滅波蘭後——此事不需太多時間——德國便可在西線集中幾百個師的兵力,屆時法國將不得不將其在殖民地、義大利邊境及其他地區的所有兵力集中在馬奇諾防線以進行殊死戰鬥。齊亞諾在回應中,對他所聽聞到這些言論的嚴重性表示震驚。他抱怨稱,德國此前從未有過任何表示,讓他們意識到波蘭爭端已如此嚴峻和緊迫。相反,里賓特洛甫曾表示,但澤問

題可以留待未來解決。義大利的領袖雖然堅信與西方列強的衝突不可避免，但他認為應有 2 到 3 年的時間來策劃此事。

在此次會談後，齊亞諾懷著沉重的心情返回義大利，向他的上司報告。他發現此時的墨索里尼愈加堅信民主國家將不惜一戰，因此更加渴望本身能置身於這場衝突之外。

英、法兩國政府再度嘗試與蘇聯達成協定。英國決定派遣特使前往莫斯科。艾登先生曾在數年前成功與史達林接觸，這次主動請纓，但他的慷慨提議未獲首相採納。1939 年 6 月 12 日，首相派遣斯特朗先生負責這項極為重要的任務。斯特朗先生固然是能幹的官員，但在外交部之外並無特別聲望。這又是一個外交行動上的錯誤選擇，派遣如此次要的人物實為對對方的不敬和侮辱。就連他能否成功闖過蘇聯機構的外圍也成疑問。不管如何，現在一切為時已晚。自 1938 年 8 月麥斯基被派遣到查特維爾拜訪我以來，許多事情已然發生。慕尼黑事件已成定局。希特勒的軍隊又多了 1 年的發展時間。他的兵工廠得到了斯科達工廠的補充，日夜不停地運轉。蘇聯政府對捷克斯洛伐克深感憂慮，但捷克斯洛伐克已然覆滅。貝奈斯流亡海外。一位德國總督在布拉格掌權。

從俄羅斯的視角來看，波蘭代表著一系列根深蒂固的政治與策略問題。兩國間最後一次重大衝突發生在 1920 年的華沙戰役。當時，加米涅夫指揮的布爾什維克軍隊進攻波蘭，而畢蘇斯基在法國魏剛將軍和英國代表團達伯農勳爵的建議下，成功將紅軍擊退並進行追擊，導致血腥的屠殺。在隨後的歲月中，波蘭一直充當反布爾什維克主義的前哨站。它一方面聯合並支持了反蘇的波羅的海國家，另一方面則在慕尼黑時期參與了對捷克斯洛伐克的掠奪。蘇聯政府清楚波蘭對他們的敵意，也明白波蘭無力抵擋德國的侵略。然而，他們同樣意識到本身的危機，明白需要時間來修復最高統帥部內部的破損壞。在這樣的情形下，斯特朗先生的任務前景堪憂。

第二十一章　逼近戰爭邊緣

　　談判始終聚焦於一個核心問題，即波蘭和波羅的海國家不願意接受蘇聯從德國手中解救他們的提議；在此問題上，談判始終未能取得任何進展。1939 年 6 月 13 日，《真理報》發表的社論指出，芬蘭、愛沙尼亞和拉脫維亞的確實中立，對蘇聯的安全至關重要。社論還強調，這些國家的安全對於英國和法國也是至關重要的，甚至「連邱吉爾先生這樣的政治家」都承認這一點。這個問題在 6 月 15 日於莫斯科被提出討論。次日，俄國報紙宣稱「蘇聯外交部認為初次會談的結果並不完全令人滿意」。整個 7 月，談判斷斷續續地進行。最終，蘇聯政府建議從軍事角度繼續與法、英兩國代表進行談判。英國政府於是派遣由德拉克斯海軍上將率領的代表團於 8 月 10 日前往莫斯科。這些軍官未獲得書面談判授權。法國代表則由杜芒克將軍率領。俄國方面由伏羅希洛夫元帥主持。現在已知當時蘇聯政府也同意德國派遣一名談判代表到莫斯科。由於波蘭和羅馬尼亞拒絕俄軍過境，英、法、蘇三國的軍事會談很快以失敗告終。波蘭人的態度是，「德國人來了，我們有喪失自由的危險，而俄國人來了，我們有喪失靈魂的危險。」

　　1942 年 8 月的一天早晨，史達林在克里姆林宮向我闡述了當時蘇聯的狀況。他說道：「我們的判斷是，如果波蘭遭受侵略，英國和法國政府並未下定決心開戰，他們僅希望英、法與俄國透過外交聯合，認為這樣便能遏止希特勒。對此，我們深信這無法成功。」當時，史達林問道：「法國在動員時可派遣多少個師對抗德國？」回答是：「大約 100 個師。」接著他又問：「英國能派遣多少部隊？」回答是：「2 個師，之後還可能再派 2 個師。」史達林重複道：「啊，2 個師，之後還可能再派 2 個師。」他繼續問：「你們是否知道，若我們與德國交戰，俄國前線需要派出多少個師？」此刻稍作停頓，「超過 300 個師。」他未透露這段對話的對象及時間。我們必須承認，這些話有其合理之處。然而，這對外交部的斯特朗先生卻顯得頗為不利。

為了便於討價還價，史達林與莫洛托夫認為有必要隱藏真正的意圖，直到最後一刻才揭示。莫洛托夫和他的下屬在與英國和德國的接觸中，展示了他們靈活的雙面應對能力。直到 1939 年 8 月 4 日，德國大使舒倫堡從莫斯科發來的電報仍只能這樣說：「從莫洛托夫的整體態度來看，顯然蘇聯政府實際上更傾向於改善與德國的關係，但他們對德國過去的不信任依然深植心中。我總體的印象是：如果英國和法國能夠滿足他們的要求，蘇聯政府現在是決心與他們締結協定的。當然，談判可能還會拖延，特別是因為他們對英國極為不信任。……在我們這邊，如果想讓蘇聯政府改變方向，就必須付出相當的努力。」實際上，他無需擔憂，局勢已成定局。

1939 年 8 月 19 日晚，史達林在政治局中宣布了他與德國簽署條約的意圖。8 月 22 日，盟國代表團直到晚上才找到伏羅希洛夫元帥。他對法國代表團團長表示：「與法國的軍事合作問題多年來一直未能解決。去年捷克斯洛伐克被占領時，我們在等待法國的反應，但始終沒有收到消息。我們的軍隊已經做好準備……法國和英國政府在政治和軍事談判上一直拖延不決，時間已經拖得太久。鑑於此，某些政治事件的發生可能無法避免。」次日，里賓特洛甫抵達莫斯科。

我們如今透過紐倫堡文件和美國近期公布的繳獲文件，全面了解了一樁不應遺忘的交易。據與里賓特洛甫一同飛往莫斯科的主要助手高斯所述，「1939 年 8 月 23 日下午，里賓特洛甫與史達林進行了首次會談……德國外交部長在長時間會談後歸來，顯得非常滿意……」。當天晚些時候，蘇、德互不侵犯條約的文字迅速達成協定，幾乎沒有障礙。高斯指出，「里賓特洛甫親自在前言中加入了一句關於德、蘇兩國友好關係形成的重要性的話。史達林對此表示反對。他表示，蘇聯政府在被納粹政府 6 年來的猛烈攻擊之後，不能突然向公眾展示友好的宣告。因此，前言中的這句話被刪除了。」在祕密協定中，德國宣告在政治上對拉脫維亞、愛沙尼亞和芬

第二十一章　逼近戰爭邊緣

蘭沒有興趣，但認為立陶宛應在其勢力範圍內。瓜分波蘭的界線已經劃定。對於波羅的海各國，德國僅要求經濟利益。互不侵犯條約和祕密協定直到 8 月 23 日深夜才簽署。

在本章及前一章中，我以冷靜的態度記錄了一切。然而，對於這類有悖常理的行為所引發的譴責與反感，唯有兩國的專制獨裁者能夠應對。我們無法得知希特勒或史達林究竟誰對該條約更為厭惡。雙方心知肚明，這僅是暫時的權宜之計。在這兩個帝國與兩種制度之間，存在著深仇大恨。史達林無疑明白，在希特勒與西方國家交戰一年後，德國將不再是俄國的勁敵。希特勒的策略則是「各個擊破」。這類協定竟然能夠達成，這一事實代表著數年來英、法兩國外交政策與手段的徹底失敗。

對於蘇聯方面，我們必須指出，他們最迫切的需求是讓德國軍隊的部署位置向西推進。這樣就可以讓俄國有充裕的時間，從其廣袤帝國的各個部分集結兵力。他們始終記得 1914 年俄國軍隊的不利境況，當時在僅部分動員的情況下就對德軍發起進攻。如今，他們的邊界較上次大戰時更加向東。因此，他們必須在遭到攻擊之前，無論是透過武力還是欺騙手段，先行占領波羅的海國家和波蘭的大部分地區。他們的政策雖然冷酷無情，但在當時卻極為現實。

這個不幸的消息猶如一顆炸彈在全球炸響。蘇聯塔斯社報導，1939 年 8 月 21 日至 22 日，里賓特洛甫正飛往莫斯科，與蘇聯簽署互不侵犯條約。儘管英國政府當時的真實感受如何不得而知，但他們並未表現出恐懼。他們立刻宣告，「此事絕不會影響他們堅定履行義務的決心。」如今對於避免或推遲大戰的爆發已無計可施。

我們仍需將「德蘇互不侵犯條約」的條款加以記錄：

締約國雙方同意互不進行單獨或與其他國家聯合的任何形式暴力活動、侵略或攻擊。

該條約的有效期為 10 年，如果在到期前 1 年，雙方均未提出終止，則自動續約 5 年。

　　會議桌旁，眾人歡呼慶祝，舉杯相敬。史達林甚至主動提議向德國元首致敬，他說道：「我深知德國人民對其元首的愛戴，因此我為其健康乾杯。」從這些事實中，我們可以汲取一個簡單而顯而易見的教訓：「誠實乃最佳策略。」本書還將討論幾個類似的例子。狡猾之人及政治家，儘管費盡心機，最終仍將自食惡果。這便是一個明顯的例子。22 個月後，史達林和數以萬計的俄國人民為此付出了慘痛的代價。一個在道德上毫無顧忌的政府，似乎總能占盡便宜，肆意妄為，但「當一天結束時，一切都需要清算，當整段時間結束時，更需要徹底清算」。

　　希特勒從祕密情報中得知，與俄國的條約必將在 8 月 22 日簽署。因此，即便里賓特洛甫尚未從莫斯科歸來，或條約尚未正式公布，他已提前致信其總司令，內容如下：

　　我們必須在一開始就決定與西方國家開戰……與波蘭的衝突是不可避免的，我在春季就已作出這項決定，但我認為應先攻擊西方，然後再轉向東方……我們不必畏懼封鎖。東方將為我們提供糧食、牲畜、煤炭……我唯一擔心的是在最後關頭會有某個無恥之徒提議和解……政治目標已向前推進了大大的一步。削弱英國霸權的行動已經啟動。在我完成政治安排後，軍人將繼續執行這一任務。

　　德、蘇條約一經宣布，英國政府立刻採取了預防措施。下達命令要求沿海重要地點的防衛部隊與防空部隊集合待命，保護易受攻擊的據點。政府向各自治領和殖民地發出電報，警告他們可能很快需要進入警戒狀態。掌璽大臣被指示將地方組織全部轉為戰時編制。1939 年 8 月 23 日，海軍部獲內閣授權，徵用 25 艘商船並將其改裝為武裝商船巡洋艦，同時徵用 35 艘拖網漁船，配備潛艇探測裝置。為駐外軍隊徵召 6,000 名後備役。各

第二十一章　逼近戰爭邊緣

雷達站的防空部署和防空部隊的全面部署獲得批准。空軍預備役 2,4000 千人及所有空軍輔助部隊，包括各氣球中隊，均被召集服役。所有服役人員一律禁止請假。海軍部也向商船航運發出警告，此外還採取了其他多項措施。

首相決定將英國的這些準備措施告知希特勒。雖然這封信未在法伊林先生的傳記中提及，卻曾在其他地方發表。為了對張伯倫先生公平起見，這顯然應該為眾人所知：

您或許已經意識到英國政府採取的若干舉措，這些措施已在今晚的報紙和廣播中公布。

英國政府認為這些措施是必需的，因為據報告顯示，德國方面已經展開軍事行動。同時，德、蘇條約公布後，柏林的某些人顯然認為英國不會為波蘭進行干涉，認為這種可能性已不再需要考慮。這確實是一個極大的誤判。無論德、蘇協定的性質如何，英國對波蘭的條約義務始終不變。這是英國政府一再公開明確說明的，也是我們決心履行的承諾。

有人認為，若英王陛下政府在 1914 年時更明確地表明其立場，或許可以避免那場浩劫。不論此觀點是否成立，這次英王陛下政府決定不再讓人產生類似的悲劇性誤解。他們已下定決心，並準備在必要時立即動用全部力量；而一旦敵對行動展開，其結果將難以預測。若有人認為戰爭一旦爆發便能迅速結束，即便在各條戰線上有些許勝利，這種想法也是極為危險的幻想。

在此刻，我不得不承認，我實在想不出任何能夠避免這場將歐洲拖入戰亂災難的方法。由於統治者的行為可能對人類產生重大影響，我希望閣下能對我上述所提的各項，進行極為謹慎的思考。

在詳細說明德國計劃以「無可比擬的寬容大度」來解決但澤和走廊問題後，希特勒在回覆中接著說了一段無恥的謊言：

英國給予波蘭無條件的保障，無論衝突緣由為何，英方承諾在任何情況下支援波蘭。這個承諾無疑鼓勵了該國，使其在此特許的庇護下，可以對波蘭境內的 150 萬日耳曼居民實施駭人聽聞的恐怖行徑。

1939 年 8 月 25 日，英國政府宣布與波蘭簽署正式條約，重申此前給予的保障。採取此舉是為了最大限度地促成德、波間的直接談判，因為該條約明確表示，如果直接談判未能奏效，英國將支持波蘭。

戰後，戈林在紐倫堡審判中表示：

在英國正式向波蘭提供保障的當日，元首致電於我，告知已暫停原定對波蘭的進攻計畫。我隨即詢問，這是暫時的還是永久的中止。他回答：「不，我想觀察一下我們是否能避免英國的干涉。」

事實上，希特勒將原定於 1939 年 8 月 25 日的攻擊日期推遲至 9 月 1 日，並如張伯倫所願，與波蘭展開直接談判。然而，他的真正意圖並非與波蘭達成和解，而是為英王陛下的政府創造種種藉口，以便其可規避承諾。至於英國政府的態度，與議會及全國民眾一樣，絕非如此。英國島民的性格頗為獨特，他們厭惡軍事訓練，千年來從未遭受敵人入侵。然而，隨著危險的日益逼近和擴大，他們反而愈加鎮定；在危機迫在眉睫時，他們愈加勇猛；當危險發展至生死攸關之際，他們更顯無畏。這些特質曾多次幫助他們在危急時刻化險為夷。

在此時刻，希特勒致信墨索里尼。此信件近期於義大利公諸於世：

領導者：

一段時間以來，德國與俄國一直在思考如何將雙方的政治關係建立在新的基礎之上。基於以下各種理由，近期對此取得具體成果的需求愈加迫切：

1. 全球政治的整體局勢。
2. 日本內閣依舊未能明確表態。儘管日本準備加入反俄聯盟，但依當

第二十一章　逼近戰爭邊緣

前形勢來看，德國（以及我認為義大利同樣如此）對此僅視為次要因素。日本不願對英國承擔任何明確責任——而在德國看來，我認為義大利亦如此，這卻是一個關鍵性的問題。

自今春以來，德、波兩國的關係已令人極度不滿，並在最近幾週內變得無法容忍，這並非德國的過錯，主要原因在於英國的行為……這些因素使我急需在德、俄談判中取得成果。至今，我尚未向你透露此問題的詳細情況。但在最近幾週，克里姆林宮對德關係的態度明顯改變——這個態度自李維諾夫去職起就已顯現——愈加明顯，使我現在能夠在局勢初步明朗後，派遣我的外交部長前往莫斯科，擬定一項性質最廣泛的互不侵犯條約，其全文即將公布。該條約是無條件的，並規定所有涉及德、俄利益的問題均需互相協商。我還可以告知您，領袖，憑藉這些規定，俄國的善意態度已得到確切保證。尤其重要的是，若發生衝突，不再可能有來自羅馬尼亞方面的攻擊。

墨索里尼在接到這封信後，立刻回覆道：

馬肯森大使剛剛轉交了你的來信，現回覆如下：

1. 關於與俄國達成協定的事項，我完全同意。

2. 我認為應避免與日本的關係破裂或對其冷漠，這樣才能防止其逐漸靠攏民主國家陣營。

3. 《莫斯科條約》對羅馬尼亞實施了封鎖，也可能影響土耳其的態度。雖然土耳其曾接受英國的貸款，但尚未締結盟約。若土耳其改變立場，將削弱法國和英國在東地中海的策略布局。

4. 關於波蘭，我完全理解德國的立場，我們深知這種緊張局勢不能永遠持續下去。

5. 關於義大利在軍事行動後的實際立場，我的看法如下：

若德國進攻波蘭，且衝突僅局限於區域性，義大利將向德國提供必要

的政治和經濟支持。

若德國對波蘭發起進攻,而波蘭的盟國隨後對德國展開反攻,我必須嚴肅宣告,鑑於義大利當前的軍事準備狀況,我無法在軍事上採取主動行動,這一點我已多次並及時地告知您——元首以及里賓特洛甫先生。

然而,若德國能立刻向我們提供武器與原材料,使我們能夠應付法國和英國可能的進攻,那麼我們可以立即參戰。在我們之前的幾次會晤中,我們預計戰爭將在1942年以後爆發。屆時,我的陸海空軍將按照我們商定的計畫做好準備。

若希特勒先前未曾預料,那麼此刻他已明白,戰爭爆發時無法依賴義大利的武裝干涉。墨索里尼試圖在最後關頭再次扮演慕尼黑會議時的角色,但此種企圖已被忽視。義大利領袖對德國最新行動的消息,似乎並非來自德國,而是由英國方面傳達。齊亞諾在1939年8月27日的日記中寫道:「英國將德國對倫敦的建議全文告知我們,我們事前毫不知情。」墨索里尼此時唯一所需要的即是希特勒允許義大利保持中立。對此,希特勒給予了承諾。

1939年8月31日,希特勒釋出了「作戰指令第一號」。

(一)如今,東部邊界的局勢已變得令德國難以容忍,政治上透過和平途徑解決的可能性已經不復存在。我決定以武力來解決這個問題。

(二)針對波蘭的攻擊應依據「白色方案」執行,唯一的變動是,陸軍的軍事部署若已接近完成,各方面可不受此限制。至於任務及作戰目標的分配則不作更改。

進攻的日子是1939年9月1日,時間則標注為早晨4點45分(以紅色鉛筆記錄)。

(三)在西線,關鍵在於確保英、法方面顯然承擔起發動敵對行動的責任。最初,對於敵方不重要的越界挑釁,只須進行區域性的反擊。

第二十一章　逼近戰爭邊緣

從萊茵河歸來後，我在巴爾桑夫人那裡度過了幾天晴朗的時光。陪伴我的是一群表面上笑容滿面卻內心焦慮的人。我們住在納瓦爾的那座古堡中，亨利王曾在伊夫里戰役前於此處過夜。華萊士夫人和她的幾個兒子也與我們同住，她的丈夫是內閣部長。她在等待他的到來，但很快接到電話，他無法前來，具體原因日後再談。各種不祥的預兆不斷顯現，大家深感不安。即便是厄爾山谷宜人的陽光，也失去了往日的溫柔。在這不安的氛圍裡，作畫變得困難。我決定在1939年8月26日返回國內，因為在那裡我至少能了解一切。我告訴妻子，我會在適當時機通知她。途經巴黎時，我邀請喬治將軍共進午餐。席間，他詳細列舉了法、德軍隊的數字，並按品質對這些師進行分級比較。這讓我留下了深刻印象。我第一次忍不住說：「那你們占優勢啊！」他答道：「德國軍隊很強，我們絕不能先發制人。如果他們發動進攻，我們兩國將聯合履行責任。」

返回英國的當晚，我在查特維爾家中留宿。次日，我邀請艾恩賽德將軍與我共度時光。他剛從波蘭歸來，為我帶來了關於波蘭軍隊的正面報告。他親眼目睹了1個師部進行炮兵實彈演習，儘管有輕微傷亡，但士氣高昂。艾恩賽德在我家住了3天，我們努力評估這不確定的局勢。與此同時，我完成了新居廚房磚牆的砌築，這座住宅自去年動工，計劃未來幾年成為我全家的居所。我的妻子在接到我的電報後，於8月30日通過敦克爾克返回。

當時在英國境內活躍的德國納粹黨員，據統計約有2萬人。鑑於他們在其他友好國家當中的作為，通常在戰爭爆發前會率先進行破壞和暗殺活動。儘管我當時沒有獲得官方保護，也無意要求此類支持，但我意識到自己備受關注，必須做好防範。我掌握的諸多情報讓我堅信希特勒視我為敵。在倫敦警察廳擔任偵探的退休湯普森巡官，我邀請他攜帶手槍來我這裡居住。我還找出自己的武器，發現狀況良好。於是，我們採取輪流守夜

的方式，一個人睡覺時，另一個人保持警戒，以防不測。在此期間，我明白一旦戰爭爆發 —— 對此還有誰會懷疑呢？ —— 一個重大的責任將不可避免地落到我肩上。

第二十一章 逼近戰爭邊緣

附錄

(1) 與格蘭迪伯爵談話的內容

邱吉爾先生致范西塔特爵士

1935 年 9 月 28 日

儘管他為義大利的事件進行了諸多精妙的辯護，但他顯然對整個局勢心知肚明……

我告訴他，自從議會休會以來，輿論發生了顯著的變化。英國，實際上整個不列顛帝國，似乎願意在國際聯盟的框架下採取一致行動，各政黨認為這個機構是預防任何地區未來危機的最有力保障。他表示，若失去義大利，國聯將受到嚴重損害。義大利目前的政權若宣告失敗，勢必導致一個親德的義大利崛起。他將更傾向於經濟制裁。他們準備接受類似農村公社的生活方式。無論多麼貧困，他們都能忍受。他談到英國輿論的變化難以預測。我說，這當然不能歸咎於駐外使節，但必須承認輿論已經對此事件的立場有所改變。此外，必須預見到，若衣索比亞爆發戰爭，炮火響起，造成傷亡，村莊遭到轟炸等，民眾情緒將更加高漲。他似乎認為，經濟制裁初期可能不會見效，但隨著制裁壓力逐漸增大，最終將導致戰爭。

我提到英國艦隊實力強大，儘管近期需要重建，目前依然高效而可靠，已充分準備好自衛。然而，我也反覆強調，考慮到我們在地中海的利益，這純粹是防禦措施，我們的立場與國聯其他成員國無異。他聽後露出一絲苦笑。

於是我提到，我們必須找到解決問題的方法。他回應道：「能掌控自己心靈的人，比征服一座城市的人更偉大。」除義大利以外，其他地方的

附錄

人也是這樣認為的。他們面對的是手握步槍的20萬士兵。墨索里尼的獨裁統治深得民心，而民意則是獨裁制度的真正力量。最後，我表示支持召開三國政府首腦會議——3人合力總能處理單獨一個人無法解決的問題。義大利在衣索比亞的優勢地位及其要求的內部改革，已獲得英、法兩國的充分理解。我告訴他，如果這個想法得到認可，我一定會支持。英國公眾願意為了榮譽的和平採取一切措施。我認為應該舉行三國首腦會議。他們達成的協定須提交國際聯盟批准。在我看來，這是防止義大利這個歐洲強大而友好的國家被摧毀的唯一機會。即便此舉失敗，也不會造成損害，而當前我們正走向徹底毀滅。

(2) 我關於海軍航空兵的備忘錄

1936年致國防協調部長英斯基普爵士

　　1. 海軍大臣堅持，所有艦隊的飛機，無論是用於偵察、射擊還是空襲敵方艦隊，都必須由他親自指揮。這個意見無可反駁。這些飛機是他的眼睛。因此，為了實現這個目標的所有步驟，都必須遵循海軍部的建議。

　　2. 有人認為這種情況類似於陸軍與空軍的協同作戰。我們對此觀點表示反對。與陸軍協同作戰的飛機從機場起飛，這與一般空軍作戰無異；然而，飛機從戰艦上起飛並與海軍協同作戰的情形則截然不同。前者確實是單純的協同作戰問題，而後者則構成現代海軍作戰的一部分。

　　3. 因此，海軍部管理的空軍與空軍部管理的空軍必須加以區分。這個區別不在於飛機起落架的型號，也不一定在於起飛基地，而在於它們的任務不同，取決於是否主要執行海軍的職責。

　　4. 大多數防禦任務可以清晰界定。比如，所有需要配備在軍艦或航空母艦上的各種飛機（無論是配有著陸輪的飛機、有浮舟的水上飛機，還是

飛船；無論是偵察機、戰鬥機、轟炸機，或是發射魚雷的水上飛機），其執行的任務顯然歸屬於海軍的職責範圍。

因此，這個問題就縮小到應該選派哪些飛機由海岸基地起飛出海作戰的。這個問題，又只有根據海軍的任務和責任才能加以決定。附在軍艦上的飛機，對於保護商船可以發揮相當大的作用，這在廣闊的海面上尤其是如此。因為在廣闊的海面上，一隊巡洋艦，配有自己的偵察機，或2艘小型航空母艦，就可在1,000英里的範圍內進行巡邏搜索。但是不能要求海軍──海軍也沒有要求過──擁有強大的空中力量，足以在英國海峽對付強敵的巨大空軍力量對商船的集中攻擊。事實上，我們必須實行空軍對空軍，海軍對海軍的原則。對敵方的空軍主力或他們派遣的特種機隊的襲擊，就要由英國皇家空軍來應戰。

在這個方面，我們不應忘記，我們可以選擇或改裝一艘或幾艘軍艦來支援純空軍的作戰，例如襲擊某個遠在敵後的基地或重要據點。這是空軍的任務，必須使用那些通常不與艦隊合作的飛機。在此情況下，海軍部和空軍部的角色就會互換。海軍必需根據空軍部在戰術和策略上的需求來調動艦隊。這種特殊情況，絕不能被視為計畫的混亂，反而是「按任務分配指揮權」這個邏輯的一個例證。

在指定的範圍內，所有劃撥給海軍的資源都應該完整移交給海軍。海軍部應對海軍航空兵部隊擁有全面的指揮權，並為其配備全套人員。該部隊所需的軍官、見習士官、基層軍官及技術兵等人員，可由海軍部從皇家海軍內選拔。選拔出來的人將在皇家空軍的訓練學校接受飛行技術和飛機管理的培訓（這些學校可能還需配備海軍軍官），但在達到所需的飛行員和航空機械人員的熟練程度後，他們須轉至海軍部屬下的陸地機構，接受執行海軍航空兵部隊任務所需的訓練，正如皇家空軍的飛行員會轉至空軍學校學習空中作戰一樣。因此，海軍航空兵部隊的全體人員均為海軍的一部分。他們的培訓、晉升，以及職業發展和年金等，完全由海軍部負責管

附錄

理。這個原則適用於所有官兵和各類勤務人員，包括船上和岸上的人員。

8. 在海軍航空兵部隊完全成為海軍兵種的同時，應重新調整各項任務。空軍部需承擔積極空防的責任。對海軍來說，所有海港的海岸高射炮、探照燈、飛機、防空氣球及其他裝置應隸屬於一個作戰指揮部，不過司令官及其部下仍由要塞司令管理。

9. 同樣，倫敦及其他需設定大規模空防裝置的易受攻擊地區的空防，應統一由空軍部指揮。這個指揮機構，不僅負責作戰指揮，還應盡可能涵蓋積極空防的全部人員培訓、培養和管理工作。

10. 空軍部理應掌握積極空防的指揮權，正如海軍部需要「眼睛」一樣。為此，空軍應設立名為「空防」的新部門，負責指揮所有高射炮、探照燈、防空氣球及相關工作人員，以及皇家空軍中可能被派來執行此項任務的人員。此新部門下，應配備若干空軍軍官負責，並由適當的人員協助，指揮特定地點或區域內的積極空防事務。

11. 這並不意味著，空軍部或空軍參謀部現階段能夠單獨承擔這個新的重大責任。在建構這個空防指揮系統的過程中，必須依賴現有的2個軍種。陸軍部與海軍部中訓練有素的參謀人員，必須與現有空軍參謀部的軍官緊密合作。

請注意，新兵招募的事務，以及移交防空司令部以用於作戰和訓練的各單位內部行政問題，切勿成為阻礙。除非未來有更為便利的解決方案，否則目前人員的來源仍應保持不變。

12. 在這份備忘錄中，尚未涉及武器裝置的問題，但這並不複雜。海軍部會根據其被賦予的任務來決定所需的飛機類型。至於他們在國家財政和資源中應占的比例，需由國防協調大臣領導的優先權委員會進行評估，然後提交內閣作出決定。目前，該部大臣自然是向現有人員下達指令。然而，在戰爭爆發或戰備狀態緊張的情況下，他必須將這些事務交由軍需部處理。毫無疑問，在航空生產的總體安排中，海軍不應享有優先權。海軍

部不能排擠其他需求，所有決定都必須基於最高需求來考慮。

13. 我們並非要求海軍部單獨設立一個飛機設計技術機構，與空軍部或軍需部現有單位相抗衡。然而，海軍部可以建立一個技術顧問核心小組，他們能夠就科學發展的潛在方向向2個部門提供建議，並以適當的技術語言向軍需部提出海軍的特殊需求。

14. 總而言之，我們的立場是：

首先，海軍部應對海軍航空兵部隊擁有絕對的指揮權，以確保完成所有屬於海軍職責的任務。

其次，需從海軍、陸軍和空軍中挑選人員籌組一個新部門，歸屬空軍部管理，負責指揮主動空中防禦任務。

第三，關於武器和裝置的供應問題，須由國防協調大臣領導的優先權委員會決定。目前可以透過現有組織系統處理，但最終還是需要建立一個軍需部來負責。

(3) 關於軍需機構的備忘錄

1936年6月6日

1. 當前國防協調大臣的職責包括了一些彼此無關且劃分不當的任務。負責策略協調的大臣，其職務與以下職責的大臣有所不同（儘管這兩者的職責範圍並非完全不相關）。這些職責包括：(1) 確保既定計畫得以執行；(2) 規劃使英國工業能迅速進入戰時狀態，並為此建立最高效的控制以達成當前目的。

2. 因此，首要步驟是將策略思想相關的任務與平時及戰時物資供應的任務分開來，並設立一個專門機構負責後者的事務。一個協調的安排是設立4個獨立的部門——海軍部、陸軍部、空軍部和軍需部，由國防協調

附錄

大臣在這4個部門之上最終決定優先事項。

3. 不必再設立任何新的委員會了。無論委員會的專業性多強，分工多麼細緻，數量再多也無法實現這個目標。若無一個能發布命令的機構，供應任務便無法完成。必須建立一個負責且有權力的指揮系統，其權力需覆蓋整個英國工業（這並不意味著國家干涉工業的實際運作）。目前，海、陸、空三軍各自掌控其供應。而第四個計畫中的權力機構僅具諮詢性質。只有在戰時，才有必要放棄現行的供應方式。當前需要的是，將海陸空三軍的軍需部門整合為一個機構，賦予其處理戰時工業擴展事務的權力（海軍部可繼續掌控軍艦建造及某些特定的海軍儲備）。

4. 此類機構的整合不僅涵蓋供應職責，還包含設計職責。海陸空三軍以通用技術術語提交所需軍需品的類型、品質和數量，而軍需部則需設法加以滿足。換言之，軍需部的職責是將獲批的各類軍需品在海陸空軍需要時交付使用。

5. 在當前的和平時期，想要實現這個目標或按時執行任何已批准的計畫幾乎是不可能的。在此刻，我們既無必要，也沒有可能行使戰時權力或採用戰時方法。我們應宣布一個過渡階段，可以稱之為緊急準備期。

6. 該法律的草案應被拆分為兩個部分——第一部分適用於緊急準備階段，第二部分適用於戰時狀態。第一部分應立即實施。第二部分則需經過深入研究、周詳思考，明確原則，擬定條款，以便在戰爭爆發時，僅需提交議會即可執行。我們必須確保緊急階段能夠快速且平穩地過渡到戰時階段，因為全面計畫早已完成。

7. 要將此新計畫落實，首先必須設立一名軍需大臣。軍需部應成立一個軍需委員會。每位委員需負責研究其主管的4到5個生產部門的問題。之後，海陸空三軍的供應、計畫及合約部門將逐步將業務轉移至新的軍需部。往後，只有軍需部能夠就經費問題與財政部進行交涉（此「經費」指在核准計畫範圍內的支出）。

(4) 1936年7月28日，
我於兩院保守黨議員代表團拜會首相時的發言

在和平時期，陸軍的需求，連同空軍和海軍在一定程度上的需求，特別是武器和彈藥的供應，主要由陸軍部負責。為達此目的，陸軍部擁有若干由政府設立的工廠和長期合作的私人承包商。此種方法僅能滿足和平時期的日常需求，其儲備物資僅足以支撐我們有限的正規軍進行數週的戰鬥。幾個月前，除此之外，我們沒有更多儲備。大約在3、4個月前，陸軍部才被允許將訂單擴展至一般民用工業。

然而，在所有大陸國家中，已有相當一段時間，整個工業體系被穩健且科學地重組，以便從和平時期的模式轉變為戰時模式。其中最顯著的例子無疑是德國，甚至在希特勒上臺之前，這個問題已經成為德國政府的重要研究課題。根據條約，德國被禁止擁有海軍、陸軍和空軍，但在復仇心切的驅動下，實際上已全力改造整個工業以適應戰爭需求。在其他國家早已解決這個問題後，唯有我們現在才開始認真研究。在1932年和1933年，我們仍有時間奮起直追。3年前，當希特勒掌權時，我們大約有10幾名官員在研究戰時工業體制，而在德國，專注於這個問題的研究人員不少於5、6百人。希特勒政權已啟動了這個龐大的機構。他們不會冒險違背條約中陸、海、空軍的規定，直到每個工業領域都全速運轉，因為他們希望，如果在那時沒有立刻遭到協約國的攻擊，他們很快就會成為一個武裝國家。

目前的做法如何？政府除了提出一些可能迷惑不知情者的零星項目外，並未向議會提供其他消息。例如，上週我們得知，政府曾考察52家工廠，並與之簽訂了軍火製造合約；諾丁漢的舊槍炮工廠將重新啟用，伍爾維奇加油站將遷至西岸。然而，3個月前，尚未發出任何訂單，而這些軍火的生產，自下訂貨之日起至少需要18個月才能達到大規模交付階

附錄

段。如果軍火指的是投射物（如炮彈和炸彈）以及裝有發射火藥的彈殼，那麼所有這些工廠都需要增加若干專用機械工具，還必須改變現有廠房的布局。此外，還必須製造用於實際生產所需的鑽模和規測器……這些專用機械工具、鑽模和規測器，在大多數情況下需由不同於炮彈承造廠的其他工廠製造。在這些特殊機械工具交付後，將其安裝在工廠並投入生產，還需要一段時間。只有那時才能開始交貨，起初是少量，然後逐漸增加，最終實現大規模生產，源源不斷。只有到了那個時候，軍用物資的累積才能開始。這種不可避免的漫長過程，目前我們僅以極小的規模進行。接到訂單的工廠共有52家，其中14家在上週接受了合約。在當前，可以毫不誇張地說，德國的軍火工廠可能已增加到四五百家，並已經緊湊生產了將近2年。

關於大炮的問題，我所指的大炮是用來發射爆炸性炮彈的武器。建立一個大炮製造廠的過程無疑是漫長的。需要特別的廠房和各式機械工具，其配置也更加精密。在過去10年裡，和平時期的大炮產量，除了軍艦上使用的大炮之外，實在微乎其微。因此，在未來2年內，我們不可能大量交付野戰炮和高射炮。去年，德國大概至少製造了5千門炮臺，而在戰爭中這個數字可能大幅增加。因此，我們理應建立炮廠，以便在必要時能夠籌組和裝備規模可觀的國家軍隊。

我之所以提到投射物和大炮的問題，是因為它們是國防的核心；然而，這些理由和條件，只需稍作調整便可適用於整個裝備問題。英國工業具備靈活性，若立即啟動，應該能在短時間內生產出各種裝備，如卡車，以及像坦克和裝甲車一類的武器，還可以生產陸軍所需的各種輕型裝備。但是否已經啟動呢？我們聽說，必須等到正規軍裝備齊全後，本土防衛隊才能獲得裝備，這又是為何呢？我不清楚步槍和步槍彈藥的情況，我希望至少有足夠的數量供給100萬人使用。然而，從新的供給來源獲得步槍，需要花費很長時間。

機關槍的生產顯然需要優先考慮。我對白朗寧機關槍和輕型機關槍的生產計畫毫無所知。然而，若幾個月前才下令建設所需工廠，那麼在1938年初之前，除了直接從國外採購，我們無法期待任何令人滿意的交貨。在德國，類似的工廠早已投產，能夠大量供應，足以滿足全國所有能使用機關槍的男性的需求。

這些原則同樣適用於爆炸物的製造，如發射火藥、引信、毒氣、防毒面具、探照燈、迫擊砲、手榴彈和空襲炸彈等。根據這些原則，也可以審視海軍所需的深水炸彈和水雷的生產。我們不能忽視，海軍所需的眾多較小型軍需品，實際上依賴於陸軍部以及全國工業的發展。任何一種物資的短缺，都會對海軍造成巨大損失。在這一切背後，當然還有原料供應及其各種極其複雜的問題。

結論是什麼呢？在國防物資裝備方面，至少從陸軍部過去負責的整體供應量以及海軍部和陸軍部因此產生的所有反應來看，我們大約需要2年後才能實現令人滿意的改進。然而，如果按照目前的規模進行，即便在2年後，我們的供應狀況與戰時需求或與他國和平時期達到的水準相比，仍將存在很大差距。

顯然，如果這些事實接近真實情況——我相信大多為估計過低——那又如何能說沒有緊急狀態呢？如何能說我們絕不能干涉國內正常貿易呢？如何能說我們不需要與工會接觸以解決勞動力削弱的問題呢？如何能說我們可以安然信賴國防協調大臣所言「按工作需要多訓練一些工人」呢？如何能說我們不必採取可能驚擾公眾的措施，不必採取使公眾感到其正常生活習慣受到擾亂的措施呢？

有人抱怨國民無法理解國家的需求；工會未能有效運作；陸軍和本土防衛隊的徵募工作鬆懈不堪，並受到媒體的阻礙。然而，只要政府向他們保證根本不存在緊急狀態，這種阻礙便無法消除。

法國政府曾私下提供了一份關於1936年德國空軍實力的評估。這份

附錄

評估幾乎與我去年12月在帝國國防委員會上提出的數字完全一致。現在，空軍參謀部認為法國的評估過高，而我個人則覺得低估了。德國現階段能夠同時出動的飛機數量，恐怕不止1,500架，而是接近2,000架。此外，沒有理由認為他們會在達到2,000架時停止擴張。德國空軍的整體裝備和部署，其規模極為龐大，他們或許已在籌劃一個前所未有的擴張計畫。即便我們接受法國估計的約1,400架這個數字，根據可用於作戰和作為持續訓練飛行員的軍用飛機來評估，德國的實力已是我們首都空軍的2倍。判斷兩國的力量對比，必須考慮到兩國的補充能力。德國工業的組織，確保了能夠發揮最大效能，每月能夠生產1,000架飛機，且未來可能逐月增加。當前英國工業能否每一個月生產300到350架飛機呢？我們需要多長時間才能達到與德國相當的潛在軍事生產能力？2年之內這是絕對不可能的。如果考慮到戰爭中的高損耗率，那麼，兩國交戰後，不到半年，我們的實力將不及他們的三分之一。最緊迫的任務，似乎是為戰時工業擴張做好準備，至少擴展到目前規模的3倍。今年，德國在空軍上的支出可能不少於1億2,000萬。因此，至少就今年而言，我們顯然沒能趕上他們。相反，我們遠遠落後於他們。這種情況明年還會持續多久呢？無人能預料。

據宣布，目標在建立120個空軍中隊及1,500架前線飛機的本土防衛計畫，預計於1937年4月1日完成。然而，該計畫在飛機、人員、組織或補給方面的具體執行情況，議會始終未獲得任何詳情。我們對此一無所知。我在此並非要指責政府未向議會提供詳情，因為當前這樣做過於危險。然而，在完全不知情的情況下，難免令人感到焦慮，並自然引發私下的議論……我頗為懷疑，明年7月是否能擁有30個配備新式飛機的空軍中隊。據我所知，在未來1年或15個月內，新式飛機不會真正開始大量交付。在此期間，我們手中僅有陳舊的舊式裝備。

關於這些新式飛機，還有另一個問題。當這些飛機在15個月後大量

出廠時，它們是否配備了所有必要的機械裝置？以機關槍為例。如果我們計劃獲得2,000架最新式飛機，也就是說，從現在起的18個月內，增加1,500架，同時包括500架備用飛機，那麼，這些飛機所需的機關槍是否已經準備妥當？一些新式戰鬥機在機翼上裝有多達8挺機關槍。假設平均每架飛機需4挺機關槍，並加上適當的儲備，總數將需要1萬挺機關槍。大規模生產白朗寧機關槍和輕機槍的決定，是否僅僅在幾個月前才做出？

現在，讓我們以投擲重量和射程範圍作為評估轟炸能力的標準，來審視我們已經建成和正在建造的航空力量。在此，我不得不與德國進行比較。德國在未來任何時候都可派遣一支機隊，在一次出航中至少向倫敦投下500噸炸彈。根據我們的軍事統計，一噸炸彈平均會炸死10個人，傷害30個人，並造成價值5萬英鎊的損失。認為德國的整個轟炸機隊會持續不斷地轟炸英國，這顯然是不切實際的，因為其間還有許多其他因素需要考慮。儘管如此，當要實際評估兩國轟炸機隊的實力對比時，每次飛行投彈的總重量仍不失為一個合理標準。假設德國的轟炸機隊在每次飛行中至少能對倫敦投下500噸炸彈，那麼，我們又能如何報復德國呢？他們現在就有能力這樣做。我們能採取什麼行動呢？首先，我們如何對柏林進行報復？目前，我們沒有一支機隊能夠攜帶足夠數量的炸彈飛往柏林。到明年這個時候，我們會有什麼進展呢？請考慮，明年此時，德國的航空力量很可能可運載約1,000噸的炸彈，而我們屆時仍可能無法以超過60噸的炸彈對柏林進行報復。

此刻我們不討論柏林。新轟炸機隊伍的最大劣勢在於航程有限。多數新型的重型和中型轟炸機自本土起飛，僅能達到德國海岸。僅有與我們相鄰的德國城市處於這些轟炸機的打擊範圍內。因此，實際上，若我們在明年此時從本土對德國進行報復，投彈重量微不足道，且攻擊目標僅限於德國邊境地區。

倘若我們的飛機能從法國與比利時的機場起飛，情勢自然會有所改

附錄

善。如此一來,德國的一些龐大且關鍵的工業區便會在我們飛機的攻擊範圍之內。如果我們的空軍與法國和比利時的空軍協同作戰,效果將遠勝於我們單獨行動。

我目前轉向另一個領域的問題。這涉及到我們國家的積極與消極空防、地面與空中防禦的問題。顯然,我國的大城市和重要運輸港口可能面臨人類歷史上前所未有的嚴峻考驗。請問在這方面,究竟有什麼安排呢?以倫敦及其7、8百萬居民為例。差不多2年前,我曾在下議院提出過鋁熱劑燃燒彈空襲的危險。這些炸彈比橘子稍大一些,當時德國已經製造了數百萬個。一架中型飛機就能投放500個。我們必須考慮到,在一次小規模空襲中,可能會有成千上萬這樣的炸彈落下,將地面建築一層層燒毀。假設有100處起火,而消防隊僅有90支,我們該如何應對?真正的攻擊顯然要比這個假設嚴重得多。我們必須預料到,重磅炸彈可能同時落下。自來水、電力、煤氣、電話等系統都會受到嚴重破壞。請問這將引發什麼後果呢?這是人類歷史上從未發生過的。很可能需要大規模撤離居民,屆時政府將面臨公共秩序、衛生、食品供應等問題,這些問題需要特別關注,甚至可能需要動員所有訓練有素的隊伍。

各大補給港口,尤其是泰晤士河、南安普敦、布里斯托爾和默西河,無一不在敵方的攻擊範圍之內。若遭受襲擊,後果將如何?我們是否有計畫通過多條補給線路運輸糧食?在保衛我們的防空中心方面,又做了怎樣的準備?我所指的防空中心,是我們賴以繼續抵抗的重要樞紐。居民的困境是一回事,而我們的作戰手段是另一回事。我們是否已經安排並建立了備用的政府所在地,以確保倫敦陷入混亂時政府能順利遷移?雖然這個問題在紙面上已經被討論過,但是否已有一兩個備用指揮中心準備就緒,配備地下電話線和無線電,以便從那裡發出有系統的指令?

獨裁崛起，邱吉爾揭露二戰前的致命錯誤：

從凡爾賽條約到慕尼黑協定，戰勝國在妥協與遲疑中再次步向全面戰爭

作　　　者：	[英]溫斯頓・邱吉爾（Winston Churchill）
編　　　譯：	伊莉莎
發 行 人：	黃振庭
出 版 者：	複刻文化事業有限公司
發 行 者：	崧燁文化事業有限公司
E - m a i l：	sonbookservice@gmail.com
粉 絲 頁：	https://www.facebook.com/sonbookss
網　　　址：	https://sonbook.net/
地　　　址：	台北市中正區重慶南路一段61號8樓 8F., No.61, Sec. 1, Chongqing S. Rd., Zhongzheng Dist., Taipei City 100, Taiwan
電　　　話：	(02)2370-3310
傳　　　真：	(02)2388-1990
印　　　刷：	京峯數位服務有限公司
律師顧問：	廣華律師事務所 張珮琦律師
定　　　價：	480元
發 行 日 期：	2025年03月第一版

◎本書以POD印製

國家圖書館出版品預行編目資料

獨裁崛起，邱吉爾揭露二戰前的致命錯誤：從凡爾賽條約到慕尼黑協定，戰勝國在妥協與遲疑中再次步向全面戰爭 / [英]溫斯頓・邱吉爾(Winston Churchill) 著，伊莉莎編譯. -- 第一版. -- 臺北市：複刻文化事業有限公司, 2025.03
面；　公分
POD版
譯自：From war to war
ISBN 978-626-7671-58-0(平裝)
1.CST: 第二次世界大戰
712.84　114002154

電子書購買

爽讀APP　　臉書